高职高专"十二五"规划教材

高职院校毕业设计（论文）指导教程

张新科　主编

化学工业出版社

·北京·

本书对高职毕业设计（论文）的目的、意义、工作流程、选题、组织管理等作了基本介绍，对毕业设计（论文）的实施过程，包括选题、下达毕业设计（论文）任务书、毕业设计（论文）调研、毕业设计（论文）实施、毕业论文撰写、毕业设计（论文）答辩及毕业设计（论文）成绩评定作了详细阐述，介绍了毕业设计（论文）过程的组织管理、质量监控、文档保存、质量评估等内容，全书内容丰富、讲述力求理论联系实际，具有较强的可操作性。

本书突出系统性、示范性和实用性，思路清晰、内容翔实、范例丰富，既可作为高职相关专业学生进行毕业设计（论文）和一般论文写作的教材，也可作为高职院校和自学考试学生开展毕业设计（论文）的指导教材，对从事科研项目的教师、开发人员和科技人员撰写学术论文也具有一定的参考价值。

图书在版编目（CIP）数据

高职院校毕业设计（论文）指导教程/张新科主编．
北京：化学工业出版社，2012.9（2024.10重印）
高职高专"十二五"规划教材
ISBN 978-7-122-15097-4

Ⅰ.①高… Ⅱ.①张… Ⅲ.①毕业设计-高等职业教育-教材②毕业论文-写作-高等职业教育-教材
Ⅳ.①G642.477

中国版本图书馆CIP数据核字（2012）第192377号

责任编辑：高　钰　　　　　　　　　文字编辑：张绪瑞
责任校对：边　涛　　　　　　　　　装帧设计：刘丽华

出版发行：化学工业出版社（北京市东城区青年湖南街13号　邮政编码100011）
印　　装：北京科印技术咨询服务有限公司数码印刷分部
787mm×1092mm　1/16　印张13　字数307千字　2024年10月北京第1版第10次印刷

购书咨询：010-64518888　　　　　　售后服务：010-64518899
网　　址：http://www.cip.com.cn
凡购买本书，如有缺损质量问题，本社销售中心负责调换。

定　价：39.00元　　　　　　　　　　　　　　　　　　　　　　版权所有　违者必究

前 言

高等职业教育肩负着培养面向生产、建设、服务和管理第一线需要的高端技能型专门人才的重要使命。因此，高等职业教育的实践教学要紧密结合社会实践，促进职业教育教学与生产实践、技术推广和社会服务紧密结合，坚持"以服务为宗旨、以就业为导向"的职业教育办学方针。

毕业设计（论文）是高等职业院校教学计划的重要组成部分，是应届毕业生必不可少的教学阶段。毕业设计（论文）不仅能反映学生掌握本专业理论知识和基本技能的程度，而且能进一步提升学生从事科学研究工作或者担负专门技术工作的能力。毕业设计（论文）要紧密结合专业特点和行业特色，依托企业，把学生安排到生产实践第一线进行"真刀真枪"地实习；让学生在实际工作中接受锻炼，增长知识，增强技能，积累经验。

本书旨在为高职院校学生提供一本系统的毕业设计和毕业论文写作案例式教程，指导学生完成毕业设计（论文）各个环节（如开题报告、中期汇报、毕业实习报告和毕业论文的书面材料和口头汇报），帮助学生掌握毕业设计（论文）与一般论文写作的基本知识和基本技能；激励学生充分利用毕业设计（论文）这一重要教学环节，进一步培植自身参与毕业设计（论文）素养和能力。

本书共5章，第1、2章对高职毕业设计（论文）的目的、意义、工作流程、选题、组织管理等作了基本介绍，对毕业设计（论文）的实施过程，包括选题、毕业设计（论文）任务书下达、毕业设计（论文）调研、毕业设计（论文）实施、毕业论文撰写、毕业设计（论文）答辩及毕业设计（论文）成绩评定作了详细阐述，介绍了毕业设计（论文）过程的组织管理、质量监控、文档管理、质量评估等内容；第3、4章分别以电气自动化技术、应用化工技术、建筑工程技术、数控技术等工科专业和商务英语、文秘等文科专业为范例，精选往届毕业生的毕业设计（论文）优秀案例进行剖析；第5章归纳、总结团队毕业设计的特点与要求，并通过案例进行分析说明，以帮助学生高质量、高标准完成毕业设计（论文）与答辩。

本书结合毕业设计（论文）指导过程的实际需要，针对毕业设计（论文）实施过程中常见的问题给予指导，全书内容丰富、层次清晰、布局合理、衔接紧凑，讲述力求理论联系实际，具有较强的可操作性。为方便学习练习，本书还提供了教学资源包，包括相关文档的电子稿、毕业设计（论文）项目案例的源程序和素材文件，并将免费提供给采用本书作为教材的院校使用。如有需要，请登录 http://bysj.ypi.edu.cn 下载。

本书具有系统全面、内容实用、适用面广等特点。不仅能对高职高专院校学生毕业设计（论文）与论文写作提供有力帮助，而且对高职高专毕业设计（论文）指导教师和教学研究、教学管理人员也有一定的参考价值。

全书由扬州工业职业技术学院张新科教授主编并统稿，王斌、杨润贤、张娟、单丹、王庭俊、吴涛、李永生、翁朝霞、沈建华、谢颖参与了编写，本书编写过程中得到了秦建华、傅伟、沈发治、张苏俊、柳青松、钱志洪、邓光、曹必文、张宏彬等人员的大力支持和帮助，在此向他们表示衷心的感谢。

囿于编者水平和时间仓促，书中疏漏在所难免，敬请专家批评指正。

编者

2012 年 7 月

目 录

第 1 章 总论 ·· 1
　1.1　毕业设计（论文）工作指导思想 ·· 1
　1.2　毕业设计（论文）目的 ·· 2
　1.3　毕业设计（论文）基本要求 ·· 2
　1.4　毕业设计（论文）一般流程 ·· 3

第 2 章 毕业设计（论文）基本进程 ··· 4
　2.1　毕业设计（论文）选题 ·· 4
　　2.1.1　毕业设计（论文）选题原则 ·· 4
　　2.1.2　毕业设计（论文）选题类型 ·· 5
　　2.1.3　毕业设计（论文）选题方法 ·· 6
　　2.1.4　毕业设计（论文）选题注意事项 ·································· 7
　　2.1.5　毕业设计（论文）课题确定 ·· 8
　2.2　毕业设计（论文）任务书 ··· 8
　　2.2.1　毕业设计（论文）任务书目的与作用 ··························· 8
　　2.2.2　毕业设计（论文）任务书内容与要求 ··························· 8
　　2.2.3　毕业设计（论文）任务书实例 ····································· 9
　2.3　毕业设计（论文）文献 ·· 11
　　2.3.1　文献的作用与分类 ··· 11
　　2.3.2　文献检索的途径和方法 ·· 12
　　2.3.3　文献资料检索的步骤 ··· 14
　　2.3.4　文献资料的筛选与利用 ·· 16
　2.4　毕业设计（论文）开题报告 ··· 17
　　2.4.1　毕业设计（论文）开题报告目的与作用 ······················· 17
　　2.4.2　毕业设计（论文）开题报告内容与要求 ······················· 17
　　2.4.3　毕业设计（论文）开题报告实例 ································· 19
　2.5　毕业设计（论文）实施 ·· 22
　　2.5.1　毕业设计（论文）研究方案制定 ································· 22
　　2.5.2　毕业设计（论文）实施过程 ·· 23
　　2.5.3　毕业设计（论文）中期检查 ·· 24
　　2.5.4　毕业设计（论文）报告书 ··· 25
　　2.5.5　毕业设计（论文）报告书写作基本要求 ······················· 31
　2.6　毕业设计（论文）的评审答辩与评优 ································ 36
　　2.6.1　毕业设计（论文）评审 ·· 36
　　2.6.2　毕业设计（论文）答辩 ·· 37
　　2.6.3　毕业设计（论文）成绩评定 ·· 40
　　2.6.4　毕业设计（论文）评优 ·· 42
　2.7　毕业设计（论文）的组织管理与质量监控 ·························· 43

  2.7.1　毕业设计（论文）的组织管理 ·· 43
  2.7.2　毕业设计（论文）的质量监控 ·· 45
  2.7.3　毕业设计（论文）的文档管理 ·· 47

第3章　工科类毕业设计指导 ·· 48
 3.1　电气自动化专业毕业设计指导 ·· 48
  3.1.1　电气自动化专业毕业设计选题 ·· 48
  3.1.2　电气自动化专业毕业设计案例 ·· 50
 3.2　应用化工技术专业毕业设计指导 ·· 67
  3.2.1　应用化工技术专业毕业设计选题 ·· 67
  3.2.2　应用化工技术专业毕业设计案例 ·· 69
 3.3　建筑工程类专业毕业设计指导 ·· 85
  3.3.1　建筑工程类专业毕业设计选题 ·· 85
  3.3.2　建筑工程类专业毕业设计案例 ·· 87
 3.4　数控技术专业毕业设计指导 ·· 102
  3.4.1　数控技术专业毕业设计选题 ·· 102
  3.4.2　数控技术专业毕业设计案例 ·· 104
 3.5　电子商务专业毕业设计指导 ·· 117
  3.5.1　电子商务专业毕业论文选题 ·· 117
  3.5.2　电子商务专业毕业设计案例 ·· 119

第4章　文科类毕业论文指导 ·· 128
 4.1　商务英语专业毕业论文指导 ·· 128
  4.1.1　商务英语专业毕业论文选题 ·· 128
  4.1.2　商务英语专业毕业论文案例 ·· 136
 4.2　文秘专业毕业论文指导 ·· 142
  4.2.1　文秘专业毕业论文的选题 ·· 142
  4.2.2　文秘专业毕业论文案例 ·· 150

第5章　团队毕业设计（论文）指导 ·· 156
 5.1　团队毕业设计（论文）要求 ·· 156
 5.2　团队毕业设计（论文）选题 ·· 157
  5.2.1　团队毕业设计（论文）选题原则 ·· 157
  5.2.2　团队毕业设计选题类型 ·· 158
  5.2.3　团队毕业设计（论文）团队组建 ·· 158
 5.3　团队毕业设计（论文）案例 ·· 158
  5.3.1　跨专业团队毕业设计（论文）案例 ·· 159
  5.3.2　同专业团队毕业设计（论文）案例 ·· 166

附录 ·· 177
 附录1　××××职业技术学院毕业设计（论文）工作条例 ·· 177
 附录2　江苏省普通高等学校本专科毕业设计（论文）评优与抽检工作办法 ·· 192
 附录3　江苏省普通高等学校本专科优秀毕业设计（论文）评选标准 ·· 198
 附录4　江苏省普通高等学校本（专）科生毕业设计（论文）抽检评审标准 ·· 200

参考文献 ·· 202

总 论

　　毕业设计（论文）是高等职业院校实现人才培养目标的综合性、创造性实践教学环节，旨在培养学生综合运用所学基础理论、专业知识分析和解决就业岗位上遇到的实际问题的能力，在培养学生探求真理、强化社会意识、进行科学研究基本训练、提高综合职业能力与素质等方面具有不可替代的作用，是职业教育与生产实践相结合的重要体现。

　　毕业设计（论文）是学生在毕业前必须完成的具有总结性的集中实践教学环节，是检验高职院校教学成果的重要途径之一，是人才培养质量的重要体现。毕业答辩也是检验学生几年来学习效果最直接有效的方法，既为学生展示个人才华提供了良好的平台，也为学生及师生间的相互交流、学习、促进和提高提供了一个很好的机会。

毕业设计（论文）工作指导思想

　　毕业设计（论文）工作必须树立明确的指导思想。

　　(1) 系统规划

　　毕业设计（论文）是学生在校期间的一个综合性学习过程，工作涉及教学、实践多方面的问题。在工作开展的初始阶段，应该全面、系统地规划好相关工作，如指导教师安排、学生分组、科学选题、设计方案的确定等等。每一项工作都不是一个孤立的事件，系统规划才能合理分配现有资源，才有利于毕业设计（论文）过程中各项工作的具体实施。

　　(2) 科学选题

　　科研工作的任务在于揭示客观世界发展的规律，正确反映人们认识与改造世界的水平。科学性原则是衡量科研工作的首要标准。因此，毕业设计（论文）选题时必须将科学性原则始终贯穿其中。对于理论型课题，科学性原则体现在以充足的事实为依据；对于应用技术类研究课题，必须以科学理论为根据。

　　(3) 认真严谨

　　学生开始做毕业设计（论文）时，须遵循科学研究和撰写论文的规范、要求和方法，在各种环节上严格把关，一丝不苟，逐步总结、积累、升华开展科学研究和撰写毕业设计（论文）的经验，培养严谨治学、努力开拓、实事求是、勇于创新、全方位地思考和处理问题的基本素质，不断提高独立解决实际问题的能力。

　　(4) 理实一体

　　高职院校以高端技能型人才为培养目标，要求学生将理论知识融于生产实践，具备解决生产实际问题的专业技能和实践技巧。毕业设计（论文）是教学和生产实践的重要结合点，它不仅是对学生在校期间所学知识的综合考察，也是对知识转化为能力的实际测验。因此，毕业设计（论文）从选题到实施均应重视理论与实践相结合的指导思想。

（5）沟通交流

加强师生间的交流与合作。指导教师帮助学生选题、制订进度计划，在学生设计过程中，分阶段有计划地对学生进行指点，引导学生探索设计过程中疑难问题的解决办法；学生应在教师的指导下，按照专业培养目标和教学计划的要求，运用所学基础理论、专业知识和基本技能进行创造性的生产实践活动，提高分析和解决实际问题的能力，为毕业后走上工作岗位从事相关研究或新产品开发工作打下坚实的基础。

（6）遵照流程

学生在撰写毕业设计（论文）的过程中，首先要了解和掌握科学研究的基本程序、方法和技巧。遵照选择课题、查阅文献、调查研究、观察实验、测量设计、绘图设计、推理论证、提纲拟制和完成文稿（实物作品）等一系列毕业设计（论文）工作流程，既可增强实际操作能力，又可养成严谨的治学态度。

1.2 毕业设计（论文）目的

高职教育人才培养的目标是造就全面发展的高端技能型专门人才。学生应具有坚实的理论基础及较强的岗位职业技能。毕业设计（论文）是教学计划中综合性、创造性的教学实践环节，是对学生在校期间所学理论、专业知识和实践技能的全面总结，是对学生综合能力和素质的系统检验，是学生毕业资格认定的重要依据，也是教学、科研、技术开发与服务的重要结合点，其主要目的是：

① 使学生进一步巩固加深对所学基础理论、基本技能和专业知识的掌握，使之系统化、综合化，提高分析和解决实际工程技术问题的能力。

② 使学生获得从事科研工作的初步训练，培养学生独立工作、独立思考和综合运用已学知识解决实际问题的能力，尤其注重培养学生独立获取新知识的能力。

③ 培养学生的设计、计算、工程绘图、实验方法、数据处理、文件编辑、文字表达、文献查阅、计算机应用、工具书使用等基本工作实践能力，使学生初步掌握科学研究的基本方法。

④ 培养学生实事求是、严肃认真的工作作风，树立创新、团结协作意识，从而实现从学生到工程技术人员的身份过渡和角色转换，为社会培养出合格的工程应用型人才。

1.3 毕业设计（论文）基本要求

毕业设计（论文）是综合运用所学知识解决实际问题的系统性训练。一般来说，毕业设计（论文）的基本要求有：

① 选题恰当。依据毕业设计（论文）选题原则，参照已征集课题，合理选题。

② 任务明确。学生确定毕业设计（论文）课题后，由指导教师下达任务书，明确设计任务及技术指标。

③ 程序完整。严格依照毕业设计（论文）选题、开题、编写及答辩程序，认真完成毕业设计（论文）工作。

④ 进度合理。合理安排进度计划，要求学生按照进度计划在规定时间内完成毕业设计（论文）工作，一般总时间为8周左右。

⑤ 格式规范。毕业设计（论文）应遵循科技论文的书写规则和要求，遵照各院校格式要求进行编写。

1.4 毕业设计（论文）一般流程

毕业设计（论文）工作的开展是一项系统性很强的教学环节，有着自身严谨的规律和操作程序，需要学生和教师共同遵守，只有这样才能保证毕业设计完成的效率和质量。毕业设计管理的一般流程如图1.1所示。

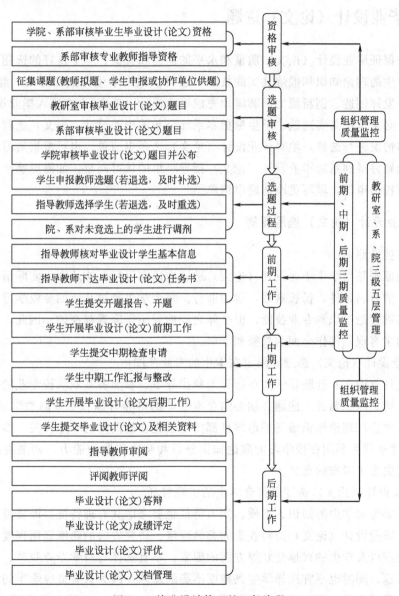

图 1.1　毕业设计管理的一般流程

毕业设计（论文）基本流程包含资格审核、选题审核、选题过程、前期工作、中期工作、后期工作六个阶段，通过三级管理和三期质量监控完成对毕业设计（论文）工作的全程跟踪及质量把关。

第2章 毕业设计（论文）基本进程

2.1 毕业设计（论文）选题

选题是保证毕业设计（论文）质量和水平的前提和关键。一个良好的选题，不但能进一步强化学生的理论知识和锻炼其实践技能，还可以激发学生完成任务的兴趣和积极性，使他们充分发挥创造、创新能力，圆满地完成毕业设计（论文）。在进入毕业设计（论文）开题之前，必须全部落实选题。学生根据本系部公布的毕业设计（论文）选题计划，结合自己的具体情况进行选题，填写毕业设计（论文）选题申请单，也可根据实习单位的具体情况自行选题并得到系部毕业设计（论文）指导小组的认可同意。如需更换毕业设计（论文）选题须提出申请，填写更改选题申请单。

2.1.1 毕业设计（论文）选题原则

（1）可控性原则

可控性原则是指学生毕业设计（论文）选题应适宜可行，应从个人实际情况出发，充分利用自己的有利条件，扬长避短，量力而行。每个学生经过几年的专业学习，已经掌握了一定的基础理论知识和专业技能，但个体之间的差距是客观存在的。因此，每个学生都要对自己的主客观条件作全面的权衡和了解。

① 毕业设计（论文）选题要限定在学生的专业范围内

毕业设计（论文）选题是学生在指导老师指导下，参照各高职院校专业的指定范围和参考题目，选定课题题目。选题必须要结合本专业的培养目标和专业的教学活动来进行。研究角度、方法和理论知识最终的落脚点都要与学生在校期间的专业相关。因为毕业设计（论文）是考查学生利用在校学习的理论知识分析和解决问题的能力，如果脱离所需的专业范围，则失去了考查的意义。

② 毕业设计（论文）选题要符合学生的主观特征

选题既要考虑学生的知识、素质、能力特征也要考虑其心理特征。即要考虑学生知识储备情况、毕业设计（论文）资料收集的难易程度、研究方法的熟练运用程度、能否在规定期限内完成以及学生的兴趣爱好等方面的因素。不宜选择与所学专业脱节，难以获取参考资料的课题，同时也不宜选择学生兴趣度不高的课题。因为只有适应学生的特长，才能激发热情，展示才能；学生感兴趣，积极主动，投入注意力，才能充分发挥主观能动性。毕业设计（论文）的选题一般范围不宜过大、过于复杂，应当力求与学生专业水平相适应。

（2）价值性原则

价值性原则是指选题要在技术、经济和社会发展上具有一定的实用价值，要对学生职业岗位能力的锻炼和现实生产与生活中具体问题的解决有实际意义。

选题要解决社会和科学发展中的实际问题。在每个专业领域中一些亟待解决的课题，当前的企业生产和行业发展有直接关系的问题，专业发展中的基本理论或关键问题，蕴含着大量的专业知识和技术能力的需求的一般性问题等。毕业设计（论文）的选题，应与专业、企业、行业以及社会生活密切相关，运用自己所学的理论知识和专业技能进行研究，提出解决问题的办法，才能体现出毕业设计（论文）的学术价值、经济价值和社会价值。这不仅能使学生所学的专业知识得到一次实际的运用，而且能提高分析问题和解决问题的能力。

高职院校毕业设计（论文）一般应侧重于实践性、技能性、应用性，这样更接近于高职学生所学专业知识范围，更容易找到一定的价值功能，也更能够有效地避免那种大而不当、空而不实的倾向。

(3) 创新性原则

创新性原则重在学术和技术创新，要求毕业设计（论文）能体现设计者的新观点、新方法、新手段。

创新性选题要有一定的理论深度，从而有利于培养学生的技能；要有所突破，能够提出解决问题独到的方法、途径和技能；要能够具有敏锐的洞察力，发现专业领域中需进一步研究的问题。遵循创新性原则可参考以下内容：

① 从观点、题目到材料甚至论证方法都是新的。选择这一类题目，要求学生必须对某些问题有相当深入的研究，并且有扎实的理论和较高的实践操作水平，同时学校和企业要具备一定的实现条件或平台。

② 以新的材料论证旧的课题，从而提出新的或部分新的观点和看法。

③ 以新的角度或新的研究方法重做已有的课题，从而得出全部或部分新观点。

④ 对已有的观点、材料、研究方法提出质疑，能够启发人们重新思考问题。

高职院校学生在毕业设计（论文）选题上，应该把创新性放在重要地位，培养自身创新的个性、创新的观察能力、思维能力和实践能力。

(4) 实践性原则

实践性原则是指选题要体现培养学生实践能力的功能。毕业设计（论文）选题要体现行业背景、产业背景以及选题的实践功能，针对来自生产、管理、技术、服务一线的实际问题进行探讨，提出解决方案；进行真实的实践活动，制作产品、实物，进行调试与安装。指导教师对于毕业设计选题的实践性原则应予以充分的强调和引导。

2.1.2 毕业设计（论文）选题类型

根据不同专业的不同要求，毕业设计（论文）通常包括以下几种类型。

(1) 理论研究型

这一类型的毕业设计（论文）重点是论文。论文是一定科学领域内对工程实践或科学活动的理性分析，具有相对完整且严密的论证；或者是对某种新技术的探索及论证。通常以文章的面貌出现，只是这种文章一般具有浓厚的理论色彩，有一定的理论高度，表述较为严谨，论据可靠而充分，具有新的见解或新的观点。

这类论文一般具有学术论文的基本框架及特征，它可以反映学生综合运用所学知识的能力、掌握理论的深度、知识面的宽窄程度、逻辑思维能力、工作能力和文字表达能力。这一类型的毕业设计（论文），往往带有探索性，不一定要做出具体产品，可以在某个关键技术上进行突破。

理论研究型题目的内容一般包括问题的提出、研究的前提或假设条件、基本理论的阐述、数学模型的建立或理论论证、推理、计算、理论成果的应用、验证及其分析等。

(2) 项目设计型

项目设计类的毕业设计强调对某一课题进行设计和实现，重点在于强化技术开发和维护意识，培养解决实际问题的能力。

这类毕业设计的目的在于将技术原理转化为技术实现，或是为科研成果转化打下基础。在毕业设计期间，学生既可以对一个项目进行整体设计，也可以进行部分设计。

项目设计一般包括有产品设计、部件设计、网络规划、控制系统的设计、管理系统与监测系统的设计、软件设计等。内容包括设计方案论证、结构设计、电路的设计与参数计算、设备与元器件的选择与使用、现场试验等。

此外，设计时还往往要对是否污染环境，是否危害人身安全，能否在市场上存在，经济效益如何等问题作出明确的考虑。

(3) 产品开发型

这一类型的毕业设计重点是市场调研、方案论证、工艺流程、参数计算、造型设计、标准化设计制图、实验与参数测试等。

(4) 软件开发型

这一类型的毕业设计（论文）重点是软件环境及使用方法、软件功能与结构、程序编制、软件测试、软件应用等。

无论是针对某一实践还是理论的课题，都要求学生在教师指导下，综合运用所学的各类知识，力求用较好的方式予以实现的思维、实践过程，也是一个总结和书面表述过程。这个过程既是学习、实践的过程，也是总结、提高的过程。通过毕业设计（论文），锻炼和提高学生的综合能力，加深对所学知识的理解，扩大知识面，提高文字表达能力。

2.1.3 毕业设计（论文）选题方法

毕业设计（论文）课题的选择，原则上以学生为主，充分发挥学生的主动性，通过毕业设计（论文）使学生得到锻炼，也能初步展示他们的才华。教师则应因材施教、积极引导。根据设计原则和类别，可从以下方面进行选题：

① 从生产实践中选题。生产实际需要解决的问题很多，如新产品的开发、工艺的改进、设备的更新、引进设备的消化；只要深入下去，就可以找到"真题真做"的题目。

② 从科研项目中选题。学生可以从教师承担的科研项目中选题，参加部分设计任务，这样有利于培养学生的科研能力。

③ 从市场需求中选题。从一些技术市场发布信息中，如需设计一种产品，软件开发，教师和学生可以接过来一起设计研究，使学生受到锻炼，同时了解市场经济规律。

④ 从教学训练、实验教学中选题。教学训练主要以完成教学培养为目的，满足专业

培养方案要求。针对专业的某个或某几个方向综合要求，完成对学生的全面、系统的训练。实验室有许多设备、仪器仪表，生产厂家在设计时也有考虑不到的因素，如信号源频率偏低，直流电源输出无保护等。需要局部改进设计。

⑤ 从引进设备和外文文献中选题。一些从国外引进先进的设备，某种新产品，可让学生翻译、分析、仿制。这样既培养了学生的外文翻译能力，又培养了学生的分析和实际应用能力。

⑥ 从专业发展方向的前沿选题。对某一专业的未来发展方向，结合国际国内发展动态，本专业未来发展前景，从理论和应用两个方面进行探讨。学生在教师的指导下，大量地查阅文献资料，了解专业领域的新动态、新理论、新方法，掌握新技术、新软件、消化吸收，写出较好的资料综述。对已有理论或技术进行新的论证。对这些理论和技术在新领域中的运用进行探索和创新，提出新见解或新的实施意见。

⑦ 从聘用单位的工作需要选题。一些学生毕业之前已与用人单位签订合同，可结合用人单位要求选题，更有实际意义，学生毕业上岗能尽快进入角色。

⑧ 结合兴趣爱好选题。选择学生感兴趣的毕业设计（论文）题目，有利于调动主观能动性。

⑨ 从创新需要选题。对于学习比较好的学生和富有创新精神的学生，可以选择科研开发课题。做这种课题需要学习一些新技术、新器件、新工艺，使学生得到更好的锻炼和提高。

2.1.4　毕业设计（论文）选题注意事项

根据选题原则，在选择毕业设计（论文）题目时，一般应注意以下几个问题：

① 选题应符合本专业培养目标和教学要求，使学生在所学专业基础上能够综合运用所学知识和技能，解决工程技术、产品开发设计问题。

② 选题应具有科学性、技术先进性、实用性、工艺性及可行性。优先选择结合生产、科研、实验室建设和社会实践等具有实际应用价值的课题，以利于增强学生的责任感、紧迫感和经济观念，尽量减少虚拟选题。

③ 选题应在理论和实践方面具有一定水平，既注意课题内容的先进性和经济上的可行性，又要符合学生实际能力；既有理论分析、设计计算、图纸设计，又有一定试验、制作加工、上机、调试内容；还要进行造型设计和商标设计。选用技术手段时，要求学生采用新技术、新工艺、新器件。

④ 选题需要提交系部集体讨论以确保毕业设计（论文）题目具有深度和广度、实施的可行性及题目结果的可预测性。

⑤ 选题应贯彻因材施教原则，使学生的创造性得以充分发挥。允许学生自选或自拟题目，经系部主任审核同意。

⑥ 选题应在教师的指导下进行充分论证，集思广益、完善选题方案，优化课题设计，确保正确合理地选题。

⑦ 选题不宜过于简单，内容充实、设计任务饱满，才能达到毕业设计（论文）的预期效果。

⑧ 选题不宜过难，应充分考虑学生的实际能力，发挥学生的主观能动性，以达到全

面训练的目的。

⑨选题不宜过大。对较复杂课题，可采取团队协作的形式来完成，对团队中的每个成员都应明确分工，鼓励独立思考，达到共同提高。

⑩选题应切合专业对应的行业发展实际。毕业设计（论文）选题密切联系生产实际，可以增强学生的责任感。对于实际课题，设计方案要求明确，有利于激发学生参与实际设计任务的积极性和创造性，设计成果得到应用，直接或间接实现成果的社会价值。此外，用人单位提供的生产型毕业选题越来越多并要求学生实地开展毕业设计（论文），这就要求他们应该具备必要的毕业设计（论文）条件，包括合格的指导教师、基本的仪器设备等，以保证学生得到毕业设计（论文）的训练。

总之，选择毕业设计（论文）的题目，必须从毕业设计（论文）的目的出发，从学生的实际情况出发，充分考虑到专业培养目标要求，考虑到课程设置情况，考虑到学生的学习情况，考虑到学校的专业建设、科研、实验室建设的实际，有利于发挥学生在毕业设计（论文）中的主观能动性和创新精神，综合运用所学理论知识，力求通过毕业设计（论文）提高学生的整体能力。

2.1.5 毕业设计（论文）课题确定

在毕业设计（论文）工作布置后，每位学生都应遵循选题的基本原则，在规定的时间内把选题方向确定下来。选题方向确定以后，还要经过一定的调查和研究，进一步确定选题的范围，以最后选定具体题目。

2.2 毕业设计（论文）任务书

2.2.1 毕业设计（论文）任务书目的与作用

学生明确选题后，由指导教师下达毕业设计（论文）任务书，毕业设计（论文）任务书应具体规定学生完成的设计任务及达到的技术指标。学生接到毕业设计（论文）任务书后，必须明确设计任务，查阅与课题有关的文献、资料，再经过社会调查，提出完成任务的设想与途径、总体方案和工作计划，向指导老师提交开题报告。

在确定毕业设计（论文）任务时要综合考虑学生所学专业的总体方向，结合专业核心课程和专业导师的科研领域，依据学生的专业兴趣和拟就业岗位方向。专业导师根据课题研究方向及题目，以学生的知识能力、技能水平为基础，确定学生毕业设计（论文）课题的研究内容，给出设计要求，完成毕业设计（论文）任务书，并将任务书下达给学生。

2.2.2 毕业设计（论文）任务书内容与要求

(1) 任务书的内容

① 课题名称与课题来源

毕业设计（论文）题目要求简短、明确，有概括性，能直接反映毕业设计（论文）中心内容和专业特点，从题目可以了解课题涉及的基本领域、范围。题目一般不超过20个字。如确有必要，可以用副标题做补充或进一步明确研究范畴。

② 课题的主要内容与一般要求

任务书应对学生需完成的工作进行明确的界定。如指明在硬件开发方面，具体开发什么产品，是整机还是某一个部件；有什么性能要求，具体要达到什么指标；对设计图纸有什么要求；建议采用的手段，提供的工作平台。在软件开发方面，是开发一个具体的软件，还是进行软件开发技术研究；是探讨一个计算理论，还是对某个算法进行研究；对软件功能和性能的要求是什么，对使用的软件工具、开发平台有什么具体规定、要求。在系统开发方面，是对什么系统进行设计开发，对象是什么，设计目标、预期的功能和性能主要有哪些，对软、硬件工具有什么要求等。

③ 毕业设计（论文）相关工作具体要求

对毕业设计（论文）的相关工作如毕业实习、资料收集、课题进行方式和实验研究等方面应进行明晰的界定。为强化学生的工程技能训练，要求学生在接到任务后，应熟悉课题，调研有关主要设备的生产、装配和调试的全部过程；调查了解有关环节中存在的技术、工艺问题和解决这些问题的初步设想；收集与毕业设计（论文）有关的图纸资料、技术数据；了解国内外有关先进技术和发展趋势；学习企业管理、技术管理的有关方法。

④ 主要参考文献及仪器设备

毕业设计（论文）任务书应列举数篇参考文献给学生作初步参考，以便学生能尽快了解、熟悉课题要求，少走弯路。

⑤ 毕业设计（论文）的进度计划以及完成期限

任务书中要明确整个毕业设计（论文）阶段划分，各阶段的具体工作和要求。

毕业设计（论文）任务书封面上应标明学校名称、课题名称、学生姓名、指导教师姓名、任务书发放日期等项目。

(2) 任务书要求

① 毕业设计（论文）任务书由指导教师根据各课题的具体情况填写，经学生所在专业的负责人审查、系主管领导签字后生效。任务书应在毕业设计（论文）开始前一周内填好并发给学生。

② 毕业设计（论文）任务书内容必须用黑墨水笔工整书写或按学校统一设计的电子文档标准格式打印，不得随便涂改或潦草书写，禁止打印在其他纸上后剪贴。

③ 任务书内填写的内容，必须和学生毕业设计（论文）完成的情况相一致，若有变更，应当经过所在专业及系主管领导审批后方可重新填写。

④ 任务书内有关"系"、"专业"等名称的填写，应写中文全称，不能写数字代码，学生的"学号"要写全号，须规范化填写。

⑤ 有关年月日等日期的填写，应当按照国标 GB/T 7408—94《数据元和交换格式、信息交换、日期和时间表示法》规定的要求，一律用阿拉伯数字书写，如"2010 年 12 月 30 日"或"2010-12-30"。

2.2.3 毕业设计（论文）任务书实例

毕业设计（论文）任务书实例如表 2.1 所示。

表 2.1 ×××专业毕业设计（论文）任务书

系　部		指导老师		职称	
学生姓名		班级		学号	
设计题目	复杂路口交通信号灯的应用设计 ——以×××路口为例				
设计内容目标和要求	设计目标： 　　基于基本电路的设计与测量调试技术、电子产品的设计与调试技术、单片机应用产品的设计与制作技术等，以×××复杂路口的交通为例，实现该路口交通信号灯的应用设计。突出课题设计的实用性、专业性、合理性，提升学生动手能力、创新能力、职业能力等的培养。 课题内容： 　　1. 对×××路口交通现状进行调研，并对调研结果进行分析、总结； 　　2. 根据调研分析报告，构建系统设计思路； 　　3. 根据设计思路，综合考虑现有实验条件，制定系统设计方案(硬件与软件)； 　　4. 根据设计方案，综合应用电路设计、电子产品设计、单片机技术等，完成硬件电路设计与实现； 　　5. 根据设计方案，分析并给出×××路口交通信号灯的工作状态，综合应用高级语言、单片机程序设计等知识，完成软件程序设计与实现； 　　6. 综合应用电路测量调试技术、电子产品调试技术、单片机程序下载、编译、调试等，完成系统软硬件综合调试，满足控制要求； 　　7. 通过毕业设计报告，对本次课题进行总结。 课题要求： 　　(1)设计过程遵循"思路→方案→硬件→软件→调试与运行"总流程； 　　(2)设计思路清晰，方案正确、科学、可操作性强，硬件电路设计经济、安全、可靠，软件程序设计使控制功能实现准确、无误差，调试与运行过程正确、信号灯控制正确； 　　(3)采用模块化设计，实现控制电路与对象电路分离，并采用分体电路实现，以方便后期功能扩展； 　　(4)考虑课题难度和时间，设计完成普通模式和智能模式设计任务； 　　(5)采用液晶实时显示交通信号灯状态； 　　(6)采用双电源供电； 　　(7)预留扩展区，方便后续功能扩展； 　　(8)南北方向、东西方向之间，车行信号灯与人行信号灯之间状态控制准确，液晶状态显示信息实时、准确无误。 毕业设计要求： 　　(1)收集、整理与毕业设计课题有关领域的信息资料，资料收集充分、利用率高； 　　(2)毕业设计结构合理、逻辑层次清晰、设计过程正确、调试方法符合系统要求、调试结果正确、数据准确； 　　(3)毕业设计书写规范，格式符合学院要求； 　　(4)用语规范，单位标准，参数符合行业规定范围； 　　(5)图、表整齐、规范。 参考文献： 　　[1] 何翼. 智能交通灯控制系统设计与仿真[J]. 重庆交通大学学报(自然科学版)，2010，29(5)：763-766. 　　[2] 王灿，何淳，吴亚龙，等. 智能交通灯控制系统的设计和仿真[J]. 重庆工商大学学报，2009，26(1)：85-87.				

续表

[3] 郭循钊,邝帆,邵平,等. 基于单片机的多功能交通灯控制系统设计与仿真实现[J]. 公路交通技术,2010(1):128-131. [4] 吴慎将,李党娟. 智能交通灯控制器的设计[J]. 国外电子测量技术,2010,29(11):51-53. [5] Zhao Keping, Wang Wei. Design about Display for Lattice Array Based Control[J], Modem Electronics Technique,2006,6(43):110-111P. [6] 杨剑礼. 基于单片机交通灯智能控制系统研究[J]. 煤炭技术,2010,29(10):196-197. [7] 陈毅,许飞,王学飞. 基于单片机的交通灯智能控制系统[J]. 中国高新技术企业,2009(15):69-70. [8] 郑建光,李永. 基于AT89C51单片机的交通灯系统设计[J]. 自动化与仪器仪表,2008(6):30-33. [9] 崔祎,周力. 基于PLC的交通信号灯智能控制系统设计[J]. 工业仪表与自动化装置,2009(3):22-25. [10] Lan Yunwei. Simulation of Traffic Light Control System Based On FPGA[J]. Modem Electronics Technique,2006(9):125-129P. [11] 边春元,李文涛. C51单片机典型模块设计与应用[M]. 北京:机械工业出版社,2008			
教研室 审核		系部 审核	

2.3 毕业设计（论文）文献

文献检索是完成毕业设计（论文）的一个必要环节。学生通过广泛查阅科技文献，了解选题相关方向的国内外研究动态等，对明确课题研究范围、研究重点；对开展课题研究、分析结果与确定结论等，将提供充分的依据。为了科学、快捷、准确地查阅科技文献，必须掌握科技文献检索的基本知识、有关检索工具及使用方法。

2.3.1 文献的作用与分类

毕业设计（论文）资料的来源有文献和非文献的实物性资料两种。其中文献可通过馆藏资源（图书馆、档案馆）、网络资源等渠道展开查阅、搜集；实物性资料主要通过科学观察、科学实验、实地调查等三种途径获取信息。

（1）文献资料作用

① 掌握同类研究动态

通过文献调研，可以直接或间接地了解到相关选题的信息，如目前在何处、由何人、以什么方式、怎么做、做到什么程度、取得哪些成果、还存在什么问题等进行周密调查和归纳总结，以使学生拟定的实施方案和规划比较切实可行，避免低水平重复和不必要的弯路。

② 储备专业相关知识

学生从通用课程学习直接转入专题性很强的毕业设计（论文）环节时，需要一个过渡过程，其中最为有效途径是查阅文献。通过这一过程，可进一步丰富学生的专业基础知识，拓展专业外延知识，更重要的是可深入理解开展此项工作的目的性。

(2) 文献资料分类

根据《文献著录总则》(GB/T 3792.1—1983) 的规定，文献是指"记录有知识的一切载体"。常见的文献分类方式有以下几种：

按照文献的载体形式，可分为印刷型、微缩型（胶卷、胶片、缩微卡片等）和声像型（幻灯片、唱片、录音片、录像带、电影等）；

按照对文献的印刷出版形式，可分为图书、期刊和特种文献（图书、期刊以外的文献）；

按照对文献的加工深度，可分为一次文献（即原始文献）、二次文献（即检索工具书）及三次文献（即进展性、评论性、综述性和参考性文献）；

根据文献的作用、出版形式，可分为原始文献、综述文献、学习文献、参考文献、科学普及文献、编年史文献、指令性文献、指导性文献及技术标准文献等。

下面按照文献的印刷出版形式分类，对常用的三种文献资料，即图书、期刊和特种文献做简要介绍。

① 图书

它是目前品种最多、数量最大的出版物。包括科学论著、教科书、文艺作品、通俗读物及资料与参考性工具书等。图书是科研成果、生产技术、科学实验知识和经验的概括总结，内容系统、全面、稳定，但图书的撰写与出版时间较长，其中有些资料可能不够新颖。

② 期刊

期刊是具有统一的名称，定期或不定期出版的连续性出版物，有学术型、通讯型、检索型和资料型等类型。与图书相比，期刊具有出版周期短、报道文献快、数量大、内容新和流通面广的特点，能及时反映国内外科学研究的新水平。

③ 特种文献

特种文献是指图书、期刊以外的文献资料。包括政府出版物（指令性文献和指导性文献）、科技报告、会议文献、技术标准、专利文献、学位论文（学士、硕士、博士论文）、科技档案、产品资料（产品样本及说明书）、地图、调查图表、年鉴、大事记及地方志等。

特种文献对于获取信息资料有重要意义。如科技报告是围绕某专题进行研究的正式研究成果，或是对某些课题研究过程中的实际记录。它代表了一个国家或某一专业的研究水平。许多最新的研究课题和尖端科学的资料，往往首先反映在科技报告中。又如，会议文献反映了某学科国内外研究的新动态、新水平和新成果。

2.3.2 文献检索的途径和方法

文献检索是指将信息按一定的方式组织和存储起来，并根据信息用户的需要找出有关的信息过程。没有正确的检索途径和方法而试图找到所需的文献，无异于大海捞针。限于篇幅本教材着重介绍文献检索的途径和方法。

(1) 文献检索的途径

正确利用检索工具是文献检索的有效途径。检索工具按其特征分为两种，一种是按照文献外表特征标记的检索工具，另一种是按照文献内容特征标记的检索工具，前者有书名目录（索引）、作者目录（索引）、序号目录（索引）等；后者有分类目录（索引）、主题目录（索引）、关键词目录（索引）等。文献检索的途径有：

① 书名或篇名途径

根据所需要查找图书的书名或文章的篇名（题目），在相应目录（索引）工具书中，按字顺查找。中文书名或篇名的字顺，有的按首字笔画多少排列，有的按首字拼音音序排列；西文书名或篇名的字顺则按首字字母顺序（A～Z）排列，在首字相同时，再按第二、三个字顺排列。按此途径，只要学生准确记住了所要查找的文献的书名，可快速查到所需要的文献。

② 作者姓名途径

根据作者目录或作者索引查阅文献，作者包括个人作者、团体作者、专利发明人、专利受让人、学术会议主办单位等。作者名字的排序方法与书名排序方法相同，也是根据笔画多少或音序、字母顺序排列。由于现代从事科研工作的个人或团体一般都有其相对稳定的专业范围而研究课题往往又具有延续性，所以根据作者姓名检索时，可以在同一目标下查阅一批同类或相关的文献资料，甚至该作者的其他研究成果。

③ 文献序号途径

每一个图书馆或资料库中的文件、文献、档案等，都有自己的编号，即为文献序号。例如，技术标准编有标准号，科技报告编有报告号，专利说明书编有专利号等等。根据所查阅文献的编号，即可按文献序号途径查阅到相应文献。如果该序号既有字母又有数字，其一般规律是字母在前，数字在后。

④ 分类途径

对于文献的学科分类体系，世界各国有自己编制的分类法。按分类途径检索文献时，首先要熟悉学科分类法，确定研究课题所需的资料属于什么"类"，然后查明代表该类的符号和数字，再按此分类号检查分类目录或分类索引。

⑤ 主题词途径

主题词指的是表达文献中心思想所用的规范化的名词或词组。主题目录和主题索引则是按主题词字顺编排的检索系统，例如美国的《工程索引》（英文为 Engineering Index，简称 EI）就是一部按主题词字顺编排的文摘性刊物，是目前国际上使用较多的以主题词途径标记文献的典型。主题词途径优于分类途径的地方在于它是概念组配，学生可以根据课题的概念用词直接查找线索，而不必考虑学科的分类体系，因此显得更加灵活。

⑥ 关键词途径

关键词（Key words）是从文献的篇名、正文或文摘中选出的、具有实意的、能反映文献内容特点的词汇。相对于经过规范化的主题词，关键词根据原文献的用词定出，不进行严格规范，更接近于习惯使用的专业词汇。因此通过关键词途径查阅文献，一般更为灵活。由于关键词词汇量太大、编排困难，目前书面的关键词索引较少，多用于计算机系统。

在上述六种检索途径中，前三种是根据文献的外形特征来检索，常用于对已知文献的检索；后三种是根据文献的内容特征来检索，常用于对未知文献进行检索。

(2) 文献资料检索的方法

文献检索方法是指查找具体文献的方法和手段，主要有以下几种：

① 直查法

直查法是指不通过检索工具，而是从有关书目中直接查找所需资料的一种方法。这种方法适合于课题单一、文献集中的情况，同时要求查找者对检索书刊、目录、大致内容都比较熟悉。学生在毕业设计（论文）选题以后，指导老师往往会指定一些阅读书目，采用的文献资料检索方法是直查法，即直接从这些书中检索对课题研究有用的资料。

② 顺查法

顺查法是从旧到新、从前到后，按时间顺序利用检索工具查找与研究课题相关文献的查找方法。学生在查找时需要了解所要查找的文献资料的时代背景及其历史发展的概况，然后通过相关工具书从问题发生的年代查起，逐年逐卷查找，一直查到最晚的年代为止。

③ 倒查法

倒查法又称逆查法。与顺查法正好相反，它是按课题检索的时间范围，由近及远查找文献的一种方法。查找时以最近的文献为起点，逐渐往前查找，查到所需资料为止。倒查法适用于检索新的文献，这些文献中往往对课题研究的现状、基础等较详细的说明或归纳，因此可以节省人力物力等，但往往容易造成漏检。

④ 追溯法

追溯法是以检索到与课题相关的一批文献为起点，以其引文注释涉及的参考文献为线索进行追踪，查找所需文献的一种方法。引文是研究工作中课题论点的证明，增加论点说服力。引文注释是说明引文出处的文字，学生根据引文注释可检索到一系列与课题有关的文献，而在新获得的文献中，又可以借助其引文注释、参考文献获得一批文献线索。追溯法适合在检索工具书和文献线索很少的情况下使用，其缺点是获得的文献往往不全面。

⑤ 循环法

循环法是直查法与追溯法结合起来交替使用的方法。利用直查法检索一些文献，利用其所附录的参考文献目录再检索一批文献，二者交替运用，直到检索到满足课题研究所需文献资料为止。循环法是一种比较方便的文献检索方法，既能克服检索工具不足的困难，又能节约时间和提高工作效率。

在毕业设计（论文）课题研究的实际应用中，选用哪种方法，要根据选题的特点、学生的需要以及拥有的材料和检索工具的情况来综合确定。

2.3.3 文献资料检索的步骤

检索文献资料信息是一项实践性很强的过程，检索的一般步骤主要有以下六个方面：

(1) 明确检索范围

从科研课题研究的中心内容和重点出发，多方面分析课题要求和问题实质，一般从三方面考虑：一是区域界限，要清楚是取得某一问题发表过的全部文献资料，还是要掌握某一地区、某一国家对某一问题发表过的全部文献资料；二是时间范围，明确是查找某一问题在某一年限内发表过的文献资料，还是获取某一问题从有文献记录以来的全部文献资料；三是专业范围，明确要查找什么专业的科技文献信息，比如，电子类的还是机械类的，是理论性的还是应用性的等。

(2) 选择检索工具

检索工具有不同的分类方法，按加工文献和处理信息的手段不同分为手工检索工具和机械检索工具；按照载体形式不同分为书本式检索工具，磁带式检索工具，卡片式、缩微式、胶卷式检索工具；按照著录格式的不同可将检索工具分为以下四种类型：

① 目录型检索工具

目录型检索工具是记录具体出版单位、收藏单位及其他外表特征的工具。它以一个完整的出版或收藏单位为著录单元，一般著录文献的名称、著者、文献出处等。目录的种类很多，对于文献检索来说，国家书目、联合目录、馆藏目录等尤为重要。

② 题录型检索工具

题录型检索工具是以单篇文献为基本著录单位来描述文献外表特征（如文献题名、著者姓名、文献出处等），无内容摘要，是快速报道文献信息的一类检索工具。它与目录的主要区别是著录的对象不同，目录著录的对象是单位出版物，题录的著录对象是单篇文献。

③ 文摘型检索工具

文摘型检索工具是将大量分散的文献，选择重要的部分，以简练的形式做成摘要，并按一定的方法组织排列起来的检索工具。按照文摘的编写人，可分为著者文摘和非著者文摘，著者文摘是指按原文著者编写的文摘；而非著者文摘是指由专门的熟悉本专业的文摘人员编写而成。按照摘要的详简程度，可分为指示性文摘和报道性文摘两种，指示性文摘以最简短的语言写明文献题目、内容范围、研究目的和出处，实际上是题目的补充说明，一般在 100 字左右；报道性文摘以揭示原文论述的主题实质为宗旨，基本上反映了原文内容，讨论的范围和目的，采取的研究手段和方法，所得的结果或结论，同时也包括有关数据、公式，一般五百字左右，重要文章可多达千字。

④ 索引型检索工具

索引型检索工具是根据一定的需要，把特定范围内的某些重要文献中的有关款目或知识单元，如书名、刊名、人名、地名、语词等，按照一定的方法编排，并指明出处，为用户提供文献线索的一种检索工具。索引的类型是多种多样的。在检索工具中，常用的索引类型有分类索引、主题索引、关键词索引、著者索引等。

(3) 确定检索途径

根据文献信息的特征来确定检索途径，根据检索范围和科技文献信息可能来源的具体情况确立检索标志。检索途径有多种，学生应根据掌握的所查文献的有关情况，选择一条较好的途径进行检索，以节省时间和精力。

(4) 选定检索方法

文献信息的检索方法也有多种，应根据检索条件和学科特点来确定，选定一种费时少、查获信息多的有效方法。如暂时没有检索工具可用，可采用追溯法；如检索工具比较多，可采用常用法；如想获得某一课题系统且全面的资料，且时间充裕，可采用顺查法；如解决某一具体技术问题，但时间紧迫，可采用倒查法；如需了解某一课题方向发生和发展过程的有关资料，采用循环法可节约时间；如查找资料的起始年代不长，且有具体年月，一般采用顺查法，反之采用倒查法等。

(5) 查找文献线索

利用各种检索方法，通过不同检索工具，查找所需文献资料的线索，并通过题录、索引、文摘等完成查找文献的工作。如需要进一步了解和详细查阅原始文献资料时，可根据检索工具所提供的出处，在图书馆进行查验或通过计算机网络获取。

(6) 索取原始文献

索取原始文献应由近而远，首先利用学校、市区图书馆等馆藏目录查找所需文献资料，再利用全国图书、期刊联合目录或其他院校、地区的馆藏目录，了解各图书单位收藏的国内外文献的情况并索取。利用因特网查找和复制有关文献资料是目前快速和便利的一种途径。

2.3.4 文献资料的筛选与利用

文献检索是利用文献的第一步，如何将其应用在毕业设计（论文）课题研究过程中，对检索到的文献资料进行认真筛选、消化和吸收是关键。只有经过这个过程，才能达到查阅文献的真正目的——利用文献。

(1) 文献资料的筛选

文献筛选的目的在于有效地利用所查阅的文献资料。

首先，对查阅到的文献资料实行归类和有序化的管理。一般根据自己的工作需要进行。比如，当研究课题可分为几个子课题时，可根据子课题的内容对文献资料加以分类；对于历史性资料，可根据课题发展的不同时期、不同作者进行分类；也可按文献的类别（如图书、论文、专利、报告等）来分类等。

其次，对查阅到的文献资料进行仔细筛选。文献筛选的过程是一个去粗取精、去伪存真的过程。在对文献资料进行消化吸收前，难免一些貌似有关、实则无用的文献被检索；在形形色色的文献中，也难免存在一些故弄玄虚、抄袭剽窃、假造数据、蛊惑人心的资料，这都需要在筛选时仔细进行辨别，如果不加以筛选势将对学生研究课题造成时间和精力的浪费。因此，在文献筛选过程当同一类文献较多时，可做成文摘卡片，根据需要对这些文献进行排序和编号，不仅有利于文献的归类和管理，而且有利于在文献的消化、吸收过程中整理自己的思路。

最后，对查阅到的文献资料进行有效积累。在文献的筛选和消化、吸收过程中，是"由薄到厚"和"由厚到薄"的积累过程。随着学生对毕业设计（论文）课题研究的深入，研究的思路越来越清晰，对文献资料的筛选和辨别能力也越来越强，大量的文献资料就会逐渐能够用自己的语言精练地加以表达，这就是"由厚到薄"的过程。在毕业设计（论文）实践教学环节中，由于可供查阅的文献和消化吸收的时间有限，学生应当在指导老师引导下，自觉地、有意识地完善和加速这两个过程，以提高检索文献与利用文献的效率。

(2) 文献资料的利用

对筛选后的文献资料要能够灵活运用，能够与课题紧密结合。一般来说，学生在使用资料的时候要注意四个问题。

① 内容详略得当

应根据主题来决定详略。主题应该是资料使用的重要依据，能够直接而深刻地表达主题的资料要详写，详写是为了突出重点，使主题更加鲜明。同时毕业设计（论文）一般使用概括性的资料，因此，对资料进行量的控制，是根据文章的总体要求来决定的。

② 逻辑次序正确

应根据资料作用的大小、时间的先后、资料间的逻辑联系等因素决定使用资料的先后顺序。通过将众多的文献资料进行分类，做到条理清晰，使用逻辑次序正确，避免毕业设计（论文）课题设计、实施、撰写时资料杂乱无章、随意堆砌。

③ 观点资料统一

观点与资料的统一是毕业设计（论文）的一个根本要求。毕业设计（论文）要做到观点来自于资料，在资料的基础上形成观点，资料和观点组合形成一个有机的整体。常用的组合形式有三种，先开门见山，陈述观点，后列举资料说明；先介绍背景和客观资料，再点明观点，后列举资料；先列举事实资料，后归纳观点。

④ 结构错落有致

错落有致指交错使用相关的各种资料，互相印证，互为补充，以充分表现研究主旨；协调处理各种资料，使之互相搭配、相得益彰，进而更能充分地表现主要观点。

学习文献资料的筛选、整理、吸收、消化、利用，是高质量完成毕业设计（论文）工作的关键。在毕业论文（设计）选题、开题、设计、实施、撰写过程，文献资料的积累要丰富，选择要严格，使用要灵活，为课题开展打好坚实的物质基础。

2.4 毕业设计（论文）开题报告

开题报告是毕业设计（论文）选题后进行文献资料检索、归纳与利用、可行性评估、方案制定、进度安排等工作的一个阶段性考核，是中期筛选工作的重要内容之一，是对毕业设计（论文）质量进行管理和监控的重要环节，是监督和保证学生毕业设计（论文）质量的重要措施。

2.4.1 毕业设计（论文）开题报告目的与作用

开题报告是毕业设计（论文）选题确定后，学生在调查研究基础上撰写的报请指导教师批准的任务实施计划。

开题报告的作用是学生向指导教师汇报毕业设计（论文）课题的先期准备情况，指导教师对开题报告中所陈述的研究内容、思路、方案等给予评价；在文献和研究方法等方面给予指导和帮助；在实施过程、实施细节等提出建议，从而达到进一步明确研究目标，理清研究思路。

2.4.2 毕业设计（论文）开题报告内容与要求

开题报告根据毕业设计（论文）选题，简明扼要地说明该选题的目的、目前相关课题研究的现状、课题的研究背景、研究方法、必要的数据等。由于开题报告是用文字体现的课题总构想，因而篇幅不宜过长，但需把课题研究的主要内容、研究方法、研究思路等主要问题说清楚。开题报告的撰写提纲主要包含内容与要求、前言、方案比较与评价、开展预期效果及指标、实施进度安排、参考文献等六个方面。

(1) 开题报告内容与要求

根据毕业设计（论文）任务书的具体要求，学生在指导教师的引导下查阅资料，进行材料收集、归纳、总结、提炼和运用，完成课题开题报告。

① 明确内容及要求

开题报告中要简要介绍毕业设计（论文）研究的主要内容，包括主要研究对象、主要方法和最终实现形式等，突出研究的核心或重点，强调研究的新意或亮点。

开题报告中要提出毕业设计（论文）研究的具体要求，包括课题整体要求、技术参数要求、评价指标要求、课题研究成果形式要求、撰写格式要求、学生知识能力与素质提升要求等，突出毕业设计（论文）工作的科学性、正确性、规范性与全面性特点。

② 提出研究方案

根据任务书要求，灵活运用检索的文献资料，根据选题研究现状及阶段性成果，充分利用现有实验实训设备及条件，提出初步方案，通过分析、对比和论证，确定课题的研究方案。

③ 确定实施步骤

根据毕业设计（论文）的要求及内容，确定课题开展的关键步骤，如电气自动化技术专业的毕业设计课题，一般按照总体方案设计、硬件系统设计及实现、软件系统设计及实现、系统综合调试四个步骤来完成课题的主体工作。

④ 制定进度安排

根据毕业设计（论文）课题难易程度，以选题、调研、收集资料为第一阶段，论证、开题为第二阶段，设计、实施与毕业设计（论文）撰写为第三阶段，毕业设计（论文）修改、定稿、提交纸质文本、答辩为第四阶段，制定合理的进度时间安排。

⑤ 说明预期成果

针对不同专业特点，不同选题要求，在开题报告中需给出课题完成后的预期效果，如调研报告、电子产品、系统样机、仿真系统等，并应附有相关的评价指标参数。

⑥ 完成开题报告

学生根据上述内容，参考检索的文献资料，完成毕业设计（论文）开题报告的撰写并提交。

指导教师对学生毕业设计（论文）的开题报告进行审核，从研究内容的正确性、研究方法的合理性、研究方案的可行性、实施步骤的连贯性等综合评价，如符合要求则同意开题，否则要求学生对开题报告进行修改，整改后需重新审核，直到合格。

(2) 开题报告前言

毕业设计（论文）开题报告前言主要包括课题研究的目的、意义、背景现状、文献综述、研究思路及创新点等。

研究目的及意义一般可从现实需要方面去论述，指出生活、生产实际中存在的问题需要去研究、去解决，通过课题开展拟产生的实际作用、理论和学术价值等。

研究的现状是对前期选题时材料收集基本情况的概述，指出相关论文、论著等涉及本选题的内容，曾经做过的相关研究、取得的研究成果等，指出有待进一步研究的问题，确定选题研究的平台（起点）、特色或突破点。

(3) 方案比较与评价

课题方案比较与评价是课题研究方案的制定、比较、评价与确定。在明确所需解决的问题后，提出解决问题的思路和方案，要有创新点，或者有新意的论点、算法和关键技术等。

针对同一选题会有不同角度解决问题的方案，而方案的选择是通过比较方法进行的。在开题报告中，首先要阐述针对课题研究所拟定的几种实施方案，说明选择或设计这些方案的原因、优缺点、创新点等，从实施难度程度、现有条件、时间要求、预期研究成果等多方面对方案进行比较、分析，扬长避短，制定行之有效的研究方案，强调其他方案的优势在此方案中如何体现、不足之处如何得到克服，突出说明最后完成的工作拟达到的性能指标和创新点。

如果学生课题是团队课题的子项目，要明确说明在团队中承担的主要任务，与其他子课题之间的关系以及对团队的主要贡献等。

(4) 预期效果及指标

确定解决问题的思路和方案后，要对研究方案实施后的预期成果进行评估，主要包括课题开展拟取得的研究成果、阶段性效果、性能指标、研究结果类型等内容。阶段性预期效果和整体预期效果必须要与先前制定的课题内容与要求相符合。

呈现毕业设计（论文）研究效果有多种形式，如调查报告、实验报告、研究报告、论文、经验总结、调查表、测试表、产品、样机、微机软件、仿真系统、教学设计、录像带等，其中调查报告、研究报告、论文是课题研究成果最主要的表现形式。课题不同，研究成果的内容、形式也不一样，但无论形式是什么，课题研究必须有成果（或阶段性成果）。

(5) 进度安排

课题实施进度安排是毕业设计（论文）在时间上的前后顺序。高职院校学生毕业设计（论文）实践教学环节的时间安排大约为 8 周。若按 8 周时间计算，建议毕业设计（论文）进度计划大致安排如下：

第一阶段，选题、调研、收集资料为 2 周时间；

第二阶段，论证、开题为 2 周时间；

第三阶段，设计、实施、写作（初稿）为 3 周时间；

第四阶段，修改、定稿、打印、答辩为 1 周时间。

(6) 参考文献

与撰写的毕业设计（论文）正文后所列参考文献不同，开题报告中所列举的参考文献应体现不同专业、不同时期、甚至不同国家已有研究情况；应选择重要的、经典的、有代表性的文献资料；应列出至少十种已阅读的、与毕业设计（论文）课题紧密相关的、并在课题开展中拟需引用的参考文献；应主要体现课题核心内容是否具备了研究课题的基础条件；学生是否全面深刻地把握了课题研究的基本情况等关键文献资料，不可随便罗列一些教材书目。

2.4.3 毕业设计（论文）开题报告实例

毕业设计（论文）开题报告实例如表 2.2 所示。

表 2.2　开题报告实例

学生姓名		专业		班级		学号	
题　　目	复杂路口交通信号灯的应用设计 ——以×××路口为例						
指导教师		职称				学　位	
题目类别		□ 工程设计		□ 基础研究		√ 应用研究	□ 其他

【课题的内容与要求】

1. 文献资料检索

根据毕业设计任务书要求,以复杂路口智能交通信号灯的应用设计为总目标,查阅、搜集、整理、分析、总结文献资料,学习当前交通信号灯系统的关键技术等,为课题顺利开展做好基础性准备工作。

2. ×××交通调研

以×××路口为设计实例,开展充分的市场调研,主要从以下几个方面:

(1)×××路口地形特点;

(2)东西向车流量、非机动车流量数据调研;

(3)南北向车流量、非机动车流量数据调研;

(4)公交线路总数与通行数量;

(5)紧急交通处理次数;

(6)特殊车辆通行数量。

3. 确定系统设计思路与软硬件设计方案

在综合参考文献资料报告与×××路口交通状况调研报告的基础上,确定本课题的设计思路、硬件电路设计方案、软件程序编程方案。

(1)总体设计思路:确立交通通行方式、确立信号灯设计理念、确立控制方式、确立交通放行方式、放行时间等;

(2)硬件设计方案:构建系统体系、确立硬件系统的模块化设计理念,在实现信号灯控制功能的同时,充分考虑系统应用的智能化、可扩展性与实用性等设计要求;

(3)软件设计方案:设计系统设计总体流程、确立子程序设计理念,充分考虑各子程序设计对时间控制的准确性。

4. 硬件电路设计与实现

根据系统设计思路与硬件设计方案,综合应用电路设计、电子产品设计、单片机技术等,完成硬件电路设计与实现,拟从以下几个方面开展:

(1)使用 PROTEL 软件完成各个功能电路原理图绘制;

(2)完成各个功能电路的 PCB 板制作;

(3)完成硬件电路电路板印刷;

(4)完成硬件电路元器件选型、焊接;

(5)完成硬件电路实物电路板组装;

(6)完成硬件电路板的初步调试。

5. 软件程序设计与实现

根据设计方案,分析并给出该路口交通信号灯的工作状态,综合应用高级语言、单片机程序设计等知识,完成软件程序设计与实现,拟从以下几个方面开展工作:

(1)控制器引脚信号功能分配;

(2)交通信号灯状态分析及时间定义;

(3)系统软件工作流程设计;

(4)子程序设计。

6. 系统软硬件的综合调试与运行

综合应用电路测试调试技术、电子产品调试技术等,进行程序下载、编译,从信号灯的初始状态、运行状态、显示状态等逐步进行调试,调试结果正确,功能准确、稳定实现。

7. 完成毕业设计报告,对课题进行总结。

续表

【前言】
　　交通是城市经济活动的命脉,对城市经济发展、人民生活水平的提高起着十分重要的作用。城市交通问题困扰城市发展、制约城市经济建设的重要因素,人们对交通有效控制的意识越来越强烈。
　　城市交通信号控制是通过对交通流的调节、警告和引导以达到改善人和货物的安全运输,提高运营效率。其目标在于改善交通流的质量,更好地利用现有运输能力,提高交通流的安全性、快速性和舒适性。随着城市建设的快速发展,道路改造工程建设难度升级,特别是对复杂路口的交通信号灯实施控制显得尤为重要。如何赋予这类路口控制方式一些新的策略,最大限度地提高其通行能力及安全,对解决我国目前城市交通有着非常现实的意义,也可为协调控制的研究提供帮助。
　　针对复杂路口,设计一个稳定、灵活、便捷的智能交通灯信号系统具有必要性和现实性。本文以扬州×××复杂路口为例,系统能够可靠、稳定地实现×××复杂路口的交通信号灯控制,不仅可以实时显示交通信号灯状态,且可通过扩展I/O接口在线修改控制参数,能够切实提高该复杂路口的通行效率。

【方案的比较与评价】
　　单片机的优势在于低成本、低功耗、灵活性、易用性,×××路口传统的"环交"方式采用了单片机控制系统,在总体设计中,本课题从系统兼容性、可扩展、性价比等各方面考虑选用单片机控制系统来实现。
　　(1) ATMEL公司的AT89C51、AT89S51是众多的51系列单片机中最实用的,不但和8051指令、管脚完全兼容,其片内的4K程序存储器是Flash工艺,写入单片机内的程序可进行加密,性价比非常高,且具备ISP编程和看门狗功能,对开发设备的要求很低,开发时间短。
　　(2) 美国Microchip公司推出的PIC单片机系列产品,首先采用了RISC结构的嵌入式微控制器,其高速度、低电压、低功耗、大电流LCD驱动能力和低价位OTP技术等都体现出单片机产业的新趋势。但该类单片机的专用寄存器SFR分散在四个地址区间内,瓶颈现象比较严重,价格较高。
　　(3) AVR单片机是1997年由ATMEL公司研发出的增强型内置Flash的RISC(Reduced Instruction Set CPU)精简指令集高速8位单片机。具有高性能、高速度、低功耗特点。但AVR的片内RAM仅用来存储数据,通常不具备通用寄存器功能,对复杂程序,其32个通用寄存器不足。
　　综合以上方案,选用以AT89S51为中心控制器设计实现交通信号灯应用系统。

【预期的效果及指标】
　　(1) 完成文献检索及资料收集、实践调研,提交调研报告,报告条理清晰、结论正确;
　　(2) 完成系统设计方案,提交设计方案,方案可行、实用、具有一定的创新性;
　　(3) 完成系统硬件电路设计,提交硬件电路实物模型,实物与×××路口相符,电路板印刷质量高;完成系统软件程序设计,提交源程序代码;
　　(4) 完成系统调试,提交系统仿真调试结果,状态控制与状态显示同步、时间定时准确;
　　(5) 完成样机一套,系统控制稳定、可靠、准确,后续功能扩展性好。

【进度安排】

2010年*月*日 - 2010年*月*日	选题、文献检索、收集资料、论证、开题
2010年*月*日 - 2010年*月*日	调研与方案设计
2010年*月*日 - 2010年*月*日	硬件、软件系统设计与实现
2010年*月*日 - 2010年*月*日	系统调试,系统完善
2010年*月*日 - 2010年*月*日	毕业设计初稿
2010年*月*日 - 2010年*月*日	修改、定稿、打印、答辩

续表

【参考文献】 　　[1] 郭循钊,邝帆,邵平,等. 基于单片机的多功能交通灯控制系统设计与仿真实现[J]. 公路交通技术,2010(1):128-131. 　　[2] 吴慎将,李党娟. 智能交通灯控制器的设计[J]. 国外电子测量技术,2010,29(11):51-53. 　　[3] Zhao Keping, Wang Wei. Design about Display for Lattice Array Based Control[J], Modem Electronics Technique,2006,6(43):110-111P. 　　[4] 杨剑礼. 基于单片机交通灯智能控制系统研究[J]. 煤炭技术,2010,29(10):196-197. 　　[5] 崔祎,周力. 基于PLC的交通信号灯智能控制系统设计[J]. 工业仪表与自动化装置,2009(3):22-25. 　　[6] 边春元,李文涛. C51单片机典型模块设计与应用[M]. 北京:机械工业出版社,2008.
【指导教师意见】(有针对性地说明选题意义及工作安排是否恰当等) 　　课题从学生的专业爱好、拟就业岗位出发,以×××复杂路口的交通信号灯为设计实例,基于研究成果的真实性、实用性、可扩展性等特点,选题范围合适,难度适中,工作量适量,进度安排合理,任务及内容规划清楚。通过该课题的实施,将专业知识、技能与职业素养贯穿于其中,提升学生动手能力和专业综合能力。 　√ 同意提交开题论证　　　□ 修改后提交　　　□ 不同意提交(请说明理由) 　　　　　　　　　　　　　　　　　　　指导教师签章:　　　　　　　　年　　月　　日
【系部意见】 　□ 同意指导教师意见　　　□ 不同意指导教师意见(请说明理由)　　　□ 其他(请说明) 　　　　　　　　　　　　　　　　　　系(部)主任签章:　　　　　　　年　　月　　日

2.5 毕业设计（论文）实施

2.5.1 毕业设计（论文）研究方案制定

在指导教师的引导下，学生明确完成毕业设计（论文）课题的任务和具体要求，清楚毕业设计（论文）的规定期限和进度安排，为了保证毕业设计（论文）按时保质完成，需要对即将进行的毕业设计（论文）工作制定翔实的研究方案。

(1) 制定毕业设计（论文）研究方案目的

① 通过制定研究方案，学生对毕业设计（论文）课题的研究对象、研究方法、研究重难点、研究步骤和预期结果等将有一个全面系统的认识和把握。

② 通过制定研究方案，指导教师对学生开展课题研究的整体方案进行系统把握和评

价，可在课题开展前对学生毕业设计（论文）的总体设计方案进行指导和适时调整，避免学生在开展过程中走弯路。

③ 制定的研究方案可作为学生毕业设计（论文）课题验收时工作检查的内容和进度标准，学生应按计划、高质量完成毕业设计（论文）实践教学任务。

（2）毕业设计（论文）设计方案内容

① 开展毕业设计（论文）课题研究所需全部资料、材料、仪器、设备等。

② 开展毕业设计（论文）课题研究采用的研究方法、路线、拟达到的预期效果等。

③ 拟开展研究的具体步骤，需详细说明阶段完成内容，需使用的材料、仪器、设备等。

④ 对比较研究类课题，需列出多种方案，以便寻找最佳研究方法。

（3）毕业设计（论文）设计方案要求

① 学生要在充分、全面了解毕业设计（论文）课题研究目的、要求等基础上，灵活运用先期调研的文献资料撰写毕业设计（论文）研究方案。

② 制定毕业设计（论文）研究方案，需考虑各高职院校校内实训基地、校企合作校外实训基地或学生顶岗实习相关单位的实际条件（研究条件和经费使用），需考虑学生专业知识与技能基础所能达到的研究水平等因素，使研究过程能够顺利进行。

③ 毕业设计（论文）研究方案要有一定的系统性、全面性、完整性及连贯性。

④ 毕业设计（论文）研究方案应尽量简单明了，具备科学性，所采用的研究方法在本专业领域具有一定的先进性，研究成果要有一定的实用价值。

2.5.2 毕业设计（论文）实施过程

（1）实施过程阶段

课题实施的阶段及过程将直接影响毕业设计（论文）的质量和效果。根据毕业设计（论文）研究方案要求，学生进行课题研究、开发设计、调试、总结等实施阶段，毕业设计（论文）课题的具体实施步骤和重点要结合课题进行详细设计，由于毕业设计（论文）课题类型多种多样，因而实施过程与方法也不尽相同，一般包括三个大的阶段。

① 调研阶段。学生主要采用文献检索和现场实习等方法，对毕业设计（论文）课题拟解决问题进行深入全面了解，分析研究对象的性质与特点，探索解决问题的途径及关键技术，并对获取的信息进行加工和整理等，对研究方案做进一步调整、修订和完善，构思可能达到预期目标的各种方案，并提出对各种问题的解决办法，该过程是一个创造性的过程。

② 实施阶段。针对不同类型的毕业设计（论文）选题，根据研究方案，学生着手开展课题研究，有社会调研实践、产品设计实践、系统改造实践、网站设计实践、施工设计实践等，在这个阶段，学生将课堂知识和实验技能真正与毕业设计（论文）课题相结合，并通过发现、分析、解决问题而使综合能力获得进一步提升。

③ 总结阶段。经过调研和实践，毕业设计（论文）工作基本接近尾声，在这个阶段，学生对整个过程的材料、数据、资料、样机、产品、系统、方案等进行系统总结，从点到面、从部分到整体、从设想到实践、从经验到教训等多个方面进行综合，按照各高职院校毕业设计（论文）书写规范，撰写毕业设计（论文），并进行修改完善，提交指导教师和

评阅教师审阅，准备答辩。

(2) 实施过程举例

以电类毕业设计（论文）课题的实施过程为例，这类课题的预期成果是满足各项性能指标要求的实体设计，实施过程主要包括了系统方案完善、硬件电路设计与制作和软件程序编辑、系统综合调试、撰写毕业设计（论文）初稿及答辩等。

① 系统方案完善与确定。围绕课题任务进一步进行调研、检索文献资料并分析，了解研究现状，熟悉方案设计所需的知识范畴，为实体设计准备各种备查手册；对开题报告中确定的研究方案进行分析并完善，形成课题实施的最佳方案。

② 系统设计。绘制硬件装置方框图和软件功能模块图，确定设计的重点、难点和解决方法。如硬件方面的接口电路、控制电路、各种参数的计算和元器件的选择等，给出有关电气原理图；如软件方面的系统支持软件，程序设计语言的确定，以及必要的分析、计算、处理程序设计等，给出程序清单。

③ 系统实现调试。计算机和各种辅助电路要正确搭接，各种程序均应上机通过，进行系统综合测试。除特殊情况，一般均应在线进行调试运行，运行结果符合课题预期效果性能指标要求。

④ 撰写毕业设计（论文）并答辩。

案例属于硬件设计类课题，预期成果是产品或产品样机。基于 PC 机的接口卡毕业设计课题通常采用 EPLE、FPGA 等超大规模可编程逻辑器件及专用芯片，因此硬件部分的设计重点是熟悉芯片特性参数，熟练使用对应编程序软件进行系统构建。由于其硬件大部分功能是基于这类软件实现的，也被称为硬件设计"软件化"。

基于以上内容，根据课题的要求，毕业设计（论文）一般遵循以下实施过程，剖析课题→深入调研、阅读文献→完善研究方案→工程或工艺设计（理论分析）→系统综合调试（观点论证）→撰写毕业设计（论文）→教师审阅→修改、完善→论文答辩→进一步完善→提交完整材料。

2.5.3 毕业设计（论文）中期检查

毕业设计（论文）中期检查一般在毕业设计（论文）时间进行到一半左右的时候进行，目的在于发现问题，尽早督促学生抓紧时间，按时完成任务。毕业设计（论文）中期检查是高职院校通过三级质量监控体系对学生毕业设计（论文）完成质量、研究进度的第一轮监控手段；是指导教师了解学生毕业设计和论文进展情况，并适时予以指导的重要环节；同时中期检查也能够起到毕业答辩预演的效果。中期检查主要包括课题进展检查和课题指导建议。

毕业设计（论文）中期检查可以分组进行，教师之间交叉检查。中期检查可以通过学生自述、查看文档资料、上机演示等多种形式进行。如发现存在问题比较多，指导教师应及时对学生毕业设计（论文）加强指导、管理和督促。

(1) 课题进展检查

学生对毕业设计（论文）课题进展检查有书面汇报和口头汇报两种基本形式。汇报的主要内容有：

① 现阶段研究工作在时间、任务进度安排位置；

② 研究工作开展过程，遇到的问题，如何解决及已完成的主要内容；
③ 已取得的阶段性成果，对后期工作的贡献；
④ 文献资料收集情况，如何灵活运用；
⑤ 指导教师的指导内容；
⑥ 下阶段课题研究任务内容，保证措施，仍存在哪些问题急需解决。

学生在课题进展检查时应注意，汇报要重点叙述研究过程、遇到的问题、如何分析、如何解决、取得的阶段成果等内容，同时客观地说明存在的不足和仍需解决的问题。应恰当评估已取得的成绩，审慎地预计下阶段的工作目标，避免不切实际的工作安排。通过检查要达到总结成绩、指导后期工作的目的。

(2) 课题中期指导建议

学生毕业设计（论文）的质量与指导教师的指导工作密切相关。因此，指导教师必须要以积极、负责、认真的态度做好指导工作。在毕业设计（论文）进行到中期时，指导教师针对学生汇报中存在的问题进行悉心指导，主要包括：

① 检查学生毕业设计（论文）课题的研究进度、研究方案执行情况，对未按原计划完成规定工作的学生要给予提醒，并进行分析做好后期重点跟踪辅导安排。

② 对学生毕业设计（论文）课题开展过程中存在的问题、研究重点、难点问题等要进行详细指导，并为毕业设计（论文）下一阶段工作提出建设性意见和任务调整安排等。

2.5.4 毕业设计（论文）报告书

毕业设计（论文）由于专业性质和选题类型的区别、研究方向或研究重点的不同而形式多样，但无论何种形式的毕业设计（论文），学生必须撰写毕业设计（论文）报告书。报告书是学生在毕业设计（论文）实践教学环节最重要的一项工作，是对学生毕业设计（论文）工作的系统总结，是学生进行毕业答辩的首要依据，是学生毕业设计（论文）课题完成质量的重要评价依据。毕业设计（论文）报告书一般主要包括五部分。

(1) 标题

标题又称题名或题目。标题是毕业设计（论文）报告书的眼睛，居于全文的顶端，是展示论文题旨的领衔部分。标题以最恰当、最简明的词语反映论文中最重要的特定内容的逻辑组合。每篇毕业设计（论文）报告书首先映入读者眼帘的便是标题；从文摘、索引或题录等资料中进行文献检索，先查找的也是标题；通常浏览论文，也是先以标题作为最主要判断来决定是否有阅读的必要，是否登录文摘刊物或数据库。因此，标题是一篇毕业设计（论文）报告书的主题和宗旨的高度凝练，对于报告书内容，具有重要的提示作用。因此，标题的地位比较特殊，需精心斟酌，经反复思考后确定。

在表示功能上，毕业设计（论文）报告书标题的形式有两种，一种是单行标题，另一种是双行标题。单行标题用一句话来揭示论题，或揭示中心论点。揭示论题的标题，是对文章的研究对象、主要内容的概括。绝大多数论文的标题只标明论题，而不标明论点。揭示论点的标题，则把中心观点反映出来。双行标题一般由主标题和副标题组成，主标题是标明报告书中心内容的句子或词组，一般来说，主标题可作为论点，是研究的课题、对象，或结论、成果内容的概括；副标题是进一步对主标题的内容进行说明、补充或研究范畴界定，一般在主标题不能完全表达论文主题时采用。

从表现形式上，毕业设计（论文）报告书标题可分为问题式、叙述式、比较式和对比式等。问题式是用提问的形式来做标题，其特点是向读者提出问题，以触发阅读者的好奇心。叙述式是将论文的主旨直接说出来，并可分为肯定叙述和否定叙述两种。比较式标题是用较好的和最好的来说明论文主题，从而吸引读者。对比式标题的特点，是把两种或两种以上的研究对象放在一起对比，形成反差，从而吸引读者去看原文。

撰写毕业设计（论文）报告书标题时，应注意三个方面的内容。

① 概括准确，语句得体

准确表达要求标题能如实地表达毕业设计（论文）内容，恰当反映所研究的范围和深度。标题作为毕业设计（论文）报告书的名称，要能准确表达论文的主要内容、课题或范围，与通篇文义相匹配、相扣合。常见问题是标题过于笼统（如把研究对象扩展到同类对象或把一个问题扩充到整个专业等），题不及文，或题与文义不完全吻合。如《算法的研究》，这一命题显得过于笼统，若改为针对研究的具体对象来命题，效果会好得多，如《基于改进粒子群 BP 算法的研究》。

② 简洁明了，醒目易读

毕业设计（论文）报告书标题像一种标签，务必精炼、简明和醒目。按我国国家标准要求，毕业设计（论文）报告书标题一般不宜超过 20 个汉字。常见的繁琐题目如：《关于基于 PIC 单片机的红外线无线测量仪设计的研究》，在这类题目中，去掉"关于"、"研究"等词，并不影响表达，故上述题目便可精炼为《基于 PIC 单片机的红外线无线测量仪设计》。不过，不能由于一味追求字数少而影响题目对内容的恰当反映，在遇到两者发生矛盾时，首先要确保对标题的表达明确。如果根据毕业设计（论文）报告书内容需要，而总标题在不可能简短的情况下，可加副标题，用以辅佐主题，或做补充说明。

③ 定位恰当，细致缜密

确定标题时，要按内容恰当定位外延和内涵，大小得当，避免相互之间发生错位。标题的确定还需考虑到有助于选定关键词和编制题录、索引等二次文献。如果选题中还需注明的问题，则需要加上题注。题注采取的方式是，在题目上加标记或序号，然后在页下加以注释性说明。

（2）中英文摘要

报告书摘要也叫内容提要，一般单独占一页，装订在目录之前。摘要的目的是为了介绍研究背景、内容、目的、方法和结果等。高职学生毕业设计（论文）报告书摘要须指出研究成果的创新点；关于研究的内容也可以稍加详细介绍，摘要的长度一般在 300 字以内。

撰写毕业设计（论文）报告书摘要的常见问题，一是照搬毕业设计（论文）报告书正文中的小标题（目录）或论文结论部分的文字；二是内容不凝练、不概括，文字篇幅过长；三是进行自我评价，加进一些不适当的评语。

毕业设计（论文）报告书摘要一般要求在学生姓名下空一行处。"摘要"两字放在方括号内，后空一格，接着是摘要的内容。摘要的写作有以下几方面的要求：

① 摘要中应排除本专业领域已成为常识的内容。切忌把应放在引言中出现的内容写入摘要，也不要对论文内容作解释和评论（尤其是自我评价）。

② 不得简单重复标题中已有的信息。比如一篇文章的标题是《×××的研究》，摘要

的开头就不要再写:"为了×××,对×××进行了研究。"

③ 结构严谨,表达简明,语义确切。摘要先写什么,后写什么,要按逻辑顺序来安排。句子之间要上下连贯,互相呼应。摘要慎用长句,句型应力求简单。摘要的每句话要表意明白,摘要不分段。

④ 用第三人称。建议采用"对×××进行了研究"、"报告了×次×现状"、"进行了×××调查"等记述方法表明一次文献的性质和文献主题,不必使用"本文"、"我们"、"我"、或"作者"等作为主语。

⑤ 要使用规范化的名词术语,不用非公知的符号和术语。新术语或尚无合适汉文术语的,可用原文或译出后加括号注明原文。

⑥ 除了实在无法变通以外,一般不用数学公式和化学结构式,不出现插图、表格。

⑦ 不用引文,除非该论文是证实或否定他人已出版的著作。

⑧ 毕业设计(论文)报告书写作时应注意的其他事项,如采用法定计量单位、正确使用语言文字和符号、缩略语等,也同样适用于摘要的编写。

英文摘要的写法与中文摘要相似,其内容包含标题、摘要及关键词。为了国际交流,科学技术报告、毕业设计(论文)报告书和学术论文应附有英文摘要。一般来说,以上中文摘要写作要求都适合于英文摘要,但英语有自己的表达方式、语言习惯,在撰写英文摘要时应特别注意。

(3) 关键词

关键词是为了文献标引工作,从毕业设计(论文)报告书中选取出来,用以表示全文主要内容信息的单词或技术语,是从其标题和正文中选出来的,能反映论文主题概念的词或词组。关键词包括叙词和自由词。叙词指收录《汉语主题词表》等词表中可用于标引文献主题概念的经过规范化的词或词组。自由词是指尚未被主题词表收录的新产生的名词术语或叙词表中找不到的词,如关键词"原子能"(其规范的主题词是"核能")。

关键词是为了适应毕业设计(论文)报告书电脑储存与检索而设立的,位置在摘要之后。关键词能够说明论文毕业设计(论文)报告书中心内容,是具有实际意义的规范词语或词组。一般情况下,一篇毕业设计(论文)报告书关键词应为3~6个,最多不能超过8个。为适应计算机自动检索的需要,国标GB/T 3179—92规定,现代科技期刊都应在学术论文的摘要后面给出3~8个关键词,为了便于国际交流,有的还要求附上对应的英文关键词。高职学生的毕业设计(论文)报告书一般也按此要求。

关键词的选择应按GB/T 3860—1995《文献叙词标引规则》的原则和方法,参照各种词表和工具书选取。未被词表收录的新学科、新技术中的重要术语以及文章标题的人名、地名也可作为关键词标出(自由词)。同时应在英文摘要的下方著录与中文关键词相对应的英文关键词。

关键词的选择,不是在报告书正文撰写之前进行,而是在报告书主体写作完成后再去挑选。选择关键词一般是综合包括标题在内的全文整体,来确定能体现论文内核的词,确定依据主要有三点,一是重要的词语,二是有代表性的词语,三是文中高频率出现的词语。

关键词的位置在摘要内容之后,"关键词"三个字放在方括号内,括号外空一格,接着是所选关键词。为避免界限不清,词语之间用分号隔开。如《超临界萃取洗油喹啉工艺及机理研究》一文的"摘要"和"关键词"。

[摘要]：以炼焦副产品洗油为研究对象，对其进行了普通萃取和超临界萃取实验。研究了普通萃取过程中萃取剂种类、萃取剂浓度、流出液/萃取液加入对比对萃取过程的影响。针对粗喹啉产物，进行了超临界萃取实验。创新性地选取了乙醇为超临界溶剂，研究了超临界萃取过程各个因素的影响。初步探讨了各个因素的影响机理。为进一步研究超临界技术在洗油加工，特别是喹啉加工上的应用提供了理论和实验依据。

[关键词]：喹啉；洗油；超临界萃取；分离

（4）报告书正文

正文是毕业设计（论文）报告书的主体，内涵了课题的论点、论据、论证过程等。通常在正文中展开论证，充分利用有力的论据，对论点做多角度、多侧面的分析讨论，系统全面地展示结论和成果。正文占据报告书的最大篇幅，体现课题的研究成果，要求正文内容充实、论据充分、可靠、论证有力、主题明确。

一般来说正文包括，调查与研究对象、试验和观测方法、仪器设备、材料原料、试验和观测结果、计算方法和编程原理、数据资料、经过加工整理的图表、形成的论点和导出的结论等。其中的结论可以单独展开叙述。正文的段落划分，应根据毕业设计（论文）课题性质与内容而定。

正文的写作要求条理清晰，逻辑严密，以理服人，使自己的观点能够为阅读者理解和接受。一般划分为几个部分，即分章、节来描述，使纲目有序、条理分明、层次清楚、脉络清晰。划分出的部分可以加上小标题，也可用序数词（第一、第二、第三……）加以标明。

① 标题式写法

标题式方法是在报告书总标题下分别设计出若干小标题，然后将搜集的资料分别按小标题的意思归纳整理出文字，形成报告书主体。小标题可以是单词或短语，它们在语法上是平行的，属于同一层次，越具体越好。

② 中心句式写法

中心句式写法是在写提纲时先根据论题与论据提炼出若干表达论文主要内容的句子（即中心句），然后按照层次（按照论文展开的逻辑理顺和选择中心句），列出句子式写作提纲。通常一个中心句可以展开为一个文章的段落，把与中心句有关的"细节"补充到段落中，也就是用各种细节支持中心句所表达的意思，形成报告书主体。

③ 理论型写法

理论型写法的正文没有固定格式，结构形式千变万化，但各个部分之间应该有紧密的联系，体现一定的逻辑关系。这种逻辑关系可以是并列的横式关系，即将研究的问题划分为若干并列的方面进行论述；也可以是逐层深入的纵式关系，即按照从现象到本质、从原因到结果或从结果到原因等逻辑顺序进行论述；还可以是并列和递进相结合的纵横交织的关系。

④ 实验型写法

实验型写法的正文一般有"材料和方法"、"结果"和"讨论"三个部分，"材料和方法"是为了介绍获得成果的手段和途径，也是作者从事研究工作的思想方法、技术路线和创造能力的具体反映。可以将方法和结果可以合为一个部分，也可以将结果和讨论合为一个部分，但有时只需有方法和结果。

⑤ 设计型写法

设计型写法正文要包括"设计方案"、"系统实现"、"调试与仿真"和"结果与讨论"。"设计方案"主要介绍系统整体的设计思路、设计方法、步骤，给出设计的框图，介绍系统的硬件设计思路，给出硬件电路的设计框图，介绍系统的软件设计思路，根据系统的工作原理给出软件的流程图；"系统实现"主要介绍系统的硬件实现、系统的软件以及综合实现。"调试与仿真"必须给出软硬件仿真调试的方法、步骤、结果（曲线、数据、图表、技术成效）；"结果与讨论"中要对设计的过程和成果进行总结，对设计的成果进行分析，对设计的后续改进也要进行相应的说明。

(5) 索引与参考文献

毕业设计（论文）报告书经常需要引用其他书籍或杂志中的内容，称为引用文献。引用文献标示应置于所引内容最末句的右上角，用小五号字体。所引文献编号用阿拉伯数字置方括号 [ ] 中，如"预测控制[2]"。当提及的参考文献是对文中内容直接进行说明时，其序号应该用小四号字与正文排齐，如"由文献 [8，10～14] 可知"。

使用引文时应注意，引文的来源必须是公开出版社的著作或报刊上发表的文章；不得将引用文献标示置于各级标题处；别人的言论常常是在某一特定的时间和条件下针对某一特定问题或对象表的，引用时应做出必要的交代；使用引文，务必逻辑清楚。所用引文，要和自己文章阐述的观点一致，不能互相矛盾；引用顺序应与文后参考文献顺序一致等。

参考文献是指为撰写论文而引用的有关图书资料。在各类出版物中，凡是引用前人或他人的观点、数据或材料等，都要对其在文中出现的地方予以标明，并在文末（或数末）依次列出，即做参考文献著录。

对于一篇报告书、论文或一本说明书、一部专著，文后参考文献著录是不可缺少的。

① 参考文献作用

反映作者学风。现代人的研究工作都是对前人的研究工作的继续和发展，文后列出所阅读的与论著内容有关的参考文献，不仅反映出作者严肃的科学态度，而且也反映出作者尊重他人劳动成果的态度。

反映论文水平。现时的研究都是在过去的基础上进行的。引用过去的参考文献，不仅可以揭示科学发展的继承性和连续性，体现论著本身的学术内涵和价值，满足读者追溯查找文献的要求，为读者的进一步研究指引途径，而且也展现了作者自身的学术素养，反映了作者在撰文过程中的科学精神。

节省论文篇幅。论著中涉及参考文献所载的内容，都不必详述，只要注明出处即可，这个不仅节省了篇幅，而且还反映出所编论著的新观点、新内容、新成果、新结论。

利于他人研究。读者通过著作的参考文献，可以方便地查阅有关资料，进一步了解有关情况。

② 参考文献著录的要求

公开。公开发表的文献可以著录，未公开发表的资料不可著录。保密文件、内部消息以及不能公开发表的资料等，均不可著录。

精选。在亲自阅读过的文献中，精选出在论著中直接引用的、主要的、最新文献著录，对一般的众所周知的内容、陈旧的资料等则不著录。

规范。参考文献的著录一定要简单、清楚、准确。著录项目内容和格式要按 2005 年制定的国家标准《文后参考文献著录规则》(GB/T 7714—2005) 进行。

③ 常见参考文献著录格式

参考文献是对期刊论文引文进行统计和分析的重要信息源之一,在本书中主要采用 GB 7714 推荐的顺序编码制格式著录进行介绍。

a. 参考文献著录项目。主要责任者(专著作者、论文集主编、学位申报人、专利申请人、报告撰写人、期刊文章作者、析出文章作者)。多个责任者之间以","分隔,注意在本项数据中不得出现缩写点"."(英文作者应将作者名写全)。主要责任者只列姓名,其后不加"著"、"编"、"主编"、"合编"等责任说明;文献题名及版本(初版省略);文献类型及载体类型标识;出版项(出版地、出版者、出版年);文献出处或电子文献的可获得地址;文献起止页码;文献标准编号(标准号、专利号等)。

b. 参考文献类型及其标识。根据 GB 3469 规定,以单字母方式标识的各种参考文献类型如表 2.3 所示。

表 2.3 单字母标识的参考文献类型

参考文献类型	专著	论文集	报纸文章	期刊文章	学位论文	报告	标准	专利
文献类型标识	M	C	N	J	D	R	S	P

对于专著、论文集中的析出文献,其文献类型标识建议采用单字母"A";对于其他未说明的文献类型,建议采用单字母"Z"。

对于数据库(database)、计算机程序(computer program)及电子公告(electronic bulletin board)等电子文献类型的参考文献,建议以表 2.4 所示双字母作为标识。

表 2.4 双字母标识的参考文献类型

电子参考文献类型	数据库	计算机程序	电子公告
电子文献类型标识	DB	CP	EB

c. 电子文献的载体类型及其标识。对于非纸张型载体的电子文献,当被引用为参考文献时需在参考文献类型标识中同时标明其载体类型。本规范建议采用双字母表示电子文献载体类型:磁带(magnetic tape)MT,磁盘(disk)DK,光盘(CD-ROM)CD,联机网络(online)OL,并以下列格式表示包括了文献载体类型的参考文献类型标识。

[文献类型标识/载体类型标识]:如 [DB/OL] 联机网上数据库(database online)、[DB/MT] 磁带数据库(database on magnetic tape)、[M/CD] 光盘图书(monograph on CD-ROM)、[CP/DK] 磁盘软件(computer program on disk)、[J/OL] 网上期刊(serial online)、[EB/OL] 网上电子公告(electronic bulletin board online)等。

纸质载体的传统文献在引作参考文献时不必注明其载体类型。

d. 文后参考文献编排格式。参考文献按在正文中出现的先后次序列表于文后,一般要求以"[参考文献]"(居中)作为标识;参考文献的序号左顶格,并用数字加方括号表示,如 [1]、[2]、…,以与正文中的指示序号格式一致。参照 ISO 690 及 ISO 690-2,每一参考文献条目的最后均以"."结束,以下是各类参考文献条目的编排格式及示例。

Ⅰ. 专著、论文集、学位论文、报告

[序号] 主要责任者. 文献题名[文献类型标识]. 出版地:出版者,出版年. 起止页码(任选). 如:

[1] 潘敏. 钱学森研究[M]. 上海:上海交通大学出版社,2006. 78.

[2] 杨庚宇. 第二届全国安全科学理论研讨会论文集(英文版)[C]. 北京:科学出版社,2010.

[3] 师晶. 一类三次代数曲线的插值和逼近[D]. 南昌:南昌航空大学,2010.

[4] 冯西桥. 核反应堆压力管道与压力容器的LBB分析[R]. 北京:清华大学核能技术设计研究院,1997.

Ⅱ. 期刊文章

[序号] 主要责任者. 文献题名[J]. 刊名,年,卷(期):起止页码. 如:

[1] 邓光,傅伟. 高职教育工作过程导向课程的基本内涵[J]. 中国高教研究,2010,(09):79-81.

[2] 王斌,杨润贤. 化工技术实训装置DCS系统升级设计[J]. 自动化仪表,2011(01):95-97.

Ⅲ. 论文集中的析出文献

[序号] 析出文献主要责任者. 析出文献题名[A]. 原文献主要责任者(任选). 原文献题名[C]. 出版地:出版者,出版年. 析出文献起止页码. 如:

[1] 钟文发. 非线性规划在可燃毒物配置中的应用[A]. 赵玮. 运筹学的理论与应用——中国运筹学会第五届大会论文集[C]. 西安:西安电子科技大学出版社,1996. 468-471.

Ⅳ. 报纸文章

[序号] 主要责任者. 文献题名[N]. 报纸名,出版日期(版次). 如:

[1] 张新科. 对高职教育"四个问题"的思考[N]. 扬州日报,2011-12-01(C02).

Ⅴ. 国际、国家标准

[序号] 标准编号,标准名称[S]. 如:

[1] GB/T 25602—2010,中国文化遗产标志[S].

Ⅵ. 专利

[序号] 专利所有者. 专利题名[P]. 专利国别:专利号,出版日期. 如:

[10] 王培功. 一种湿度探测报警装置[P]. 中国专利:CN102226926A,2011-10-26.

Ⅶ. 电子文献

[序号] 主要责任者. 电子文献题名[电子文献及载体类型标识]. 电子文献的出处或可获得地址,发表或更新日期/引用日期(任选). 如:

[11] 马维野. 在中国专利奖评选工作研讨会上的讲话. [EB/OL]. http://www.sipo.gov.cn/zlgls/zxdt/zxgzdt/201101/t20110120_567254.html,2011-01-13/2012-01-29.

[12] 万锦坤. 中国大学学报论文文摘(1983—1993)英文版. [DB/CD]. 北京:中国大百科全书出版社,1996.

Ⅷ. 各种未定义类型的文献

[序号] 主要责任者. 文献题名[Z]. 出版地:出版者,出版年.

2.5.5 毕业设计(论文)报告书写作基本要求

毕业设计(论文)报告书文本格式主要包括:题名、摘要、关键词、目录、正文、结论、致谢、参考文献、附录、注释(可选)、作品(软件)使用说明书(可选)等部分。

由于学生专业不同，报告书写法要求也不同，但报告书的主体框架结构是相似的，包括了引言、正文和结论三个部分。不同专业不同选题的报告书赋予不同的形式，这三部分不同的内容，说明了毕业设计（论文）的主体、目的、要求、过程、结论等。下面主要对本书中示例的几个典型专业报告书主体部分内容进行简要说明。

(1) 电气自动化类毕业设计报告书主体内容

① 引言

引言应说明本课题的意义、目的、研究范围及应达到的技术要求；简述本课题在国内外的发展概况及存在问题；说明本课题的指导思想；阐述本课题应解决的主要问题。

② 正文

正文主体是作者对设计工作的详细表述，它占全文的绝大部分，其内容大体包括：

a. 设计方案的论证。叙述设计的理论依据；在对各种方案进行分析、比较的基础上，阐述所用方案的特点（如采用的新技术、新措施、提高性能的方向等）。

b. 计算部分。这部分在设计报告书中应占有相当的比例。根据系统的总体设计要求，选用和设计电气器件、电子元器件或零部件；在报告书中要列出电气器件、电子元器件或零部件的工作条件、给定的参数、计算公式以及各主要参数的详细计算步骤和计算结果。

c. 结构设计部分。这是设计报告书中的重要组成部分。应包括结构设计、各种控制线路的设计、功能电路的设计及必要的图纸。

d. 软件设计。若设计时采用了微处理器，则还应包括各种软件的设计。软件设计应包括软件的需求分析、软件总体框图、软件功能以及软件的具体实现。

e. 系统的各种试验及测试情况。包括试验方法、测试电器、测试结果和系统调试结果等。

f. 方案的校验。应对所设计的系统是否满足要求，能否达到预期效果给出明确说明。校验的方法可以是理论验算，也可以通过测试及计算机运算。

③ 结论

结论包括对整个研究工作进行归纳和综合而得出的总结，还包括所得结果与已有结果的比较和本课题尚存在的问题，以及进一步开展研究的见解与建议。

(2) 化工类毕业设计（论文）报告书主体内容

① 引言

a. 概述。说明所设计产品的性能、用途和在国民经济中或对人民生活的重要作用；该产品的市场需求；简述该产品的生产方法及其特点。

b. 文献综述。通过从文献中所了解的内容，简述有关该产品的生产工艺方法及生产试验概况，国内外生产现状和发展趋势等。

c. 设计任务的依据或项目来源。

d. 设计产品所需的主要原材料规格、来源以及水、电、汽等的供应情况，结合设计地区供应情况说明。

e. 其他。如交通运输、节能和环保等措施。简要说明原料、产品及废渣的储运方式。简述能量综合利用情况，设计中所采用的节能措施。说明生产过程可能产生的有害物质排放和处理措施。

② 正文

a. 生产流程或生产方案的确定。根据查阅文献、毕业实习或实际调查所掌握的情况确定，有时是依据科学试验报告的结果进行放大设计，分析各种生产方法及其特点。简要叙述自己设计所选定的生产方法的依据和特点。画出一个简单流程图。

b. 生产流程简述。按生产顺序，从原料到成品依次叙述各种物料所经过的设备及其在该设备中所发生的变化；写出可能发生的化学反应方程式，说明其工艺条件，如温度、压力、流量及物料配比等；说明原料、产品的贮存方式及其特殊要求，如涉及安全、环保的注意事项等。

c. 工艺计算书。这部分内容是毕业设计（论文）的主要工作和重点内容，是设计最终结果的主要依据。它应包括：物料衡算、热量衡算、必要时加上有效能衡算。具体要求：

ⅰ．写出计算公式；
ⅱ．计算步骤要清晰；
ⅲ．计算已知条件要符合设计任务要求；
ⅳ．数据来源要可靠；
ⅴ．列出计算公式，并对公式中符号加以必要的说明；
ⅵ．有条件时用计算机计算，计算时要列出数学模型及所用变量的含义，有计算程序清单和程序使用说明；
ⅶ．将计算结果汇总于物料衡算表和热量衡算表中，并将计算基准转换为生产能力的基准，包括时间基准和单位产品基准。

d. 主要设备的工艺计算和设备选型。根据设计任务书的工作量大小，要选取1~2个主要设备（非定型设备）进行工艺计算。例如：主要反应器的工艺尺寸，催化剂的装填量；塔设备的直径、高度和填料的装量等。其他设备都作为辅助设备，要根据生产能力，按前边的物热衡算结果进行选型，如泵、压缩机、换热器和槽罐等。所选设备设备一览表如表2.5所示。

表2.5 设备一览表

序号	位号	设备名称及规格	型号	单位	数量	重量/kg		备注
						单重	总重	

e. 原材料、动力消耗定额及消耗量。根据物料衡算和热量衡算结果，换算为单位产品（吨）的消耗量（即消耗定额）和单位时间（每小时和每年）的消耗量。原材料及动力消耗定额及消耗量如表2.6、表2.7所示。

表2.6 原材料消耗定额及消耗量表

序号	名称	规格	单位	消耗定额	消耗量/kg		备注
					每小时	每年	

表 2.7 动力(水、电、汽、气)消耗定额及消耗量表

序号	名称	规格	单位	消耗定额	消耗量/kg		备注
					每小时	每年	

f. 车间成本估算。通过毕业设计,要使学生建立经济核算观点。成本估算表如表 2.8 所示。

表 2.8 成本估算表 单位:元

序号	名称	单位	消耗定额	单价	单位成本	备注
1	原材料费					
	小计					
2	动力费					
	水					
	电					
	小计					
3	工资及福利					
	小计					
4	车间经费					
	折旧费					
	维修费					
	管理费					
	小计					
5	副产品回收费					
	小计					
6	产品车间成本					
7	企业管理费					
8	工厂成本					

g. 总投资概算。

投资概算综合表如表 2.9 所示。

h. 环境保护与安全措施。根据设计情况,简述并列出设计中的三废处理情况;简述安全卫生和劳动保护措施。

i. 附有关的工程图纸。

ⅰ. 控制点工艺流程图;

ⅱ. 主要设备装配图;

ⅲ. 设备平面布置图与立面布置图;

表 2.9 投资概算综合表

序号	工程项目名称	概算价值/万元	占投资比例
1	厂房建筑工程		
2	工艺设备费 其中设备费 运杂费		
3	电气仪表及辅助材料		
4	化工管道及安装费		
5	化验仪器		
6	试车费		
7	不可预见费		
	合计		

ⅳ. 主要工序的管道配置图（此图可根据课题内容、任务要求和学时而确定是否需要绘制）。

③ 结论

从工艺计算、设备选型、投资概算、环境保护与安全措施等方面进行综合评价，总结化学工艺设计成果，并分析与设计指标存在差距原因等，提出后续改进的方法。

(3) 建筑工程类毕业设计报告书主体内容

① 引言

a. 工程概况。简述毕业设计的目的、意义、范围及应达到的要求；毕业设计的指导思想；阐述毕业设计应解决的主要问题。

b. 建筑方案设计说明。简要阐述建筑设计方案的选择、建筑设计的特点以及各项指标等。

c. 结构设计说明。选择结构设计方案，说明选择设计方案（包括各种方案的分析、比较）的原因；阐述所采用方案的特点、结构设计的计算方法、所采用的设计计算程序等。

② 正文

a. 结构布置。这是结构设计的重要一步，通过应用已掌握的各方面知识，尤其是力学和专业知识，运用于实际工程设计。根据结构的受力形式、力的传递途径和材料的特性，完成整体完整的结构布置，初定构件的形式和截面。

b. 部分结构计算。对于整体结构中的适合于手算部分，有选择地对部分结构或构件进行手算，以便深入理解结构设计的原理，并且与相对应的程序计算结果作比较。对于大型工程，这部分可不做。

c. 主体结构计算。主体结构整体计算采用建筑结构设计专用程序。计算包括：结构计算输入数据（设计参数、计算简化、荷载计算等）、结构计算数据结果（计算内力、计算构件配筋、结构变形等）。对于不合理的数据进行分析，并作调整，以达到结构安全、受力明确、经济合理的目的。

③ 结论

概括说明毕业设计的情况，分析其设计的创新性、先进性、合理性等，并应指出其中存在的问题和今后改进的方向。

(4) 机械类毕业设计报告书主体内容

① 引言

应说明毕业设计的目的、意义、范围及应达到的技术要求；简述本课题在国内外发展概况及存在问题；毕业设计的指导思想；阐述毕业设计应解决的主要问题。

② 正文

a. 设计方案论证。应说明设计原理并进行方案选择。应说明为什么要选择这个设计方案（包括各种方案的分析、比较）；还应阐述所采用方案的特点（如采用了何种新技术、新措施、提高了什么性能等）。

b. 计算部分。这部分在设计报告书中应占相当的比例。在报告书中要列出各零部件的工作条件、给定的参数、计算公式以及各主要参数计算的详细步骤和计算结果；根据此计算结果应选用什么加工工艺、器件或零部件；对需采用计算机的设计还应包括各种软件设计。

c. 结构设计部分。这也是设计报告书中的重要组成部分。其内容包括机械结构设计、各种电气控制线路设计及功能电路设计、计算机控制的硬件装置设计等，以及以上各种设计所绘制的图纸。

d. 样机（或试件）的各种实验及测试情况。包括加工工艺、加工方法、实验方法等。

e. 方案的校验。说明所设计的系统是否满足各项性能指标的要求，能否达到预期效果。校验方法可以是理论验算（包括系统分析），也可以是实验测试及计算机上机运算等。

③ 结论

概括说明毕业设计的情况和价值，分析其优点、特点、创新点、性能达到的水平，并应指出其中存在的问题和今后改进的方向，特别是对设计中遇到的重要问题要重点指出并加以研究。

毕业设计（论文）的评审答辩与评优

2.6.1 毕业设计（论文）评审

毕业设计（论文）评审是指学生在完成毕业设计（论文）报告书撰写后，由指导教师和评阅老师（造诣较深、经验丰富、学术水平较高的教师）对学生毕业设计（论文）报告书进行评阅，并根据专业教学标准对其质量进行评价，给出分值并划分等级的工作。

毕业设计（论文）评审，一方面可以督促学生认真对待毕业设计（论文）报告书的撰写，另一方面可以使教师更清楚地了解目前毕业生在毕业设计（论文）课题研究方面的能力，以便更好地指导下一届学生的毕业设计（论文）工作。

(1) 毕业设计（论文）评审标准

各高职院校在组织指导教师或专家对学生毕业设计（论文）进行评审时，一般都有自己的标准。这样既可以方便评审人在评价毕业设计（论文）质量时进行打分，又可以减少人为因素对毕业设计（论文）评估的影响。

毕业设计（论文）评审一般实行百分制。满分为 100 分，及格分为 60 分。包括以下几个方面：选题、观点、内容、结构、语言和格式。这些标准还可以根据不同的评审细化，如专业指导教师评审标准包括以下评审项目，学习态度、创新、调研论证、综合能力、设计（论文）表述、文献阅读以及撰写质量。评阅人评审标准包括以下审核项目，任务量、创新、设计（论文）表述、文献阅读以及撰写质量。主要考核内容由以下几部分组成：

① 考核学生掌握本专业或本专业的基础理论、专业知识和基本技能的情况；
② 考核学生是否具有从事科学研究和承担专业技术工作的初步能力；
③ 考核学生是否独立、按时完成毕业设计（论文）规定的各项任务；
④ 毕业设计（论文）完成的质量，包括资料、计算、图表、文字表达、规范性、创造性等；
⑤ 查阅、利用参考文献的数量和范围，包括利用外文文献的能力；
⑥ 考查学生平时的学习态度、工作态度及是否遵守校规校纪等。

(2) 指导教师审阅

指导教师全程跟踪学生的毕业设计（论文）工作，学生完成毕业设计（论文）课题，提交报告书，指导教师应对报告书进行认真、负责地审阅，给出评语，并提出成绩评定的初步意见，审阅的内容主要包括：

① 学生是否掌握了课题所涉及的基础理论、基本技能和专业知识；
② 学生是否具有从事设计、研究或担负专门技术工作的初步能力；
③ 学生是否对任务书所提出的要求、内容及时间独立完成了毕业设计（论文）各环节所规定的任务；
④ 毕业设计（论文）完成的质量和完成过程中所表现的创造性工作情况；
⑤ 独立工作、独立思考、组织管理能力，文字及口头表达能力和与他人合作交往能力等情况；
⑥ 学习态度、毕业设计过程中的工作、学习纪律情况。

(3) 评阅教师评阅

除指导教师外，教研室应聘请或指定熟悉本类毕业设计（论文）内容的同行专家和教师为评阅人。评阅以负责的态度，严肃认真对待，重点审查学生掌握基础理论、基本技能和专业知识等综合应用情况，审查学生的文字表达、绘图计算、软件设计等方面的水平，特别是要考查学生的创造性工作能力，评阅人评阅后依据设计的难度、工作量和成果质量给出评语及相应的成绩。

2.6.2 毕业设计（论文）答辩

毕业设计（论文）答辩是答辩委员会成员和学生面对面的交流，是评价毕业设计（论文）的重要形式之一，是对已完成的论文、设计的最后审核、检验，也是对学生学术水平和研究能力的综合考核。

(1) 毕业设计（论文）答辩组织

学生完成毕业设计（论文）报告书后，学院各系部要组织相关专业教师对学生进行答辩，检查学生是否达到了毕业设计（论文）的基本要求。为确保毕业设计（论文）答辩工作的有序进行，必须有计划地精心策划和组织好论文答辩的各个环节。

① 成立答辩委员会

在系部主任的领导下，成立各系部毕业设计（论文）答辩委员会，成员5~7人，包括系部主任、教研室主任、专业教授和部分指导教师。毕业设计（论文）答辩工作由各系部答辩委员会组织并主持。根据需要答辩委员会可决定组成若干答辩小组，答辩小组由3~5人组成，设组长1人，秘书1人。各答辩小组具体负责学生的毕业设计（论文）答辩工作。答辩委员会及答辩小组成员必须由讲师或讲师以上职称的人员（或相当职称的科技人员）担任。

② 布置答辩场地，营造良好氛围

毕业（设计）论文答辩是实践教学的重要环节，也是师生之间交流的一种形式，因此答辩场地及其设施的布置既要严肃庄重、格式醒目。对答辩人员的座次、仪表、距离、答辩材料的准备等安排要准确、到位、合理、规范。

③ 规范答辩程序，明确答辩内容

答辩程序应当包括答辩前答辩组织的成立及人员分工、答辩的出题、答辩的提问、学生的解答内容的记录、成绩的评定、答辩工作总结等方面。规范化、制度化的答辩程序安排，对保证答辩工作的顺利、有序进行具有重要的保障作用。在答辩过程中，教师的活动内容主要包括，听取学生毕业设计论文的陈述，提出具有针对性的答辩问题；在学生的答辩回答后适当进行询问和交流；对学生答辩作简要的点评；最后经过讨论，给出答辩成绩。学生的活动内容主要包括，对自己的毕业设计（论文）进行介绍；对答辩老师提出的问题进行思考与回答；适当地与答辩老师进行沟通与探讨。

④ 明确答辩要求，完善答辩材料

无论是教师，还是学生，都应该明确把握好答辩的要求。答辩组织者要召开答辩动员会，明确时间、地点、人员的排序，讲清答辩的任务以及活动内容、要求等。答辩结束以后，要将论文材料、中期检查及指导记录表、指导教师评分表、评阅人评分表、答辩记录以及毕业相关的证明材料整理签字后上报系部进行集中审核和管理。

(2) 毕业设计（论文）答辩实施

学生必须在论文答辩举行之前半个月，将经过指导教师和评阅教师评阅、并签署"同意答辩"意见的报告书连同任务书、开题报告以及中期考核检查表提交答辩委员会，答辩委员会主席在仔细研读毕业论文的基础上，拟出要提问的要点，举行答辩会。答辩的一般程序包括：

① 宣布答辩小组（分组答辩）成员名单；

② 公布学生答辩的顺序及论文题目；

③ 公布学生答辩的要求及注意事项；

④ 答辩开始，学生应先向会场致礼；

⑤ 学生对自己撰写的设计（论文）作简略说明，包括题目名称和来源、课题目的和意义、基本内容和主要方法、设计或研究过程、重要结果或结论及其理论价值、实用价值、参阅并收集的资料、自我评价、不足以及仍需完善的地方、设计的实物或仿真结果的成果演示；

⑥ 答辩小组成员提问，答辩人就所提问题进行回答。答辩提问的内容应是与题目相

关的理论和实践知识，力求全面考核学生的实际水平，提问主要针对（但不限于）学生进行毕业设计（论文）现场介绍中存在的疑错点、设计（论文）文字材料中存在的疑错点、检查毕业设计（论文）结论或成果中发现的疑错点、课题涉及的基本理论和基本技能、课题包含相关的国内外技术动态、本设计的不足及完善方向与方法；

⑦ 学生当场回答，答辩过程中，答辩小组成员要对答辩过程及内容进行记录；

⑧ 学生回答完毕，致谢出场。总的答辩时间一般为 20 分钟；

⑨ 答辩结束后，答辩小组根据学生的毕业设计（论文）及答辩情况等确定成绩，并由相关人员统计成绩，写出评语；

⑩ 简要总结答辩情况（公开答辩）。

(3) 教师在答辩中提问方法

在答辩会上，主答辩教师的提问方式会影响到组织答辩会目的的实现以及学生答辩水平的发挥。主答辩教师有必要讲究自己的提问方式。

① 合理安排，先易后难。答辩教师的提问问题宜按先易后难的次序提问。从调节学生的紧张心理，增强"我"能答好信心的问题开始，有利于学生对后续问题回答时发挥出正常水平，从而能较正确地检查学生的答辩能力和专业水平。

② 紧扣选题，有的放矢。提问的内容应能反映学生所学的基本理论和方法，与论文选题密切相关。

③ 循序渐进，逐步深入。为了正确地检验学生的专业基础知识掌握的情况，有时需要把一个大问题分成若干个小问题，并采取逐步深入的提问方法。通过这样的提问，根据学生的答辩情况，就能比较正确地测量出学生掌握基础知识的扎实程度。

④ 平等交流，共同探讨。当答辩者的观点与教师的观点相左时，应坚持学术平等，据理力争，共同以温和的态度，与之开展探讨。答辩的过程本身就是观点交锋的过程，问答双方应敢于正确地把自己的观点亮出来，供对方参考，达到共同探索真理的目的。

⑤ 善于启发，循循善诱。答辩时间紧凑，当学生因紧张等原因一时答不上来时，老师应及时加以启发或引导，这有可能使学生重新梳理知识，树立信心，把问题答好，这有助于判定学生知识掌握情况。

(4) 学生在答辩中应答方法

学生要顺利通过答辩，并在答辩时真正发挥出自己的水平，不仅在答辩前需要充分做好准备，而且还需了解和掌握答辩的要领和方法。

① 满怀自信，认真对待。在作了充分准备的基础上，对于毕业答辩学生大可不必紧张，要有自信心。树立信心，消除紧张慌乱心理很重要，因为过度的紧张会使本来可以回答出来的问题也答不上来。只有充满自信，沉着冷静，才会在答辩时有良好的表现。而自信心主要来自事先的充分准备。

② 听清问题，当场作答。当答辩老师在提问题时，学员要集中注意力认真聆听，并将问题回答略记在本子上，仔细推敲，弄清题意就匆忙作答。如果未清楚，可以恳请复述问题，等得到肯定的答复后再作回答。只有这样，才有可能避免答非所问。

③ 简明扼要，层次分明。在弄清老师提问意图后，要在较短的时间内作出反应，要充满自信地以流畅的语言和肯定的语气把自己的想法讲述出来。答辩时候回答问题要抓住要害，简明扼要，力求客观，层次分明，留有余地，注意吐词清晰，声音适中等等。

④ 知无不言，无需强辩。对答辩老师的问题要尽可能运用所学知识全面客观回答，做到知无不言。但有时答辩委员会的老师对答辩人所作的回答不太满意，还会进一步提出问题，这是正常的答辩程序。对于提问，答辩人如果有把握讲清，就可以申明理由进行答辩；如果不太有把握，可以审慎地试着回答；如果自己完全不懂，就应该实事求是地告诉老师，表示今后一定认真研究这个问题，切不必强词夺理，生拉硬扯，托词狡辩。

⑤ 尊重学术，平等辩论。答辩中，有时答辩老师会提出与你的论文中基本观点不同的观点，问答双方可以互相切磋商讨。只要你的基本观点是经过自己深思熟虑，又言之有理、持之有据，且能自圆其说，也无需随声附和老师，放弃自己的观点，而应与老师展开平等友好的学术探讨，顺利地完成答辩。

2.6.3 毕业设计（论文）成绩评定

(1) 评定方法

指导教师评分、评阅人评分、答辩小组评分均采用百分制评定，按五级记分制统计，优秀（90~100分）、良好（80~89分）、中等（70~79分）、及格（60~69分）、不及格（59分及以下）。其中优秀的比例一般控制在15％以内，良好的比例控制在30％以内，其余为中等、及格和不及格。

学生毕业设计（论文）的总成绩采用结构比例进行综合评定，由专业指导教师、评阅人和答辩委员会的评分组成，三部分所占比例分别为30％，30％，40％。

(2) 评定要求

指导教师、评阅人和答辩小组成员对学生的毕业设计（论文）进行成绩评定时，应从以下几个方面重点评价：

① 学生独立工作能力、科学态度和工作作风；
② 学生在设计过程中工作量大小、工作表现及基础理论和专业技能的掌握程度；
③ 设计方案的正确性、合理性、可行性；
④ 毕业设计说明书和图样的质量情况及写作、绘制水平；
⑤ 设计中独立见解和创新性，综合运用专业知识分析和解决问题的综合能力；
⑥ 答辩中的文化修养、思维能力、应变能力和语言表达能力；
⑦ 对设计课题应用情况和发展前景的了解程度。

(3) 评分标准

① 优秀（90分以上）

a. 在毕业设计（论文）工作期间，工作刻苦努力，态度认真，遵守各项纪律，表现出色。

b. 论文立论正确，理论分析透彻，解决问题方案恰当，结论正确，并且有一定创新性，有较高的学术或较大的实用价值。

c. 论文立论正确，理论分析透彻，解决问题方案恰当，结论正确，并且有一定创见性，有较高的学术或较大的实用价值。

d. 能按时、全面、独立地完成与毕业设计（论文）有关的各项任务，表现出较强的综合分析问题和解决问题的能力。

e. 论文中使用的概念正确，语言表达准确，结构严谨；条理清楚，逻辑性强，栏目齐全，书写工整。

　　f. 原始数据搜集得当，实验或计算结论准确可靠，能够正确使用计算机进行研究工作。

　　g. 论文写作格式规范，符合有关规定。论文中的图表、设计中的图纸在书写和制作上规范，能够执行国家有关标准。

② 良好（80～89分）

　　a. 在毕业设计（论文）工作期间，工作努力，态度认真，遵守各项纪律，表现良好。

　　b. 能按时、全面、独立地完成与毕业设计（论文）有关的各项任务；具有一定的综合分析问题和解决问题的能力。

　　c. 论文立论正确，理论分析得当，解决问题方案实用。

　　d. 论文中使用的概念正确，语言表达准确、结构严谨、工整。

　　e. 论文写作格式规范，符合有关规定。论文中的图表、图纸在书写和制作规范，能够执行国家有关标准。结论正确，条理清楚，栏目齐全设计。

　　f. 原始数据搜集得当，实验或计算结论准确，能够正确使用计算机进行研究工作。

　　g. 在论文答辩时，能够简明和正确地阐述论文的主要内容，能够准确地回答主要问题，有较好的语言表达能力。

③ 中等（70～79分）

　　a. 在毕业设计（论文）工作期间，工作努力，态度比较认真，遵守各项纪律，表现一般。

　　b. 能按时、全面、独立地完成与毕业设计（论文）有关的各项任务；综合分析问题和解决问题的能力一般。

　　c. 论文立论正确，理论分析无原则性错误，解决问题方案比较实用，结论正确。

　　d. 论文中使用的概念正确，语句通顺，条理比较清楚，栏目齐全，书写比较工整。

　　e. 论文写作格式规范，符合有关规定。论文中的图表、设计中的图纸在书写和制作上规范，能够执行国家有关标准。

　　f. 原始数据搜集得当，实验或计算结论基本准确，能够正确使用计算机进行研究工作。

　　g. 在论文答辩时，能够阐述论文的主要内容，能够比较正确地回答主要问题。

④ 及格（60～69）

　　a. 在毕业设计（论文）工作期间，基本遵守各项纪律，表现一般。

　　b. 能够在教师指导下，按时和全面地完成与毕业设计（论文）有关的各项任务。

　　c. 论文立论正确，理论分析无原则性错误，解决问题的方案有一定的参考价值，结论基本正确。

　　d. 论文中使用的概念基本正确，语句通顺，条理比较清楚，栏目齐全，书写比较工整。

　　e. 论文写作格式基本规范，基本符合有关规定。论文中的图表、设计中的图纸在书写和制作上基本规范，基本能够执行国家有关标准。

　　f. 原始数据搜集得当，实验或计算结论基本准确，能够使用计算机进行研究工作。

　　g. 在论文答辩时，能够阐述出论文的主要内容，经答辩教师启发，能够回答主要问题。

⑤ 不及格（59 分及以下），同时具备以下 3 条或 3 条以上者

a. 在毕业设计（论文）工作期间，态度不够认真，有违反纪律的行为。

b. 在教师指导下，仍不能按时和全面地完成与毕业设计（论文）有关的各项任务。

c. 毕业论文中，理论分析有原则性错误，或结论不正确。

d. 论文写作格式不规范，文中使用的概念有不正确之处，栏目不齐全，书写不工整。

e. 论文写作格式不规范，不符合有关规定论文中的图表、设计中的图纸在书写和制作上不规范，不能够执行国家有关标准。

f. 原始数据搜集不得当，计算结论不准确，不能正确使用计算机进行研究工作。

g. 在论文答辩时，不能正确阐述论文的主要内容，经答辩教师启发，仍不能正确地回答各种问题。

2.6.4 毕业设计（论文）评优

毕业设计（论文）的成绩评定是一件十分严肃的工作，它不仅反映了学生的学习质量，而且也在一定程度上反映了学校的教学质量，因此，必须强调毕业设计（论文）成绩评定的程序化和规范化，严格要求，合理评定成绩，这对鼓励公平竞争，培养和发现人才，养成严谨治学的学风，调动教师和学生的积极性、创造性、促进教学改革等都有积极的意义。按照教育行政部门的规定，毕业设计（论文）的考核及成绩评定，必须通过指导教师"审阅"、评阅人"评阅"、答辩小组"答辩"三个环节，分别写出评语，给出分数，综合评定学生毕业设计（论文）成绩。

(1) 优秀毕业设计（论文）的推荐条件

① 必须为当年的系级优秀毕业设计（论文）且为学生本人完成；

② 选题科学，符合本专业教学要求；

③ 能够较好地体现本专业基本知识、基本技能的综合应用；

④ 具有一定的创新性，或具有一定的学术水平和独到见解，或具有一定的实用（参考）价值。

优秀毕业设计（论文）实行限额推荐，按毕业生数的百分之一申报，不足一人按一人计。

(2) 优秀毕业设计（论文）团队的推荐条件

为提高毕业设计（论文）质量，充分发挥毕业设计（论文）对提高学生创新精神和实践能力的促进作用，努力提高学生综合职业素质，所以开展优秀毕业设计（论文）团队评优工作，每年会评出优秀毕业设计（论文）团队，参评的优秀毕业设计（论文）团队必须是应届优秀毕业设计（论文）作品。优秀毕业设计（论文）团队的推荐条件有：

① 选题科学，符合本专业培养目标与教学要求，有利于培养技能型人才，各子课题设计合理，任务分工明确，研究内容有机联系；

② 设计作品整体质量较高，能有效反映团队成员间的实质性协作与配合，且有群策群力、协同攻关的设计研究成果；

③ 每个团队不少于 3 位学生，其组成可为同一专业的学生，也可为跨专业的学生；

④ 团队有总的指导教师，每位学生有各自的指导教师。

(3) 优秀毕业设计（论文）团队推荐材料

① 团队设计（论文）的总报告。要求 5000 字以上，目标明确，结构清晰，分工明确，论述完整。另可附团队中每位学生的毕业设计（论文）。

② 指导教师审阅意见、评阅教师评语和答辩小组答辩意见。所有申报材料均需报送书面材料一式一份，并将纸质申报材料、申报材料电子稿件送交、发送给教务处老师。参评的非外语类毕业设计（论文）如用外语书写，应附中文全文翻译。

③ 优秀毕业设计（论文）团队推荐表见附录。

优秀毕业设计（论文）团队评选重在对团队整体质量和成员实质性协作的评价。

2.7 毕业设计（论文）的组织管理与质量监控

2.7.1 毕业设计（论文）的组织管理

高职院校毕业设计（论文）工作是由众多的任务承担者（主要指学生）和任务指导者（教师）参加的、几乎在同一时间完成的、具有明确共同目标的群体活动。从管理科学角度而言，任何一项由多人群体参与完成的任务都必须进行有效的组织管理。只有科学统一的组织管理工作，只有制定群体应遵循的共同目标要求、时限要求、过程控制，才能统一调配、合理使用完成毕业设计（论文）所必需的人、财、物、时间、空间和信息等各种资源，才能使毕业设计（论文）这一重要的实践教学过程，按照专业人才培养目标的要求，优质、高效地顺利完成。

毕业设计（论文）工作的组织管理机构划分为院、系、教研室三级，以保证宏观管理、微观管理和各项管理规定与措施的顺利实施。三级管理机构是否独立设置，应由学校根据学校规模、特色自行掌握。一般说来，各高职院校均有比较完善的教学管理机构，担负着全校人才培养的教学管理。毕业设计（论文）虽然在人才培养过程中具有重要地位与作用，但它毕竟只是教学过程的一个教学环节，所以组织管理毕业设计（论文）工作是各级教学管理部门的基本职责，无需单独设置管理机构。但为了强化这一教学环节的组织管理，各有关管理部门必须明确职责、合理分工、协调工作。必要时还可以成立临时的专门机构，以协调各管理部门的工作，解决在进行毕业设计（论文）期间出现的矛盾和重大问题，如毕业设计（论文）工作与学生求职、工作实习之间的矛盾。无论毕业设计（论文）工作组织管理机构如何设置，三级管理者都应各司其职，各负其责，切勿推脱延误时机。

(1) 院级管理机构

在院级管理机构中，一般应由主管教学和主管学生工作的院领导挂帅，以教务处为主管理，学生处、科研处等参与管理，并指定专人负责。院级毕业设计（论文）管理机构的主要职责有：

① 贯彻、落实教育部和根据隶属关系的上级主管业务部门对毕业设计（论文）要求及管理的指令或指导性文件，根据学院具体情况对人才培养规格的要求，制定有本校特色的有关毕业设计（论文）条例、规定、管理程序等文件，明确学院对毕业设计（论文）的整体管理目标。

② 组织有关职能部门和系部的相关力量支持毕业设计（论文）工作，并分解实施管

理目标，协调、解决在开展毕业设计（论文）工作过程中需要学院解决的问题。

③ 组织评估、检查。院级管理机构中，要有专人对设计（论文）工作的进展情况进行督促检查或抽查，发现问题，解决问题。根据有关规定开展毕业设计（论文）工作的评估评优活动，推选出优秀毕业设计（论文）并进行表彰。

④ 组织开展毕业设计（论文）工作的研究，及时收集各种反馈意见，包括教师、学生、各级管理部门，特别要重视来自用人单位的意见。并对来自不同渠道的意见进行分析研究，改进今后毕业设计（论文）的选题、指导和组织管理工作。

（2）系部级管理机构

系部级的组织管理对毕业设计（论文）工作的开展极为重要，系部级组织管理机构一般应由主管教学工作的系部领导牵头，会同负责学生、科研的系部领导、系部教研室主任等组成临时领导机构，系部教学秘书、行政秘书兼日常工作。系部级组织管理机构的主要职责是：

① 贯彻执行学校有关毕业设计（论文）工作的要求、规定，并根据本系部专业设置的特点，制定本系部毕业设计（论文）工作的计划、安排或实施方案。

② 研究确定毕业设计（论文）的选题方向，审核并确定毕业设计（论文）的选题，备选题目一般应多于学生数。

③ 审核并确定指导教师。指导教师应由讲师以上的教师担任。

④ 对毕业设计（论文）实施全过程管理，经常督促检查工作的进展情况，及时发现、解决毕业设计（论文）进展过程中的问题。

⑤ 组织建立本系部各专业毕业设计（论文）答辩委员会或答辩小组，领导本系部毕业设计（论文）的答辩工作，审核评分要做到合理、公正。

（3）教研室

教研室是对毕业设计（论文）工作进行组织管理的基层组织。教研室主任负有监督和组织管理的责任。主要职责有：

① 组织指导教师和学生学习、贯彻执行院、系对毕业设计（论文）工作的有关规定。

② 组织选题并进行论证，题目选定后汇总报系部级管理机构审核。

③ 提出指导教师名单。

④ 组织指导学生选题，对学生提出的问题负责答疑咨询，协调解决选题过程中出现的矛盾。

⑤ 组织指导教师对学生毕业设计（论文）进展情况进行检查指导，为学生和指导教师提供资料、信息和实验条件。

⑥ 组织毕业设计（论文）的答辩和成绩评定，审查、推荐优秀设计或论文。

⑦ 负责后续工作，如有关文献资料的回收归档，仪器设备的检查、登记、保养、索赔等。

（4）指导教师

毕业设计（论文）的指导教师，应由教学水平较高并有一定的实践经验的、具有讲师及以上职称的教师担任。指导教师的主要任务有：

① 提出毕业设计（论文）选题的任务书。该任务书应包括课题范围、意义、主要任务、预期成果等。

② 指导并审定学生拟定的论文或设计大纲，制定研究或设计实施方案。指定、提供必要的参考资料。

③ 为学生提供必要的研究、设计场地、器材、设施等，解决设计进程中遇到的困难。

④ 做好毕业设计（论文）实施过程中的指导和答疑，掌握进度，保证质量，特别要注意考查学生的实际工作能力、运用所学知识和技能的能力、工作态度和组织纪律等。

⑤ 参加毕业设计（论文）答辩活动，审阅论文或设计，写出评语，提出成绩评定的初步意见。

⑥ 进行过程管理。指导教师对所指导的学生责任重大，在做毕业设计（论文）期间，指导教师应对学生的思想、工作态度、业务知识与能力等进行较全面的考查。

（5）学生

毕业设计（论文）是学生在校由教师指导的最后学习阶段，是对自己所学知识、技能、能力的综合检查，每位学生必须重视毕业设计（论文）工作，交出最后一份满意的答卷。学生的主要任务有：

① 根据系部公布的毕业设计（论文）选题一览，结合自己的特长、爱好和工作志向等提出选题申请，选题要求不能满足时，要服从系部、教研室的调整。

② 在导师指导下独立撰写毕业设计（论文）的研究或设计实施方案。

③ 按照系部规定和指导教师要求，独立完成毕业设计（论文）的每个环节，遇到问题及时请示指导教师。

④ 着力培养自己独立思考、开拓创新的精神，分析问题、解决问题的能力和实际操作技能。在实施毕业设计（论文）的全过程中，要养成团结协作、艰苦奋斗、严谨求实的作风，严格遵循科学规律，不得弄虚作假，努力做到资料真实、数据可靠；计算准确、立论有据、分析得当、图文清楚规范。

⑤ 遵守纪律，合理安排工作和业余生活，不得以任何理由干扰毕业设计（论文）工作，如有特殊情况影响到毕业设计（论文）工作，必须要向指导教师申请并得到指导教师的同意。毕业设计（论文）工作结束后，按指导教师要求做好后续工作。

2.7.2 毕业设计（论文）的质量监控

毕业设计（论文）的质量监控管理是高职院校教学管理系统中不可缺少的部分。加强质量监控，可以有效提高毕业设计（论文）质量和组织管理水平。毕业设计（论文）的质量监控分为前期监控、中期监控和后期监控。

（1）前期监控

前期监控是指对毕业设计（论文）正式实施前的情况进行预防性监控，包括：

① 毕业生审查准入

根据进入毕业设计（论文）环节的基本要求，审核学生理论课及实践环节的成绩是否达到要求，严把"入口关"，达不到学校相关规定的学生必须提出书面申请，经学院领导批准、指导教师同意后方可进入毕业设计（论文）环节。

② 指导教师审查准入

从专业教师的职称、科研、实践经验、历史评价等方面考察指导教师的资格。

③ 选题监控

通过对历届毕业设计（论文）全文数据库的检索，避免同题、低水平题目的出现，有效遏制抄袭的不良风气，节省学生收集资料的时间，激励学生开展创新研究。

④ 开题监控

开题有助于促使学生尽快熟悉课题，锻炼学生的口头表达能力，并对方案、思路等存在问题的部分及时进行调整。

(2) 中期监控

中期监控是指对毕业设计（论文）正式实施的情况进行过程性监控，是毕业设计（论文）质量监控的重点，包括：

① 毕业生态度监控

重点监控毕业生参加毕业设计（论文）的态度，短暂离校的学生是否履行请假手续，顶岗实习的学生是否得到了指导教师与班主任、辅导员的批准，时间与精力是否有保证等。

② 指导教师态度监控

通过学生问卷调查的形式和学生中期任务完成的质量等对指导教师履行职责的情况进行监控。

③ 毕业设计（论文）进展监控

对照开题报告研究计划安排，对毕业设计（论文）进行监控，以确定是否按照既定的进度实施。要求各教研室、实验室以及校外用人单位密切配合，共同监督毕业生做好毕业设计（论文）工作。

④ 毕业设计（论文）撰写规范性监控

要求每位学生都能熟悉和掌握毕业设计（论文）撰写规范要求，并按学校统一提供毕业设计（论文）格式参考样本撰写。

⑤ 毕业设计（论文）答辩前监控

采用随机抽取的方式对全院毕业设计（论文）进行盲评，由校内外专家按照评分标准进行严格评审，不合格毕业设计（论文）不允许参加答辩，必须在修改或重做后方可申请答辩。

⑥ 毕业设计（论文）答辩过程监控

由学院统一安排，系部组织答辩小组，由答辩委员会成员在答辩现场进行检查和指导，发现问题及时解决。

(3) 后期监控

后期监控是指对毕业设计（论文）基本环节结束后的情况进行评价性监控，包括：

① 毕业设计（论文）质量审核

由各教研室答辩委员会对毕业设计（论文）进行认真评审，对于答辩成绩较差的毕业设计（论文），由学院组织专家组进行认真评审，对评审结果为不合格的毕业设计（论文）按照学校相关管理规定进行处理。

② 优秀毕业设计（论文）评比

由各教研室答辩委员会对毕业设计（论文）进行认真评审，对于答辩较好的毕业设计（论文），按照毕业设计（论文）总数1%的比例上报学院，不足一人按一人计算，由学院组织专家组进行认真评审，评定是否为优秀毕业设计（论文）。

③ 优秀毕业设计（论文）团队评比

优秀毕业设计（论文）团队评选重在对团队整体质量和成员实质性协作的评价。各系部按实际情况从严掌握，从优秀毕业论文中推荐符合条件的团队参加评选。

④ 毕业设计（论文）组织工作评比

从组织态度、效果、抽查及评优成绩等几个方面对教研室、指导教师进行评价，奖优罚劣，形成有效的激励机制。

2.7.3 毕业设计（论文）的文档管理

毕业设计（论文）的文档管理是指有关毕业设计（论文）的教学文件、毕业设计（论文）组织实施的计划、报告、总结和学生提交的论文及其有关考核评审的材料等，按照教学档案的管理方法，进行归档和保存。

毕业设计（论文）的文档管理具有现实意义和历史意义。毕业设计（论文）的文档材料是对其教学评估的主要依据。根据文档材料，可以总结工作经验教训，加强以后毕业设计（论文）工作，以提高人才培养质量。大学生毕业设计（论文）的积累与分类，可以通过检索查阅，了解毕业生的研究动态，为以后选定更多、更有价值的毕业论文选题提供依据，以及在实际工作中推广应用。

(1) 毕业设计（论文）文档材料归档范围

毕业设计（论文）需要归档保存的主要包括三类。

① 有关现行的政策性文件，即国家和省、部、委主管部门有关生产实习、毕业设计（论文）的文件，例如，中华人民共和国学位条例，省、部、委关于加强实践性教学的意见（决定），财政部有关生产实习经费开支的规定，以及学校有关生产实习、毕业论文的教学管理规定等。

② 有关毕业设计（论文）教学过程材料即专业教学计划、毕业设计（论文）工作计划及其实施方案（含实习时间、学生实习地点、单位、导师名单等）、实习工作总结和重大问题的请示报告，以及有关教学检查、论文答辩的组织实施情况的材料等。

③ 毕业设计（论文）及其考核成绩，即报告书（正本）及有关的原始材料（有的原始材料由导师所有，必要时可复制存档）、成绩评定表及评审材料、优秀论文及评语等。

(2) 毕业设计（论文）文档管理办法

毕业设计（论文）是反映高校培养人才最后一个教学环节的教学资料，是教学类科技档案的重要组成部分。它既有现实使用价值，又有历史与教育研究的价值，必须按"统一领导，分级管理"的原则，做好收集、编目、归档、保管和提供利用等工作。

① 学院各系部应在做好选留工作的基础上，做到毕业设计（论文）的建档工作和教学管理工作同步进行。

② 鉴于毕业设计（论文）类型多，论文水平保存价值差异大，需区别情况分别采取相应措施。例如，学院各系部每年对每一毕业班选留 3 到 5 份优秀的或具有学术价值的毕业设计（论文），原件归档，复印件送交资料室以提供查用。

③ 其他毕业设计（论文）由指导教师所在教研室保管。集中管理办法自定，但必须确定保管人员并编制目录。

④ 毕业生毕业设计（论文）归学校所有，必须按规定移交归档，集中保管，任何个人不得据为己有，不得擅自对外交流或转让。

工科类毕业设计指导

3.1 电气自动化专业毕业设计指导

3.1.1 电气自动化专业毕业设计选题

电气自动化专业是一门适应性强、应用面广的工程技术专业。通过知识、能力、素质培养,学生在掌握专业基本理论和基本知识,受到较好的工程实践基本训练的基础上,应获得以下几方面的知识和能力:从事本专业实际工作的综合职业能力和全面素质,具有熟练操作电气自动化设备和工厂供配电设备的基本能力,适应化工、制造、轻工、纺织、能源等行业的电气自动化系统的安装、调试、运行、维护、升级改造及工厂供配电设备管理、维护、操作等工作岗位第一线;具有能从事生产过程自动化系统及设备的安装、检修、调试、运行管理与质量检验等一线技术工作;能进行车间生产组织与管理工作、市场营销、产品售后服务等工作的高端技能型专门人才。

毕业设计教学环节,是学生完成基础课程、专业课程、拓展课程之后,必须完成的集专业理论与技能实践相结合、研究探讨与创新实践相结合、专业学习与岗位实践相结合的综合性实践创新教学过程,是学生在校学习与进入企业工作最重要的桥梁和纽带过程。

高职院校电气自动化专业学生,经过一年专业基础课程和一年半专业课程的学习,已具备了一定的专业理论知识和专业技能。通过选题、开题、前期实施、中期检查、后期实施、报告、评阅、答辩、完善等步骤,学生完成毕业设计阶段的实践性教学任务。

(1)选题原则

专业性原则——专业相关性。以电气自动化专业为总体方向,结合专业核心课程,综合考虑学生在课程学习和实践训练中的专业特长、学生拟就业方向、指导教师教学科研方向等方面的因素,由指导教师和学生一起共同把握毕业设计选题方向。

实用性原则——工程应用相关性。选题可以从指导教师的教学科研课题(包括与企业合作的横向课题)的子方向考虑,从典型实训案例的功能扩展和系统升级方向考虑;从省级、国家级专业技能竞赛参赛项目进行课题扩展;从日常学习、生活、实践训练中出现的新问题形成的新思路、新见解(与生产实际相结合,老题新作;与科研项目相结合,新题深作;与实验室、实训课题、课程设计等相结合,实现思路更新、方法改进、系统升级、系统扩展等,与实际应用相结合,设计实用性系统平台)。

客观性原则——知识与能力相关性。选题时要量力而行,客观地分析和估计自己的专业能力、知识储备情况和解决问题的能力。

适中性原则——范围相关性。选题的大小、新老要适中。

(2) 选题参考

通过企业调研，毕业生调查和反馈以及专业指导委员会的研讨，对电气自动化专业进行定位，并进行职业面向的岗位（群）分析，拟定学生的就业方向及其岗位，结合毕业设计选题原则进行科学选题。

① 电气自动化专业职业面向

能在石油、化工、钢铁、冶金、建材、轻工、纺织、机械制造、电力等行业进行：低压电器设计、安装与维护，供配电系统运行与检修，生产过程在线运行的仪器仪表等自动化装置的维护、故障处理、操作和管理，简单过程控制系统设计、调试和运行维护管理工作，自动化产品的销售和服务等。

② 电气自动化专业面向的岗位（群）

核心岗位：电气自动化设备维护和检修、过程控制系统运行与维护人员。

扩展岗位：供配电系统的运行和维护、集散控制系统操作、低压电气控制系统设计、安装与调试人员。

相关岗位：供配电设备的安装、调试和检修，机电设备的营销及技术服务、自动化产品的质量检测人员。

(3) 选题的范围

以工程应用为背景，利用所学专业知识和操作技能，完成小系统/小产品的样机设计、仿真设计、已有系统改造升级、新方法新思路提出或验证等。根据自动化专业核心课程群，毕业设计选题划分以下大类：

① 基于 PLC 技术的系统设计类；

② 基于单片机技术的系统设计类；

③ 基于集散控制技术的系统设计类；

④ 基于电子技术的产品或系统设计类；

⑤ 基于变频技术的系统设计类；

⑥ 企业供配电技术的系统设计类；

⑦ 机床电器控制技术的系统设计类；

⑧ 其他。

说明：

① 对相同的系统设计案例，可以分别采用 PLC、单片机、DCS 系统等实现控制功能，针对不同的控制器，可确定不同的研究课题。

如，交通灯控制系统设计案例，可选题为：

基于 S7-300 PLC 的交通灯控制系统设计

基于 AT89S51 单片机的交通灯控制系统设计

基于 JX-300XP DCS 的交通灯控制系统设计

② 对相同的系统设计案例，采用相同的控制器，但在上位机系统设计上，可以采用不同的组态技术，可确定不同的研究课题。

如，交通灯控制系统设计案例，控制器选择 S7-300，可选题为：

基于 S7-300 PLC＋WinCC 的交通灯控制系统设计

基于 S7-300 PLC＋组态王的交通灯控制系统设计

基于 S7-300 PLC+MCGS 的交通灯控制系统设计

③ 对相同的控制系统，采用相同的控制器，但对选题范围进行限定，可确定多种不同的选题：

如，交通灯控制系统工程案例，可选题为：

基于 S7-300PLC 的扬州文昌路口交通灯控制系统设计

基于 S7-300PLC 的扬州汊河路口交通灯控制系统设计

……

3.1.2 电气自动化专业毕业设计案例

案例一　PLC 应用系统设计案例

一、系统设计主要步骤

PLC 应用系统设计时，基本内容主要包括以下几个方面。

（一）确定课题题目

根据选题"专业性、实用性、客观性和适中性"原则，由指导教师和学生共同拟定毕业设计课题题目。

（二）确定控制方案

根据控制要求和实训室/拟实习/拟就业单位的岗位提供的实习条件，确定系统设计总体方案。

（三）硬件实现

根据系统设计方案，进行：

（1）I/O 设备选择：用户输入设备（按钮、操作开关、限位开关、传感器等）、输出设备（继电器、接触器、信号灯、指示灯等执行原件）以及由输出设备驱动的控制对象（电动机、电磁阀等）。

（2）PLC 的选择。包括机型的选择、容量的选择、I/O 模块的选择、电源模块的选择等。

（四）软件实现

（1）I/O 地址分配：根据控制要求，确定输入输出变量，并进行地址分配。

（2）设计控制程序：根据控制要求，绘制控制流程，选择编程方法（梯形图、语句表等），设计控制系统程序。

（3）设计人机界面：根据控制要求，采用组态软件进行人机界面编辑。

（五）运行调试

调试准备工作：

（1）I/O 连接图绘制：根据 I/O 地址分配信息、PLC 控制器型号，绘制系统硬件连接图。

（2）设备连接。PLC 下位机、I/O 设备、PC 上位机之间的硬件连接。

模拟仿真调试：

（1）通过模拟软件 S7-PLC SIM 对梯形图（LAD）程序进行仿真调试，手动给定输入信号，调试输出逻辑、结果是否满足控制要求。

(2) 控制对象模块调试：使用控制对象模块，进行模块调试，通过模块上的输入按钮、开关等给定输入信号，调试模块输出设备的工作过程是否满足控制要求。

上下位机综合调试：

使用控制对象作为 I/O 设备，以 PLC 控制器为下位机（STEP 7 为设计软件），以 PC 机为上位机（WinCC 为设计软件），进行综合调试，通过模块上给定的输入信号，调试模块输出设备工作过程是否满足控制要求，调试 PC 人机界面是否正确在线监测整个控制过程的运行状态。

（六）撰写毕业设计报告书

二、PLC 应用系统设计实例——基于西门子 PLC 的花样喷泉控制系统仿真设计

（一）确定课题题目

专业性考虑：学生专业特长——西门子 PLC S7-300 控制系统的设计与应用，拟就业岗位——PLC 控制系统运行与维护；指导教师方向——集散式控制系统（DCS、PLC）开发。

实用性考虑：喷泉设计的美观性、控制效果的独特性，突出了自动化控制技术在生活应用中的广泛性和技术的独特性。在指导学生毕业设计时，以实际喷泉设计为原型，弱化音响设计，简化喷泉控制效果，加入毕业设计课题的选题题库。

客观性考虑：学生在 PLC 专业课程学习中，在西门子 PLC S7-300 的硬件结构、梯形图编辑、WinCC 人机界面的设计方面专业知识基础扎实，动手能力较强，且掌握了一定的设计技巧。

适中性考虑：指导教师根据学生的专业能力，拟就业岗位，对西安大雁塔喷泉的控制效果和图形进行简化，课题设计的工作量恰当，难易适中。

综合以上因素，指导教师和学生共同拟定毕业设计课题的题目为：基于西门子 PLC 的花样喷泉控制系统仿真设计。

（二）确定控制方案

1. 控制要求

本系统采用 PLC 为下位机控制器，实现喷泉控制功能。整个喷泉系统由 20 个喷头构成，阶梯排列成 5 行 4 列，每一行代表一个喷泉区，共五个喷泉区。喷泉实现功能有：

(1) 运行操作

第一种喷泉模式：实现手动操作每个区的喷泉效果；

第二种喷泉模式：实现由一号喷泉区到五号喷泉区依次间隔喷水，间隔时间为 3s 的喷泉效果；

第三种喷泉模式：实现每个喷泉区前两个喷头一组与后两个喷头一组的间隔喷水，间隔时间为 3s 的喷泉效果；

第四种喷泉模式：实现每个喷泉区第一个和第三个喷头一组与第二个和第四个喷头一组的间隔喷水，间隔时间为 1s 的喷泉效果。

(2) 停止操作

无论手动操作运行，还是自动操作的任何一种模式运行，可通过停止操作停止系统工作。

2. 总体设计结构

(1) 系统设计总体方案如图3.1所示。

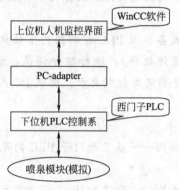

图 3.1 系统设计总体方案

(2) 根据控制要求,设计喷泉模块的区位图如图3.2所示。

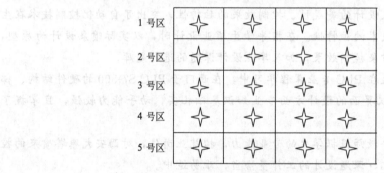

图 3.2 喷泉模块区位图

(三) 硬件实现

根据系统设计总体方案,进行硬件设备选择及连接。

(1) I/O 设备选择

输入设备:系统启动开关、系统停止开关、1号区启动开关、2号区启动开关、3号区启动开关、4号区启动开关、5号区启动开关;模式开关1、模式开关2,共计9个开关输入量。

输出设备:20个喷头(通过彩色指示灯模拟),共计20个开关输出量。

(2) PLC 的选择

中央处理单元 CPU 314C-2DP、电源模块 PS307 5A、16 路开关量输入模块 DI 16*DC24V 一块,满足9个开关输入量的系统要求,16路开关量输出模块 DO 16*DC24V 两块,满足20个开关输出量的需求。

(3) 通信选择

RS-232/RS485 通信连接线,采用 PC Adapter 通信方式实现上下位机之间的连接。硬件系统设计原理图如图3.3所示。

(四) 软件实现

根据控制要求和系统总体设计方案:

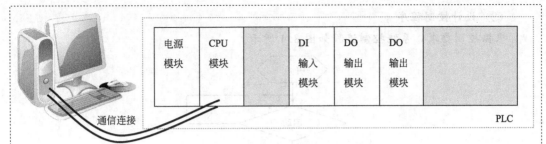

图 3.3 硬件系统设计原理图

(1) I/O 地址分配

I/O 地址分配如表 3.1 所示。

表 3.1 系统 I/O 地址分配表

类型	I/O 设备	I/O 地址	作用
输入	启动按钮	I0.0	启动系统
	停止按钮	I0.1	停止系统
	SB1	I0.2	系统模式选择
	SB2	I0.3	系统模式选择
	一号区	I1.0	控制 1 到 4 号喷头
	二号区	I1.1	控制 5 到 8 号喷头
	三号区	I1.2	控制 9 到 12 号喷头
	四号区	I1.3	控制 13 到 16 号喷头
	五号区	I1.4	控制 17 到 20 号喷头
输出	1 号喷头	Q0.0	控制 1 号喷头
	2 号喷头	Q0.1	控制 2 号喷头
	3 号喷头	Q0.2	控制 3 号喷头
	4 号喷头	Q0.3	控制 4 号喷头
	5 号喷头	Q2.0	控制 5 号喷头
	6 号喷头	Q2.1	控制 6 号喷头
	7 号喷头	Q2.2	控制 7 号喷头
	8 号喷头	Q2.3	控制 8 号喷头
	9 号喷头	Q4.0	控制 9 号喷头
	10 号喷头	Q4.1	控制 10 号喷头
	11 号喷头	Q4.2	控制 11 号喷头
	12 号喷头	Q4.3	控制 12 号喷头
	13 号喷头	Q6.0	控制 13 号喷头
	14 号喷头	Q6.1	控制 14 号喷头
	15 号喷头	Q6.2	控制 15 号喷头
	16 号喷头	Q6.3	控制 16 号喷头
	17 号喷头	Q8.0	控制 17 号喷头
	18 号喷头	Q8.1	控制 18 号喷头
	19 号喷头	Q8.2	控制 19 号喷头
	20 号喷头	Q8.3	控制 20 号喷头

(2) 设计控制程序

根据控制要求，系统控制流程如图 3.4 所示。

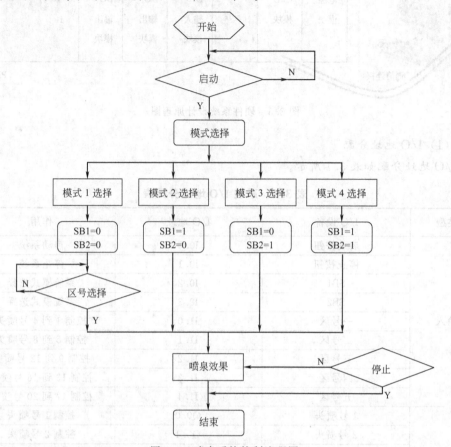

图 3.4 喷泉系统控制流程图

根据控制流程图，使用梯形图语言，设计控制程序。

(3) 上位机人机界面组态

根据控制要求，控制流程，设计上位机人机界面。通过启动 WinCC→创建 WinCC 新项目→添加 PLC 应用程序→变量设置→编辑过程画面几个关键步骤，完成上位机人机界面组态。其中变量设置窗口如图 3.5 所示，编辑过程画面如图 3.6 所示。

(五) 运行调试（部分）

根据实训室现有设备，该课题为仿真系统设计。通过模拟软件 S7-PLC SIM 对梯形图 LAD 程序进行仿真调试，通过仿真的方法运行和测试应用程序；激活项目进行上下位机的综合调试。

(1) 点击 RUN-P 开始，手动给定 I0.0＝1 信号，即启动按钮按下，启动喷泉系统；激活系统，仿真结果如图 3.7 所示。

(2) 第一种喷泉模式（工作状态）（以 1 号喷泉区为例）

1 号区～5 号区喷泉通过 I1.0～I1.4 手动给定输入信号，启动相应区域喷头工作，Q0.0～Q0.3、Q2.0～Q2.3、Q4.0～Q4.3、Q6.0～Q6.3、Q8.0～Q8.3；激活第一种工作模式，仿真结果如图 3.8 所示。

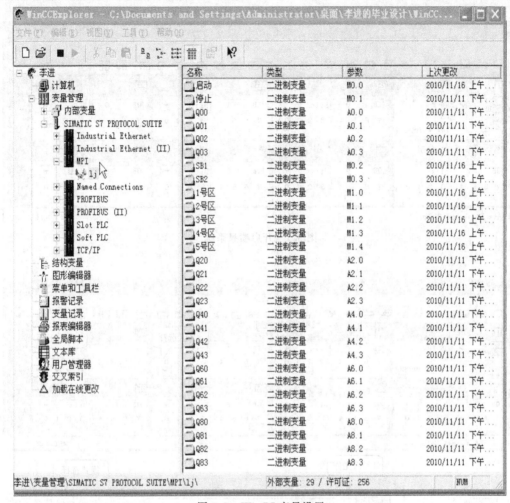

图 3.5 WinCC 变量设置

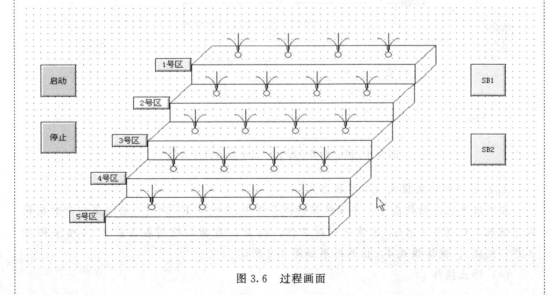

图 3.6 过程画面

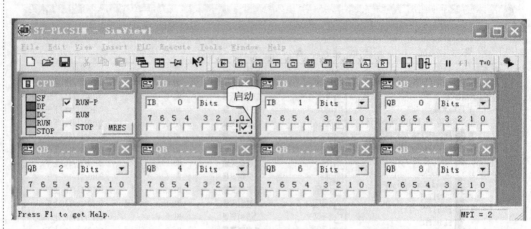

图 3.7　开启喷泉系统

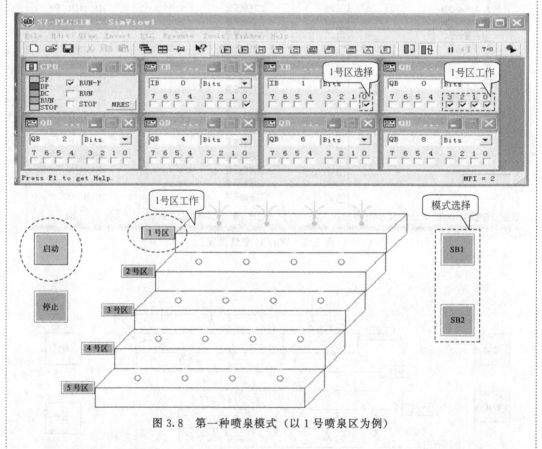

图 3.8　第一种喷泉模式（以 1 号喷泉区为例）

（3）第四种喷泉模式（工作状态）

在喷泉系统启动状态下，手动给定模式开关 I0.2=1，I0.3=1，启动第四种喷泉模式下喷泉工作（各区第 1、3 喷头同时工作，1s 后，自动切换到各区第 2、4 喷头同时工作，循环）。激活模式 4，仿真结果如图 3.9 所示。

（4）停止操作

系统运行时，任何时候手动给定停止开关 I0.1=1，系统停止工作。以当前运行为模式四，按下停止按钮，停止第四种喷泉模式下各区工作，激活模式四停止状态，仿真结果如图 3.10 所示（其他模式停止状态操作类似）。

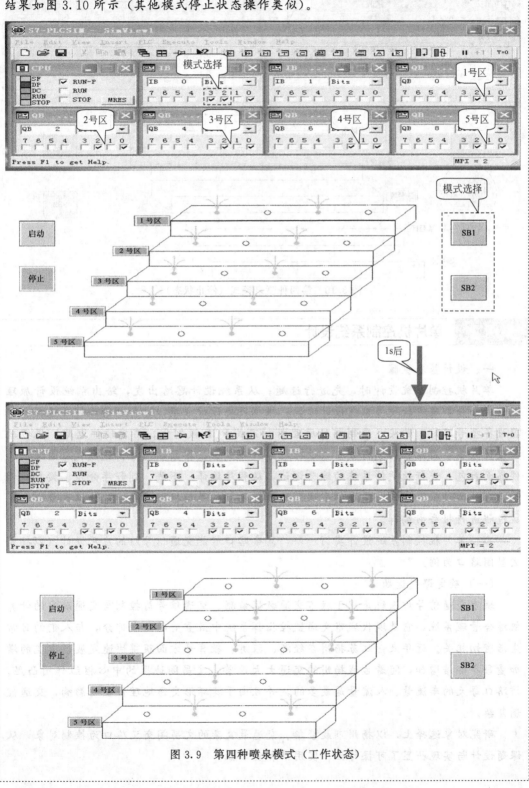

图 3.9　第四种喷泉模式（工作状态）

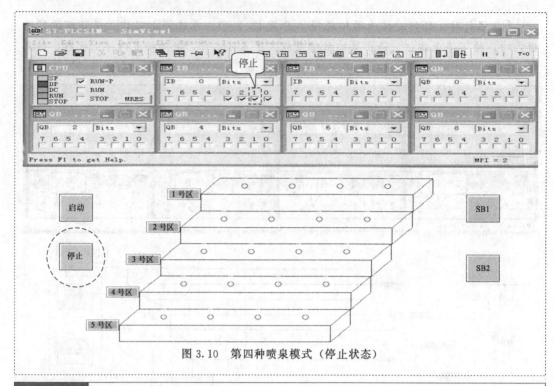

图 3.10 第四种喷泉模式（停止状态）

案例二　单片机控制系统设计

一、设计基本步骤

单片机控制系统设计时，先进行选题；从系统设计思路出发，给出系统设计原理图，从而分别确定软硬件系统设计方案；根据硬件设计方案，进行电路元件的选择、电器设备型号确定、购买，绘制电路原理图，完成PCB板制作，搭建硬件电路；根据软件设计方案，对流程图进行分析，进行程序代码或监控界面组态等，完成代码封装或软件界面打包；进行软硬件系统的综合调试，从程序编译、下载，到程序分步、按功能调试，到总体调试，修改，完成整个课题的设计过程；最后根据毕业设计的格式要求和完成过程进行报告书编辑。

二、单片机控制系统设计实例——"复杂路口智能交通信号灯的应用设计（以扬州文昌阁路口为例）"

（一）确定课题选题

城市交通信号灯系统是用于城市交通数据监测、交通信号灯控制与交通疏导的计算机综合管理系统，它是现代城市交通监控指挥系统中最重要的组成部分，与人们的日常生活密切相关。近年来，江苏扬州在经济、旅游、教育等方面获得快速发展，车流的增加量每年翻倍增加，随着古城扬州的交通大大改善，文昌阁地区的中心枢纽作用凸显。该路口每天的车流量、人流量是最多的，并且由于其环形交通地理位置的影响，交通控制复杂。

研究对象选择上，以扬州市最繁华、交通最复杂的文昌阁交叉路口为控制对象，从课题设计与实现凸显了可操作性、实用性和真实性。

设计培养目标上,通过课题设计,可实现从《基本电路的设计与测量调试》、《电子产品的设计与调试》等专业基础课程,到《单片机应用产品的设计与制作》,并可扩展到《PLC控制系统安装与运行》、《嵌入式系统》等专业主干课程,将充分体现本专业人才培养的知识、能力、素质目标,突出以"职业能力为基础,强化职业素质,突出核心能力等"专业能力、方法能力、社会能力、创新能力等综合职业能力的人才培养目标。

知识与技术应用上,由于计算机技术、自动控制技术等的不断发展,新型电子元器件的不断涌现,特别是单片机、可编程控制器PLC等微控制器技术在生产、生活中的应用非常广泛,使得城市交通的智能控制有了良好的技术基础,各种交通方案实现的可能性大大提高。

主观能动性上,学生通过将近三年的专业学习,对电子设计与调试技术、单片机技术、编程语言等有着深厚的学习兴趣和钻研劲头。

综合以上内容,确定主选题为"复杂路口智能交通信号灯的应用设计",副选题为"以扬州文昌阁路口为例"。

(二)确定控制方案

基于系统升级和应用,遵从模块化和子模块化的设计原则。控制对象为扬州文昌阁路口交通灯实体,控制器采用AT89S51CPU单片机系统,两者之间通过板路上的排针/排孔实现线路连接。设计如图3.11所示原理图。

在控制对象模块上,以子模块形式设计了车行每个方向的左拐、右拐、直行红绿黄交通信号灯,和人行通道上的红、黄、绿交通信号灯和提醒蜂鸣器等。可以通过排针与排孔与扬州文昌阁交叉路口控制对象连接。

在控制器模块上,以子模块形式设计了AT89S51CPU的单片机控制器,实现交通灯控制功能;ISP接口,与上位机实现通信的接口,根据交通控制要求进行程序在线下装、调试等;设计了液晶显示器,可以根据当前交通控制状态显示相关信息;PS2键盘接口,功能扩展使用(在线调整系统参数等)。

在硬件系统设计过程中,以"控制可靠、稳定、灵活、可扩展等"为设计原则,基于模块化设计总思路,依据图3.11原理图,确定硬件设计方案。

以扬州文昌阁路口为原型,设计文昌路口硬件电路:东西向文昌路与南北向汶河路交汇中心为文昌阁,设计六车道机动车行道和人行道;为保证系统后续扩展的功能,以

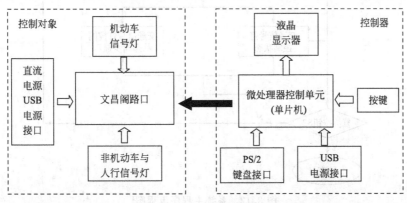

图3.11 系统设计原理图

排针/排孔形式设计人行道交通信号灯 8 组和车行道交通信号灯 8 组电路；为保证系统正常工作，设计冗余双电源电路；为实现按照控制要求实现信号灯颜色转换，设计信号灯驱动电路；为实现系统后期应用的扩展功能，设计通信接口电路。

以微控制器为核心，设计文昌阁路口信号灯控制电路：采用应用范围广、性价比高的微处理器协调实现文昌阁路口复杂交通信号灯的智能控制，为实现交通灯信号灯当前状态实时显示，设计液晶显示电路；为实现与上位机的通信、智能控制和功能扩展等，设计了按钮、USB 接口和 PS/2 键盘接口，可以根据该路口车与人流量、高峰与平稳阶段、或者节假日和日常时间等在线或离线修改交通信号灯的控制参数，及时疏导交通，保证该路口交通的畅通（扩展功能）。

硬件系统整体结构设计使控制对象与控制器分开，接口器件等采用排针、排孔方式，针对文昌阁路口的复杂交通控制系统，不仅可以采用以单片机为微处理器的系统控制实现，也可以采用 PLC 控制器等实现，这样的硬件电路设计思路为系统后续功能的扩展和应用奠定了很好的设计基础。

基于硬件系统的模块化思路，确定软件程序设计方案。

以模块化的设计理念，从初始化子程序模块、控制子程序、显示子程序等完成系统流程设计。系统主程序流程如图 3.12 所示。

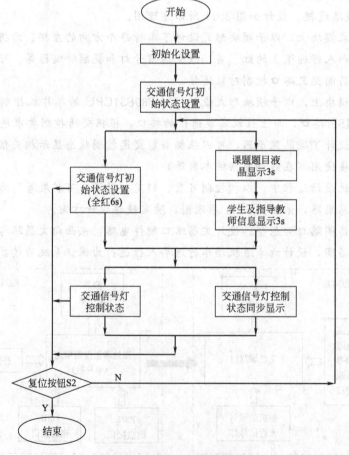

图 3.12 系统主程序流程图

左转机动车采用直接左转弯方式，不再绕转盘行驶，车行通道真实可靠地实现了东西、南北方向的左转、右转和直行；放行方式采用了先放左转和右转，再放直行，直行放行期间，同时放行行人和非机动车的方式。

（三）文昌阁路口交通信号灯系统硬件设计与实现

根据系统设计思路及硬件设计方案，本系统实现的是扬州文昌阁复杂路口的交通信号灯的控制，硬件部分由两大模块电路组成：

（1）文昌阁路口交通信号灯对象电路

包括文昌阁路口基本电路、车行与人行道路信号灯电路、文昌阁路口交通信号灯接口电路。

（2）文昌阁路口交通信号灯控制电路

包括 AT89S51 单片机基本电路、编程器 ISP 与 PS/2 键盘接口电路、液晶显示器接口电路、文昌阁路口交通信号灯控制总电路。

硬件电路完成的分体电路板如图 3.13 所示，两部分电路组装如图 3.14 所示。

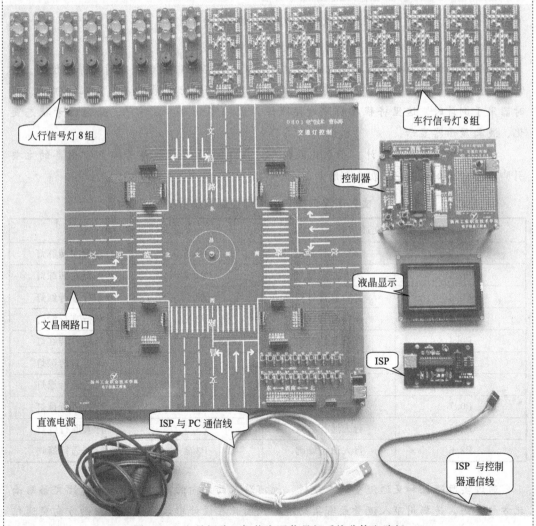

图 3.13　文昌阁路口智能交通信号灯系统分体电路板

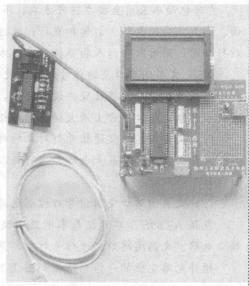

图 3.14 文昌阁路口交通信号灯硬件电路板

（四）文昌阁路口交通信号灯系统软件设计与实现

系统程序设计主要是针对单片机的应用，其中包括 I/O 控制、定时器等的使用。I/O 控制用于控制交通信号灯、蜂鸣器、液晶显示屏、PS/2 扩展键盘、复位按钮等。定时器用于倒计时。这里将程序的设计按照设计流程可分为：主程序、交通信号状态变化、液晶显示器显示。

通过分析硬件电路设计，在系统设计中，AT89S51 单片机与外部 I/O 设备的主要引脚信号分配如表 3.2、表 3.3 所示。

表 3.2 文昌阁路口交通信号灯控制系统引脚分配表 1

东西向汶河路交通信号		南北向文昌路交通信号	
P0.0	车行左转红灯	P2.5	车行左转红灯
P0.1	车行左转绿灯	P2.4	车行左转绿灯
P0.2	车行直行红灯	P2.3	车行直行红灯
P0.3	车行直行绿灯	P2.2	车行直行绿灯
P0.4	车行右转红灯	P2.1	车行右转红灯
P0.5	车行右转绿灯	P2.0	车行右转绿灯
P0.6	行人通行绿灯	P3.7	行人通行绿灯
P0.7	行人通行黄灯	P3.6	行人通行黄灯
P2.7	行人通行红灯	P3.5	行人通行红灯
P2.6	行人通行蜂鸣	P3.4	行人通行蜂鸣

通过实际路况和交通流量调查分析，汶河路东西方向的车流量、人流量比文昌路南北方向要高，是扬州市人流量最密集的道路，因此在设计中，将汶河路东西方向交通信号放行时间比文昌路南北方向放行时间长 5s。

表 3.3 文昌阁路口交通信号灯控制系统引脚分配表 2

液晶显示		ISP 编程器	
P1.0	工作使能 E	P1.5	MOSI
P1.1	读写 RW	P1.6	MISO
P1.2	RS	P1.7	SCK
EEPROM 存储器（扩展）		RST	RST
P1.3	EEP SCL	PS/2 键盘（扩展）	
P1.4	EEP SDA	P3.1	DATA
		P3.2	CLK

根据系统设计方案、软件设计方案，在软件编程实现前期编制了表 3.4 和表 3.5，将文昌阁路口交通信号灯复杂的 16 种状态进行汇总。

表 3.4 汶河路东西方向通车状态

状态	汶河路东西方向		文昌路南北方向		动态液晶状态显示
	信号	时间	信号	时间	
1	车行左转绿灯	20s	车行右转绿灯	20s	东西——左右转绿灯 南北——右转向绿灯 其他方向均为红灯
	车行右转绿灯	20s			
	其余红灯	20s			
2	车行左转绿灯闪烁	3s	车行右转绿灯闪烁	3s	东西——左右绿灯跳 南北——右转向绿灯 其他方向均为红灯
	车行右转绿灯闪烁	3s			
	其余红灯	3s			
3	车行左转黄灯	2s	车行右转黄灯	2s	东西——左右转黄灯 南北——右转向黄灯 其他方向均为红灯
	车行右转黄灯	2s			
	其余红灯	2s			
4	车行直行绿灯	25s			东西——直行绿灯 南北——全为红灯 其他方向均为红灯
	人行通行绿灯	25s			
	其余红灯	25s			
5	车行直行绿灯	3s			东西——行人黄灯 南北——全为红灯 其他方向均为红灯
	人行通行黄灯 蜂鸣器提醒	3s			
	其余红灯	3s			
6	车行右转绿灯	2s	车行右转绿灯	2s	东西——直行绿灯 南北——右转向绿灯 其他方向均为红灯
	车行直行绿灯	2s			
	其余红灯	2s			

续表

状态	汶河路东西方向		文昌路南北方向		动态液晶状态显示
	信号	时间	信号	时间	
7	车行右转绿灯	3s	车行右转绿灯	3s	东西——直行绿灯跳 南北——右转向绿灯 其他方向均为红灯
	车行直行绿灯闪烁	3s			
	其余红灯 3s				
8	车行右转绿灯	2s	车行右转绿灯	2s	东西——直行黄灯 南北——直行绿灯跳 其他方向均为红灯
	车行直行黄灯	2s			
	其余红灯 2s				

表 3.5 文昌路南北方向通车状态

状态	汶河路东西方向		文昌路南北方向		动态液晶状态显示
	信号	时间	信号	时间	
1	车行右转绿灯	15s	车行左转绿灯	15s	东西——右转向绿灯 南北——左右向绿灯 其他方向均为红灯
			车行右转绿灯	15s	
	其余红灯 15s				
2	车行右转绿灯闪烁	3s	车行左转绿灯闪烁	3s	东西——右转绿灯跳 南北——左右绿灯跳 其他方向均为红灯
			车行右转绿灯闪烁	3s	
	其余红灯 3s				
3	车行右转黄灯	2s	车行左转黄灯	2s	东西——右转黄灯 南北——左右转黄灯 其他方向均为红灯
			车行右转黄灯	2s	
	其余红灯 2s				
4			车行直行绿灯	15s	东西——全为红灯 南北——直行绿灯 其他方向均为红灯
			人行通行绿灯	15s	
	其余红灯 15s				
5			车行直行绿灯	3s	东西——全为红灯 南北——行人黄灯 其他方向均为红灯
			人行通行黄灯 蜂鸣器提醒	3s	
	其余红灯 3s				
6	车行右转绿灯	2s	车行直行绿灯	2s	东西——右转绿灯 南北——右转绿灯 其他方向均为红灯
			车行右转绿灯	2s	
	其余红灯 2s				
7	车行右转绿灯	3s	车行直行绿灯闪烁	3s	东西——右转绿灯 南北——直行绿灯跳 其他方向均为红灯
			车行右转绿灯	3s	
	其余红灯 3s				

续表

状态	汶河路东西方向		文昌路南北方向		动态液晶状态显示
	信号	时间	信号	时间	
8	车行右转绿灯	15s	车行直行黄灯	2s	东西——右转绿灯 南北——直行黄灯 其他方向均为红灯
			车行右转绿灯	2s	
	其余红灯　2s				

对该路口的交通信号按照普通模式的 16 种状态循环运行来设计子程序。根据表 3.4 汶河路东西方向通车状态和表 3.5 文昌路南北方向状态，设计文昌阁交通信号灯控制子程序（部分）。

状态 1——东西向左右拐弯绿灯，直行红灯，人行红灯，南北向右拐弯绿灯，20s。如图 3.15 所示。

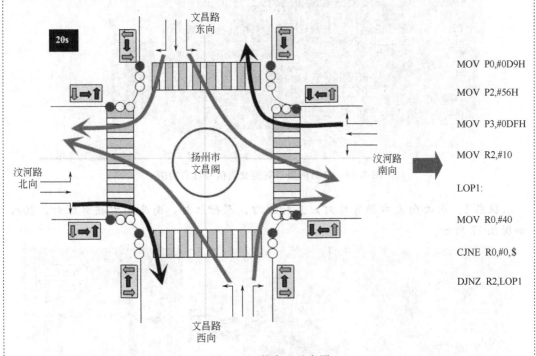

图 3.15　状态 1 示意图

（五）系统综合调试与运行

根据系统设计方案，本系统的调试分为两个部分：文昌阁路口交通信号灯状态控制程序调试，与同步实现文昌阁路口交通信号灯状态实时显示程序调试。

在硬件分体电路与子模块的基础上，进行硬件电路系统组合，完成如图 3.16 所示的系统实物。

按照系统设计方案，对文昌阁路口交通信号灯实施普通模式下的 16 种状态调试，汶河路东西方向和文昌路南北方向各设计了 8 种工作状态，汶河路主干道路人流量比较密集，在通行时间设计上比文昌路长了 5s（部分）。

图 3.16　文昌阁路口智能交通信号灯实物图

状态 1：东西向左右拐弯绿灯，直行红灯，人行红灯，南北向右拐弯绿灯，20s，如图 3.17 所示。

图 3.17　交通信号灯状态 1 调试图

状态 16：东西向右拐绿灯，南北向直行黄灯，右拐绿灯，行人红灯，2s，如图 3.18 所示。

（六）毕业设计总结

系统采用单片机为中心控制器，根据文昌阁路口特殊地形及设计原则，在文昌路东西向和汶河路南北向的四个路口分别设置了两组车行信号灯和两组人行信号灯，总计 16 组信号灯，实现了普通模式下四个车行路口的左转、右转、直行和人行的红、绿、

图 3.18 交通信号灯状态 16 调试图

黄信号灯控制及状态实时显示,系统设计侧重了控制稳定性、实用性与可扩展性。

系统稳定性方面,从 PCB 板制作、技术方案等角度进行设计,电路中各单元间尽量避免相互干扰,PCB 布线的规则均考虑了信号稳定因素。电路方案、元件选材都确保了系统数据的稳定、准确。经过方案改进与试验,文昌阁路口的 16 种普通模式交通信号灯控制准确,在实际操作过程中具有良好的稳定性。

系统实用性方面,由于文昌阁阁楼建筑的高度限制,如果采用在正对面路口架设车行信号的方式,将影响驾驶员对信号灯状态的视野及准确判断,因此在每个车行入口左右两边各设置左转右转直行车行信号灯,提高了车行交通控制的准确性;同时用清晰明了的液晶显示屏实时显示交通灯信号状态,这些设计的实现在很大程度上增加了系统的实用性。

系统扩展性方面,采用功能单元模块化、子模块化、独立接口的开放性设计方案,任何功能单元都可以被独立使用,各电路模块、子模块完全通过排针/排孔/跳线连接,可以与系统外其他电路连接完成功能扩展等。如中心控制器采用性价比较高的 AT89S51/S52 系列单片机可与文昌阁现有交通控制系统实现兼容,可扩展采用 AVR 单片机等。系统整体具备较好的可扩展性与较高的系统资源利用率。

随着课题的进一步修改,拟进一步完善:以文昌阁路口为主要网络站点,汶河路、文昌路关键路口为支撑网络站点,通过各站点的车流量,实现模糊预测,动态控制文昌阁路口的交通信号灯状态,形成网络化、智能化的先进控制系统;当今电子技术发展速度很快,芯片更新换代的周期越来越短,因此设计中采用的单片机可能需要更新或升级;系统中元件全部采用分离元件布局,所需要占用 PCB 板面积较大,相对增加了系统的设计成本,可以将分立元件更换为贴片元件,既能降低系统成本,又能取得更好的视觉效果。

3.2 应用化工技术专业毕业设计指导

3.2.1 应用化工技术专业毕业设计选题

应用化工技术专业工程特色明显,适应面广。本专业通过知识、能力、素质培养,以化学工程与化学工艺为知识结构的两大支撑点,并将两者有机地结合在一起,同时加大实践性环节的教学和训练,培养既懂化工工艺理论、产品生产方法和相关的工艺计算等知识,更具有化工一线的实际操作、设备维护、自动控制装置使用能力,能对现代化的化工生产应付自如,经过在生产一线的实践和锻炼,能对生产工艺、设备、技术、质量、安全等方面进行管理的高端技能型专门人才。

应用化工技术专业高职学生毕业设计以知识的综合应用和技术能力锻炼为主线,一般选择生产性课题,内容和形式十分广泛,具有实践性强和工作量大的鲜明特点;是对所学知识的总结和回顾,是再学习、再提高的知识综合过程和技能拔高的关键环节,其目的是培养学生综合运用所学的基础理论和专业知识,解决化工企业工艺和设备的设计以及生产组织中实际问题的能力。

高职院校应用化工技术专业学生通过毕业设计教学环节,培养独立运用所学基本理论、技术基础和专业知识,综合分析和解决生产技术问题的能力。使得学生掌握设计的基本方法和步骤,掌握查阅和使用图表、手册规范等技术资料的方法,掌握处理生产或科研实际数据的方法,完成运算与绘图的基本训练。

(1) 选题原则

选题要有课题开展的基础(学生与指导教师的知识基础与能力水平),全面反映应用化工技术专业人才培养目标要求,符合生产和经济发展实际,难易适中,具备研究设计的条件。

"基础"原则。选题应与专业性质密切相关,符合培养目标要求。选题内容是在指导教师指导下,学生在利用所学知识、查阅文献资料、学习部分新知识的基础上,经过努力可以完成的课题,应有利于学生得到较全面的训练,有利于培养学生的独立工作能力,有利于巩固、深化和提炼所学的知识。

"实际"原则。充分考虑学生职业能力状况,选题应紧密结合生产实际、科学研究、实验室建设、顶岗实习等。培养学生发现问题,解决问题的能力和团队合作精神,使学生受到真刀真枪的实际锻炼,强化学生的实际动手能力和创新能力,将技能训练和理论素养提高融为一体,既缩短了教与学和学与用的距离,又增强了学生实践能力,为毕业后迅速适应岗位要求奠定基础。

"适中"原则。课题大小、难度、深度和宽度要适宜,使学生在规定的时间内经过努力能完成设计或者有阶段性的成果。

"条件"原则。选题时应综合考虑课题开展的实验室条件、科研开展可行性、顶岗实习企业提供的相关条件等。

(2) 选题参考

通过资料查询、高职院校交流研讨、化工企业走访、召开座谈会、问卷调查等形式开展广泛调查研究,针对应用化工技术专业岗位(群)进行工作分析,高职院校培养的应用化工技术专业岗位(群)学生的就业方向及其岗位主要有:

① 应用化工技术专业高职毕业生主要就业方向

在石油、化工、轻工、医药、环保等行业进行:化工生产、产品开发、生产管理及科研开发、工程设计等一系列生产经营一线工作。

② 应用化工技术专业面向的岗位(群)

核心岗位:化工操作(化工总控)。

扩展岗位:化工设备维护、工艺管理、生产调度。

相关岗位：产品分析、技术改造、产品开发、生产及安全管理。

(3) 选题的范围

以理论知识为基础，以实际应用为重点，完成化工厂某一工段或某一车间工艺设计、仿真设计、已有工艺技术改造升级、新路线新思路提出或验证等。根据应用化工技术专业核心课程群，毕业设计选题划分以下大类：

① 化工工艺设计类；

② 设备工艺计算与选型类；

③ 工艺条件、技术参数优化类；

④ 新合成路线提出或验证类；

⑤ 工艺流程组织类；

⑥ 状态监测与产品质量监控类；

⑦ 副产品综合利用与三废处理类；

⑧ 其他。

说明：

① 化工工艺设计类选题，应确定产品、生产能力、车间名称、工段名称等；例如：

某厂年产 X 万吨合成氨铜洗工序工艺设计；

某地年产 X 万吨硫酸转化工序工艺设计；

某厂年产 X 吨醇酸树脂合成车间工艺设计等。

② 设备工艺计算与选型类选题，应根据工作量大小，选取 2 至 3 个主要设备（非定型设备）进行工艺计算和设备选型，一般选择的设备为：反应器、主换热器、板式塔或填料塔等。其他设备都作为辅助设备，要根据生产能力，按前边的物料衡算结果进行选型。如泵、槽罐等。例如：

某地 X 万吨 PET 合成工序中圆盘反应器的设计；

某炼油厂 X 万吨加氢工序反应器设计；

某氮肥厂 X 万吨合成氨转化工段换热装置设计等。

③ 工艺条件、技术参数优化类选题，应写明主要控制因素、适用范围等，例如：

温度对 Pt 法生产硝酸转化率的影响；

甲醇在聚苯胺合成中的作用；

……

3.2.2 应用化工技术专业毕业设计案例

案例一 化工工艺设计

一、化工工艺设计主要步骤

1. 确定选题

依据"基础、实际、适中、条件"选题原则，确定毕业设计课题题目，题目中需包含产品、生产能力、车间或工段名称。

2. 给定方案

根据任务书要求，明确原始数据（已知条件）、设计项目、应提交的技术文件等，确定工艺设计总体方案。

3. 调研与数据搜集

根据工艺设计方案，进行：

(1) 地区、行业资料调研与物性数据搜集；

(2) 明确反应机理及影响反应的因素；

(3) 工艺路线确定。

4. 物料衡算

(1) 主要物料衡算，包含反应物、生成物等；

(2) 辅助物料衡算，包含蒸汽、水、溶剂、热媒等；

(3) 其他物料衡算。

5. 能量衡算

(1) 主要设备能量衡算，包含反应器、工艺塔等；

(2) 换热设备能量衡算；

(3) 其他系统能量衡算。

6. 编制设计说明书，书写总结报告

二、化工工艺设计实例——万吨级顺式聚丁二烯聚合工段工艺设计

(一) 确定课题题目

"万吨级顺式聚丁二烯聚合工段工艺设计"毕业设计选题，涵盖了化工过程及设备的选择与操控、有机化工运行与操控、各类专业实训等众多专业核心课程的知识，学生在日常理论与实践课程的学习中，对反应原理、安全因素、工艺流程、控制要点、质量环保等有了一定的知识储备，掌握了一定的设计技巧，选题符合人才培养目标的基本要求；在合成橡胶中，聚丁二烯橡胶聚合手段众多，品种丰富，产量和消耗量仅次于丁苯橡胶，居第二位，中国石油化工集团公司是目前最大的聚丁二烯橡胶生产企业；指导教师根据学生的专业能力，把全流程分为若干工段，每个工段又分为工艺设计、设备工艺计算及选型、控制参数优化、质量监测与环境因素控制等部分，合理组合，设计工作量恰当，难度适中；现有实验设备条件满足课题实施要求等。

(二) 确定设计方案

1. 设计要求

设计生产规模为年产11000t顺式聚丁二烯橡胶；考虑装置的大修，采用年开工时间为8000h。

2. 原始条件

主要原料：单体——丁二烯；溶剂——溶剂油；引发剂——环烷酸镍、三异丁基铝、三氟化硼乙醚络合物；终止剂——乙醇；防老剂——2,6-二叔丁基对甲苯酚（简称264）。

其生产原理为采用溶液聚合的方法，使丁二烯、溶剂、引发剂等在连续釜式反应器中进行配位聚合，制得黏稠胶液，再通过水蒸气凝聚、洗胶、干燥、压块等过程获得最终产品顺丁橡胶。

设计范围包括：聚合工段的工艺流程、物料衡算、聚合过程的热量衡算等。

(三) 调研与数据搜集

根据设计需要，进行调研与数据搜集：
(1) 原料的物理化学性质及技术指标；
(2) 工艺路线的确定；
(3) 聚合反应机理及影响反应的因素。

(四) 物料衡算

聚合工段主要由罐区、计量、聚合、配制、黏度五个岗位组成。罐区岗位负责贮存、收送丁二烯和溶剂油。计量岗负责为聚合输送各种引发剂、终止剂。聚合岗开车，罐区连续给聚合岗送溶剂油；投产时，单体丁二烯送聚合，聚合停产时，丁二烯直接送罐区。配制岗负责为聚合岗配制引发剂和终止剂，此外，还负责接收铝剂车间配好的三异丁基铝。黏度岗负责检测生产的结果，测试门尼黏度和转化率。

丁二烯经流量控制阀控制合适流量，入文氏管与溶剂油溶剂进行混合，再进入丁油预热器（预冷器）进行换热，控制一定入釜温度。镍组分和铝组分分别由镍计量泵和铝计量泵送出，经铝-镍文氏管混合后，与出丁油预热器（预冷器）的丁油溶液混合。硼组分由硼计量泵送出与稀释油经文氏管混合后，在釜底与丁油混合进入首釜。丁油溶液在聚合釜中，在一定温度和压力下，受到引发剂的作用，发生丁二烯聚合反应，生成高分子量的丁二烯聚合产物——聚丁二烯。

首釜胶液自釜顶出口出来，由第二釜釜底进入第二釜继续进行反应；再由第二釜的釜顶出口出来，由第三釜釜底进入第三釜继续进行反应；由第三釜的釜顶出口出来，进入第四釜继续进行反应；当达到一定黏度和转化率后，在第四釜的出口管线（终止釜的入口管线）与终止剂一起由终止釜釜底进入终止釜进行终止处理；最后，胶液由终止釜顶出口出来，经胶液过滤器和压力控制阀入成品工段凝聚岗的胶液罐。

反应中换热用的冷溶剂油视情况从不同釜的顶部加入。

(1) 计算采用的基础数据

年产量：11000t

年开工时间：8000h

每吨顺丁橡胶消耗丁二烯：1.045t

总转化率：85%

丁浓：12~15g/100mL

丁油入釜温度：≤40℃

首釜温度：≤95℃

末釜温度：≤110℃

聚合系统压力：≤0.44MPa

计量罐压力：≤0.1MPa

计量泵压力：≤0.8MPa

全装置总收率为95.3%；总损耗4.7%（包括工艺损耗和机械损耗）。其分配如下（以1.045t 100%丁二烯为基准计算收率和损耗）：

聚合挂胶等损失　　　　　　　　　　　　1%
聚合、凝聚的丁二烯机械泄漏损失　　　　0.5%
凝聚、振动筛聚丁二烯渣沫损失　　　　　0.5%
油水分离器水相丁二烯溶解损失　　　　　2%
包装过程中不合格品和落地料损失　　　　0.7%
选用配方如表3.6所示。

表3.6　选用配方表

序号	项目	范围
1	镍/丁	$=2.0\times10^{-5}$
2	铝/丁	$=1.0\times10^{-4}$
3	硼/丁	$=2.0\times10^{-4}$
4	铝/镍	$3\sim8$
5	铝/硼	>0.25
6	醇/铝	$=6$
7	防老剂/丁二烯	$=0.79\%$

(2) 聚合釜物料衡算（计算过程略）
聚合釜物料衡算图如图3.19所示。

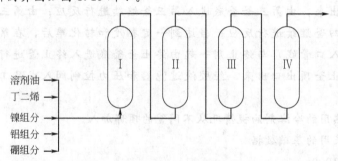

图3.19　聚合釜物料衡算图

聚合釜物料衡算总表见表3.7。

表3.7　聚合釜物料衡算总表

	序号	组分	kg/h	t/d	t/a	$w/\%$
进料	1	丁烯	16.648	0.399	133.186	0.207
	2	丁二烯	1648.180	39.556	13185.441	20.517
	3	溶剂油	6366.36	152.792	50930.88	79.251
	4	环烷酸镍	0.477	0.0114	3.816	0.006
	5	三异丁基铝	0.604	0.0145	4.835	0.008
	6	三氟硼乙醚络合物	0.867	0.0208	6.934	0.011
	7	进料合计	8033.136	192.794	64265.092	100

续表

	序号	组 分	kg/h	t/d	t/a	w/%
出料	8	丁烯	16.648	0.399	133.186	0.207
	9	丁二烯	247.227	5.933	1977.816	3.078
	10	溶剂油	6366.36	152.792	50930.88	79.251
	11	去终止釜聚丁二烯	1386.584	33.278	11092.675	17.261
	12	三种引发剂	1.948	0.0476	15.585	0.025
	13	挂胶损失	14.369	0.345	114.952	0.178
	14	出料合计	8033.136	192.794	64265.092	100

(3) 终止釜物料衡算

终止釜物料衡算如表3.8所示。

表3.8 终止釜物料衡算总表

	序号	组 分	kg/h	t/d	t/a	w/%
进料	1	胶液	8018.767	192.450	64150.136	98.9311
	2	终止剂	0.8427	0.0202	6.742	0.0104
	3	水	0.0443	0.0011	0.355	0.0005
	4	防老剂	13.021	0.312	104.165	0.161
	5	带入溶剂	72.727	1.745	581.817	0.897
	6	进料总计	8105.402	194.528	64843.216	100
出料	7	丁烯	16.648	0.399	133.186	0.205
	8	丁二烯	247.227	5.933	1977.816	3.0501
	9	三种引发剂	1.948	0.0467	15.584	0.024
	10	溶剂油	6439.087	154.538	51512.696	79.442
	11	干胶	1386.584	33.278	11092.675	17.107
	12	终止剂	0.8427	0.0202	6.742	0.0104
	13	水	0.0443	0.0011	0.355	0.0005
	14	防老剂	13.021	0.312	104.165	0.161
	15	出料总计	8105.402	194.528	64643.216	100

(4) 凝聚釜物料衡算

凝聚釜物料衡算如表3.9所示。

(五) 能量衡算

主要对聚合釜进行热量衡算。

(1) 基础数据

表 3.9 凝聚釜物料衡算总表

类别	序号	组 分	kg/h	t/d	t/d	$w/\%$
进料	1	胶液	8105.402	194.529	64843.216	7.506
	2	循环水	93000	2232	744000	86.127
	3	水蒸气	6875	165	55000	6.367
	4	进料合计	107980.402	2591.529	863843.216	100
出料	5	聚丁二烯	1378.343	33.08	11026.748	1.276
去振动筛	6	防老剂	12.956	0.311	103.644	0.012
	7	溶剂油	6.933	0.166	55.463	0.006
	8	引发剂	1.948	0.0468	15.584	0.002
	9	终止剂	0.8427	0.020	6.742	0.001
	10	水	95197.512	2284.741	761580.464	88.1619
	11	去1号筛合计	96598.535	2318.365	772788.645	89.4589
去油水分离	12	丁烯	16.648	0.399	133.186	0.015
	13	丁二烯	238.986	5.736	1911.889	0.221
	14	溶剂油	6432.044	154.379	51456.352	5.957
	15	水蒸气	4677.442	112.259	37419.536	4.332
	16	去分离罐合计	11365.12	272.763	90920.963	10.525
损失物料	17	损失丁二烯	8.241	0.198	65.928	0.008
	18	损失干胶	8.241	0.198	65.928	0.008
	19	损失防老剂	0.0651	0.00156	0.521	0.0001
	20	损失合计	16.547	0.397	132.377	0.0161
	21	出料合计	107980.402	2591.529	863843.216	100

① 聚合釜物料衡算表；
② 聚合时间：3～5h（设计取4h）；
③ 实用聚合釜台数：4台（确定方法见设备设计）；
④ 聚合温度：94℃；
⑤ 冷却盐水：入口温度－12℃，出口温度－8℃；
⑥ 溶剂油组成及物性数据见表3.10和表3.11。
⑦ 丁烯、丁二烯物性数据见表3.12。

表 3.10 溶剂油组成

	$n\text{-}C_5H_{12}$	$n\text{-}C_6H_{14}$	$n\text{-}C_7H_{16}$	合计
$w_i/\%$	2.1	57.8	40.1	100
$X_i/\%$	2.59	61.54	35.87	100

表 3.11　溶剂油物性数据

物　性	$n\text{-}C_5H_{12}$	$n\text{-}C_6H_{14}$	$n\text{-}C_7H_{16}$	溶剂油
密度 ρ/(kg/m³)	549	590	620	601
比热容 C_p /[kJ/(kg·℃)]	3.0767	2.6204	2.4823	2.6168
热导率 λ /[W/(m·℃)]	0.0861	0.0907	0.0989	0.0942

表 3.12　丁烯、丁二烯物性数据

	定性温度 /℃	密度 ρ /(kg/m³)	比热容 C_p /[kJ/(kg·℃)]	热导率 λ /[W/(m·℃)]
C_4H_8	94	1010	2.0001	0.1396
C_4H_6	94	480	2.9721	0.08374

⑧ 顺丁橡胶物性数据见表 3.13。

表 3.13　顺丁橡胶物性数据

	定性温度 /℃	密度 ρ /(kg/m³)	比热容 C_p /[kJ/(kg·℃)]	热导率 λ /[W/(m·℃)]
顺丁橡胶	94	480	2.9721	0.08374

⑨ 冷冻盐水物性数据见表 3.14。

表 3.14　冷冻盐水物性数据

	定性温度 /℃	密度 ρ /(kg/m³)	比热容 C_p /[kJ/(kg·℃)]	热导率 λ /[W/(m·℃)]	数据来源
$CaCl_2$	−10	1245	2.8590	0.4885	《化工手册》P2070

(2) 热量衡算

① 计算基准

数量基准：kJ/h；基准温度：0℃。

② 总热量衡算图如图 3.20 所示

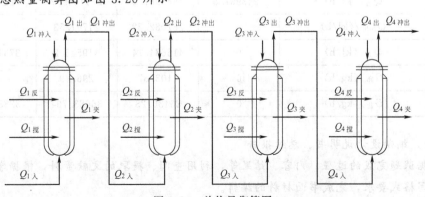

图 3.20　总热量衡算图

③ 各釜热量衡算关系式

$$1号釜 \quad Q_{1入}+Q_{1反}+Q_{1搅}+Q_{1冲入}=Q_{1出}+Q_{1冲出}+Q_{1夹}$$
$$2号釜 \quad Q_{2入}+Q_{2反}+Q_{2搅}+Q_{2冲入}=Q_{2出}+Q_{2冲出}+Q_{2夹}$$
$$3号釜 \quad Q_{3入}+Q_{3反}+Q_{3搅}+Q_{3冲入}=Q_{3出}+Q_{3冲出}+Q_{3夹}$$
$$4号釜 \quad Q_{4入}+Q_{4反}+Q_{4搅}+Q_{4冲入}=Q_{4出}+Q_{4冲出}+Q_{4夹}$$

④ 搅拌热

搅拌热与胶液黏度大小有关。黏度大,搅拌热就大。设计中取1号釜电机功率的70%、2号釜电机功率的75%、3号釜电机功率的80%及4号釜电机功率的85%用于形成搅拌热。

⑤ 各釜热量衡算

1~4号釜热量衡算总结果见表3.15。

表 3.15 总热量衡算表

序号	项 目	1号釜	2号釜	3号釜	4号釜
1	V_R/m^3	12	12	12	12
2	$T/℃$	94	94	94	94
3	$\bar{\tau}/min$	60	60	60	60
4	纯度$(x)/\%$	37.81	23.51	14.62	9.01
5	冲油前$(w)/\%$	7.76	12.58	15.56	17.45
6	冲油后$(w)/\%$	7.76	11.06	13.27	14.72
7	$K/[W/(m^2·℃)]$	11.24	41.22	41.50	41.67
8	A/m^2	27	27	27	27
9	$\Delta t_m/℃$	104	104	104	104
10	$Q_{入}/(kJ/h)$	18153.361T1	1943967.5	2211049.7	2282797.3
11	$Q_{搅}/(kJ/h)$	138600	148500	158400	168300
12	$Q_{反}/(kJ/h)$	860844.05	535266.96	332862.73	207185.42
13	$Q_{出}/(kJ/h)$	1943967.5	1943967.5	2211049.7	2220223.8
14	$Q_{冲出}/(kJ/h)$	0	267082.22	71747.53	0
15	$Q_{夹}/(kJ/h)$	0	416684.74	419515.2	375485.42
16	$G_{冲}/(kg/h)$	0	1103.67	296.49	0
17	$G_{盐}/(kg/h)$	0	36436.23	36683.764	32833.632

(六)编制设计说明书、总结报告

根据课题完成的过程、内容、结果等,利用查阅、提取的文献资料,根据学院毕业设计书写格式要求,完成书面材料的编辑。

案例二　设备工艺计算与选型

一、设备工艺计算与选型基本内容

无论什么工艺，最终总是要由设备来实现。主要设备（非定型设备）需要进行工艺计算（如反应器、主换热器或板式塔及填料塔等）。例如主要反应器的工艺尺寸，催化剂的装填量；塔设备的直径、高度和填料的装量，塔板数目和结构尺寸以及流体流动阻力等。

其他设备都作为辅助设备，要根据生产能力，按物料衡算结果进行选型。如泵、槽罐等。进行设备工艺计算与选型时，基本的内容应从确定课题题目、数据搜集、主要设备工艺计算、辅助设备设计与选择、编制设计说明书，总结报告等几个方面进行。

二、设备工艺计算与选型实例——顺丁二烯聚合工段设备工艺计算与选型

（一）确定课题题目

根据选题原则，由指导教师和学生共同拟定毕业设计课题题目，题目中应该包含所设计的设备适用产品、车间或工段名称。

（二）数据搜集

根据任务书要求，明确原始数据（已知条件）、设计要求、应提交的技术文件等，确定设备工艺计算与选型总体方案。本例设计所需原始数据见化工工艺设计实例。

（三）釜的工艺计算

（1）聚合釜计算

① 基础数据

设计温度：釜内120℃，釜外（夹套）－12℃。

设计压力：釜内1.0MPa，釜外（夹套）0.4MPa；

工艺要求容积：$12m^3$。

操作形式：满釜连续操作。

材质：1Cr18Ni9Ti。

② 聚合釜容积确定

按4h聚合时间确定聚合总容积：

$$V_{总} = \frac{11000}{0.135 \times 0.85 \times \frac{8000}{4}} = 47.9 m^3$$

需$12m^3$聚合釜台数

$$\frac{47.9}{12} = 3.99 \text{ 台}$$

圆整为4台，考虑1.2的备用系数，则需$12m^3$聚合釜5台。

③ 聚合釜筒体直径与筒体高度确定

因反应体系的黏度较大，所以解决好传热问题非常重要。一般釜的高径比在1~3之间，高径比大有利于传热，但不利于搅拌。设计中综合考虑取高径比为2.4。

a. 聚合釜筒体直径确定

设计中初选$V_{封}=1m^3$，按下式估算聚合釜的筒体直径：

$$D_i = \sqrt[3]{\frac{4(V-V_{封})}{\pi \gamma}}$$

式中 D_i——聚合釜直径，m；
V——聚合釜容积，m^3；
$V_{封}$——聚合釜封头容积，m^3；
π——圆周率；
γ——高径比。

$$D_i = \sqrt[3]{\frac{4 \times (12-1)}{3.14 \times 2.4}} \approx 1.801 m$$

圆整取1.8m。

b. 封头容积及直边高度确定

封头选用椭圆形封头，有关数据如下：

$h_1 = 450mm$；$h_0 = 40mm$；$A_{内表} = 3.73 m^2$；

$V_{封} = 0.864 m^3$；$G_{封} = 479 kg$ ($S = 16mm$)；$V_A = 0.864 m^3$。

c. 筒体高度确定

由 $D_i = 1800mm$ 得：$V_1 = 2.545 m^3$；$A_1 = 5.66 m^2$；当 $S = 16mm$ 时，$G_1 = 716 kg$。

$V_{1m} = 2.545 m^3$，$G_{1m} = 716 kg$。

根据公式 $H = \dfrac{V - V_A}{V_{1m}}$ 得

$$H = \frac{12 - 0.864}{2.545} = 4.376 m$$

取 $H = 4.4m$，则：

$$V_{实} = 4.4 \times 2.545 + 0.864 = 12.062 m^3$$

考虑搅拌器等所占的容积，实际有效容积约12m^3

$$\gamma_{实} = \frac{4.4}{1.8} \approx 2.44$$

④ 夹套直径及高度确定

a. 夹套直径确定

D_i 在 700～1800mm 之间时，

$$D_j = D_i + 100$$

因 $D_i = 1800mm$，所以：

$$D_j = 1800 + 100 = 1900mm$$

夹套封头采用椭圆形封头，直径采用与夹套筒体相同的直径。

b. 夹套高度确定

夹套越高传热面越大，但过高会影响封头的装卸。选用乙型平焊法兰，其总重量为1184.6kg。

取 $h'' = 150mm$，则：

$$H_{夹} = 4.4 - (0.15 + 0.016) = 4.234 m$$

校核传热面积

$$A = A_{封} + A_{筒} = 3.73 + 5.56 \times 4.234 = 27.3 \text{m}^2$$

即传热面积完全满足工艺要求。

⑤ 聚合釜筒体壁厚确定

根据 $D_i = 1800$mm，$p = 1.0$MPa，$p_{夹} = 0.4$MPa，$\gamma = 2.44$ 可知，壁厚应在 16～18mm 之间，本设计取壁厚 $S_0 = 16$mm。

⑥ 聚合釜封头壁厚确定

设计中选用标准椭圆封头，其壁厚计算公式

$$S = \frac{pD_i}{2[\sigma]^t \phi - 0.5p} + C$$

$$C = C_1 + C_2 + C_3$$

$$C_3 = 0.11(S_0 + C_2)$$

式中　S——标准椭圆封头的壁厚，mm；

D_i——封头内直径，mm；

C——封头壁厚附加量，mm；

C_1——钢板负偏差，mm；

C_2——腐蚀余量，mm；

C_3——封头热加压成形时壁厚减薄量，mm；

S_0——计算壁厚，mm；

p——设计压力，MPa；

$[\sigma]^t$——设计温度时的许用应力，MPa；

ϕ——焊缝系数，若为整块钢板制造，则 $\phi = 1$。

取 $C_1 = 0.8$mm，$C_2 = 2$mm。取 $\phi = 0.7$，取 $[\sigma]^t = 133$MPa。

壁厚计算结果

$$S = \frac{1.0 \times 1800}{2 \times 133 \times 0.7 - 0.5 \times 1.0} + 0.8 + 2 + 1.98 = 14.47 \text{mm}$$

取与筒体相同的壁厚，即 16mm。

⑦ 夹套筒体与封头壁厚确定

夹套选用钢材为 16MnR，其使用温度范围为 $-20 \sim 475$℃。

筒体壁厚计算公式

$$S = \frac{pD_j}{2[\sigma]^t \phi - p} + C$$

$$S = \frac{0.4 \times 1900}{2 \times 173 \times 0.7 - 0.4} + 2.8 = 5.94 \text{mm}$$

夹套封头计算

$$C_3 = 0.11(S_0 + C_2) = 0.11 \times (3.14 + 2) = 0.57 \text{mm}$$

$$S = \frac{0.4 \times 1900}{2 \times 173 \times 0.7 - 0.5 \times 0.4} + 3.37 = 6.51 \text{mm}$$

取夹套壁厚为 8mm。

⑧ 聚合釜质量估算

$m_{釜筒体}=4.4×716=3150.4\text{kg}$

$m_{釜封}=2×479=958\text{kg}$

$m_{釜法兰}=1184.6\text{kg}$

$m_{夹筒体}=4.182×558=2333.56\text{kg}$

$m_{夹封}=397\text{kg}$

总质量 8023.56kg

⑨ 搅拌器的确定

a. 搅拌器形式

采用双螺带式搅拌器。

b. 搅拌器轴径确定

根据电机功率 55kW 和搅拌转速 59r/min，初选轴径 $d'=113$mm，材质为 1Cr18Ni9Ti 时轴的变换系数为 1.27～1.07，实取 1.20 时，则：

轴径：
$$d''=113×1.20=135.6\text{mm}$$

考虑轴上开有若干键槽等，应增加 25%，则：
$$d=135.6×(1+0.25)=169.5\text{mm}$$

取 170mm。

c. 减速器的选择

选单级减速 X 系列行星摆线针轮减速器。型号：XLD55-11，传动比 1:17。

配套电机：X11YB280M-6；功率：55kW；380V，104.4A；转速：980r/min；F 级绝缘；750kg。

⑩ 各物料进出管管径确定

a. 釜底、釜顶进出料管直径

由物料衡算知 $V=12.332\text{m}^3/\text{h}$；取 $u=0.2\text{m/s}$。则：

$$d_i=\sqrt{\frac{4×12.332}{3600×3.14×0.2}}=0.148\text{m}$$

圆整取 150mm，材质 1Cr18Ni9Ti。则实际流速为 0.19m/s。同理其他管径确定如下。

b. 冲冷油入口直径

取 50mm，材质 1Cr18Ni9Ti。

c. 氮气入口直径

取 40mm，材质 1Cr18Ni9Ti。

d. 终止剂入口直径

取 25mm，材质 1Cr18Ni9Ti。

e. 盐水出入口直径

取 150mm，材质 16Mn。

f. 入孔、热电偶孔、采样孔等直径

参照有关资料分别确定为：

入孔：350mm×500mm

热电偶孔：25mm

采样孔：25mm

放空孔：40mm

温包孔：25mm

(2) 终止釜的设计

按停留时间 1h 考虑，选用与聚合釜相同结构、相同尺寸的釜 1 台。

(3) 凝聚釜的确定

选用凝聚釜 1 台。$\phi 2800 \times 6500$ 釜 1 个，$V=50\text{m}^3$。气相停留时间为 0.75min；液相停留时间 18.51min。

(四) 换热器设计与选择

(1) 丁油进料预热器、预冷器（以预热器为例）

加热蒸汽物性数据：

根据 0.9(表压)MPa 查得加热蒸汽的物性数据：温度 179℃；比容积 0.1985m³/kg；密度 5.037kg/m³；比热容 2.7083kJ/(kg·℃)；热导率 0.327W/(m·℃)；黏度 1.54×10^{-9} Pa·s；汽液焓差 2022.26kJ/h。

丁油物性数据：

组成：79％溶剂油；21％丁二烯（包括少量丁烯）。取进口温度 35℃、出口温度 70℃，定性温度：52.5℃。得定性温度下的物性数据并整理如表 3.16 所示。

表 3.16 定性温度（52.5℃）下丁油物性数据

物性	$n\text{-}C_5H_{12}$	$n\text{-}C_6H_{14}$	$n\text{-}C_7H_{16}$	溶剂油	C_4H_6	丁油
M_i	72	86	100	90.1	54	
$w_i/\%$	2.1	57.8	40.1	79	21	
$X_i/\%$	2.65	60.97	36.38	69.27	30.73	
比热容 $C_p/[\text{kJ}/(\text{kg}\cdot℃)]$	2.6163	2.3944	2.3358	2.3756	2.5451	2.3957
密度 $\rho/(\text{kg}/\text{m}^3)$	595	630	656	639.4	580	625.94
热导率 $\lambda/[\text{W}/(\text{m}\cdot℃)]$	0.1012	0.1058	0.1128	0.1085	0.0977	0.1062
动力黏度 $\mu/\text{Pa}\cdot\text{s}$	1.8×10^{-4}	2.4×10^{-4}	2.88×10^{-4}	2.6×10^{-4}	1.3×10^{-4}	2.2×10^{-4}

热负荷： $8031.188 \times 2.3957 \times (70-35) = 673411.1 \text{kJ/h}$

水蒸气用量： $673411.1 \div 2022.26 = 333 \text{kg/h}$

根据工艺条件，选用固定管板式换热器，丁油走管程，蒸汽走壳程；

平均温差：$\Delta t_m = \dfrac{(179-35)-(179-70)}{\ln\dfrac{179-35}{179-70}} = 125.69℃$

根据管程动力黏度，取传热系数 K 为 600W/(m²·℃)，则：

$$A = \frac{673411.1}{600 \times 125.69} = 8.9 \text{m}^2$$

选用 G159I-25-3 固定管板式换热器,其基本参数如下:

外壳直径 D:159mm   公称压强:0.25Pa·s
公称面积 A:3m²   管子排列方法:△
管长 l:3m   管子外径 d_0:25mm
管子总数 N:13   管程数:1
壳程数:1   管程通道截面积:0.0045m²

按传热面确定需要设备台数:

$$\frac{8.9}{3}=2.97 \text{ 台}$$

考虑20%的备用系数,则圆整取4台换热器进行串联使用。各种校核略。

(2) 丁二烯升压器

选用1台浮头式冷凝器,型号 FA-400-20-40-4,蒸汽走壳程,丁二烯走管程。选择过程略。

(3) 冲油预冷器

选用1台浮头式冷凝器,型号 FLB-400-15-25-4,油走壳程,冷冻盐水走管程。选择过程略。

(4) 溶剂油冷凝冷却器

选用2台浮头式冷凝器,并联使用,型号 FLA-1100-425-25-4,油走壳程,冷冻盐水走管程。选择过程略。

(5) 溶剂油升压器

选用1台浮头式冷凝器,型号 FA-325-10-40-2,蒸汽走壳程,溶剂油走管程。选择过程略。

(五) 引发剂配置系统设备确定

各种引发剂配比和单位时间加入量汇总如表3.17所示。

表3.17 各种引发剂配比和单位时间加入量汇总表

序号	引发剂种类	配比	加入量/(kg/h)	稀释剂加入量/(L/h)
1	环烷酸镍	镍/丁=2.0×10^{-5}	0.477	100
2	三异丁基铝	铝/丁=1.0×10^{-4}	0.604	
3	三氟化硼乙醚络合物	硼/丁=2.0×10^{-4}	0.867	
4	防老剂	丁二烯量的0.79%	13.021	
5	终止剂	醇/铝=6	0.8427	111

(1) 浓环烷酸镍配制釜

配制时间:50h配制1次。

取 $\phi1400\times1600\times8$、$V=2.5m^3$ 釜1台。其装料系数为76%。

(2) 稀环烷酸镍配制釜

取 $\phi1800\times1800\times12$、$V=6.0m^3$ 釜1台。其装料系数为80%。

(3) 终止剂、防老剂配制釜确定

选 $\phi1800\times2200\times12$、$V=7m^3$ 釜 1 台。其装料系数为 80%。

(4) 贮罐确定

① 三异丁基铝贮罐

选 $\phi1400\times1800\times8$、$V=4.0m^3$ 贮罐 1 个。

② 硼剂贮罐

选 $\phi500\times1700\times3$、$V=0.35m^3$ 贮罐 1 个。装料系数按 80%。

③ 乙醇贮罐

选 $\phi1800\times1800\times12$、$V=6.0m^3$。

④ 溶剂贮罐

选 $\phi1800\times1800\times12$、$V=6.0m^3$。

⑤ 镍剂贮罐

选 $\phi1800\times1800\times12$、$V=6.0m^3$。

⑥ 终止剂、防老剂贮罐

选 $\phi1800\times1800\times12$、$V=6.0m^3$。

⑦ 计量罐

铝剂计量罐：选用 $\phi500\times2000\times6$、$V=0.4m^3$ 计量罐 1 个。

镍剂计量罐：选用 $\phi500\times2000\times6$、$V=0.4m^3$ 计量罐 1 个。

终止剂、防老剂计量罐：选用 $\phi800\times1600\times6$、$V=1.0m^3$ 计量罐 1 个。

硼剂计量罐：选用 $\phi80\times2000\times4.5$、$V=0.01m^3$ 计量罐 1 个。

(六) 泵与其他设备选择

(1) 基础数据

输送介质：溶剂油（组成 2.1% n-C_5H_{12}；57.8% n-C_6H_{14}；40.1% n-C_7H_{16}）

输送条件（20℃）下的物性数据见表 3.18。

表 3.18 溶剂油 20℃ 下的物性数据

	n-C_5H_{12}	n-C_6H_{14}	n-C_7H_{16}	溶剂油
M_i	72	86	100	90.1
w_i/%	2.1	57.8	40.1	
X_i/%	2.65	60.97	36.38	
蒸汽压/MPa	0.056	0.018	0.005	0.0143
密度 ρ/(kg/m³)	628	660	685	669
动力黏度 μ/Pa·s	2.34×10^{-4}	3.25×10^{-4}	5.0×10^{-4}	3.86×10^{-4}

贮罐液面压力：0.02MPa；聚合釜液面压力 0.45MPa。

流　　量：14m³/h

入口液面至泵中心距离：4.5m。

出口液面至泵中心距离：6.5m。

吸入管管长：20m（管径：$\phi89\times3.5mm$；闸阀 1 个，止回阀 1 个，三通 2 个；90°弯头 5 个）。

排出管管长：120m（管径：$\phi76\times3$mm；闸阀5个；止回阀1个；换热器2个；出口变径1个；三通2个；$90°$弯头10个）

(2) 确定流量与扬程

流量（不考虑安全系数）

$$Q=14\text{m}^3/\text{h}$$

扬程：

以泵中心线为基准，在贮罐液面与聚合釜液面之间列出伯努利方程为：

$$H=Z_2-Z_1+\frac{u_1^2-u_2^2}{2g}+\frac{p_2-p_1}{\rho g}+\sum H_f$$

式中 $\sum H_f=\sum H_{f入}+\sum H_{f出}$

$$\sum H_{f入}=\left(\lambda\frac{l}{d}+\sum\zeta\right)\frac{u_r^2}{2g}$$

$$u_r=\frac{4\times14}{3600\times0.082^2\times3.14}=0.737\text{m/s}$$

$$Re=\frac{0.082\times0.737\times669}{3.86\times10^{-4}}=104700>4000\text{ 为湍流}$$

取 $\varepsilon=0.25$mm，则 $\frac{\varepsilon}{d}=0.003$；则 $\lambda=0.028$。

三通：$\zeta=1.3$；闸阀全开：$\zeta=0.17$；止回阀全开：$\zeta=2$；忽略阻力系数；$90°$弯头：$\zeta=0.75\times5=3.75$

$$\sum H_{f入}=\left(0.028\times\frac{20}{0.082}+1.3+0.17+2+3.75\right)\times\frac{0.737^2}{2\times9.81}=0.389\text{m 液柱}$$

$$\sum H_{f出}=\sum H_{f出管}+\sum H_{f换}$$

$$\sum H_{f出管}=\left(\lambda\frac{l}{d}+\sum\zeta\right)\frac{u_r^2}{2g}$$

$$u_r=\frac{4\times14}{3600\times0.07^2\times3.14}=1.01\text{m/s}$$

$$Re=\frac{0.082\times1.01\times669}{3.86\times10^{-4}}=143540.36>4000\text{ 为湍流}$$

取 $\varepsilon=0.25$mm，则 $\frac{\varepsilon}{d}=0.00357$；则 $\lambda=0.029$。

三通：$\zeta=1.3\times2=2.6$；闸阀1/2开：$\zeta=4.5\times5=22.5$；止回阀全开：$\zeta=2$；$90°$弯头：$\zeta=0.75\times10=7.5$；$\zeta_{出}=1.0$

$$\sum H_{f出管}=\left(0.029\times\frac{120}{0.07}+2.6+22.5+2+7.5+1\right)\times\frac{1.01^2}{2\times9.81}=4.435\text{m 液柱}$$

换热器的压降范围为 $10.3\sim101.3$kPa，设计取50kPa则两台压降为100kPa。

$$\sum H_{f换}=\frac{100\times10^3}{669\times9.81}=15.24\text{m 液柱}$$

$$\sum H_{f出}=\sum H_{f出管}+\sum H_{f换}=15.24+4.435=19.675\text{m 液柱}$$

$$H = (6.5-4.5) + \frac{(0.45-0.02) \times 10^6}{669 \times 9.81} + 19.675 = 87.2 \text{m 液柱}$$

若考虑 1.1 的安全系数，则扬程为 96m 液柱。

(3) 选泵

根据输送物料的流量、扬程及性质确定选择 Y 型油泵。具体型号为 65Y-100×2A型。有关性能如下：

流量：23m³/h　　　　　　　扬程：175m
转速：2950r/min　　　　　　效率：41%
允许汽蚀余量：2.8m　　　　 叶轮直径：270mm
叶轮出口宽度：6.5mm　　　　泵重：280kg

(4) 选电机

配套电机功率 40kW；轴功率：26.7kW。

(5) 几何安装高度的确定

根据几何安装高度计算公式：

$$H_g = \frac{p_0 - p_v}{\rho g} - \Delta h - H_{f,0-1}$$

带入相应数据得：

$$H_g = \frac{(0.02 - 0.0143) \times 10^6}{669 \times 9.81} - 2.8 - 0.389 = -2.32 \text{m}$$

即泵应安装在贮罐液面 2.32m 以下。

(6) 总台数：2 台（正常生产 1 台，备用 1 台）

其他各泵的选择过程与溶剂油泵基本相同，故过程略。

3.3 建筑工程类专业毕业设计指导

3.3.1 建筑工程类专业毕业设计选题

建筑工程类专业是适应性强、应用面广的工程技术专业。通过培养使本专业学生获得必需的数学、计算机、建筑工程制图、计算机绘图、建筑力学等专业基础知识以及建筑材料、测量、建筑结构与施工、工程定额与概、预算等专业技术知识，具备制图、识图技能、工程测量技能、建筑工程质量管理、进度管理、合同管理、现场施工管理等能力，具有良好的政治思想素质、扎实的文化素质，具备良好的身体和心理素质，具有一定的业务素质。

本专业毕业设计是综合性和实践性极强的教学环节，是理论与实践紧密结合的训练阶段。通过毕业设计使学生学会正确运用工具书，基本掌握有关工程设计程序、实习设计方法、国家有关规范、条例和规程，提高工程设计计算、理论分析、图标绘制、技术文件编写能力以及计算机软件的应用能力。通过毕业设计完成相关职业岗位的基本训练，为今后从事实际工作奠定必要的基础。

(1) 选题原则

建筑工程类专业的培养目标是从事建筑结构设计、施工的高端技能型专门人才，毕业设计的选题要符合人才培养目标的要求，达到综合训练的目的，注重培养学生发现问题和解决问题的能力，特别是学生创新能力、职业素质的培养，其主要原则有：

① 相关性原则。选题要符合本专业人才培养目标及教学基本要求，体现建筑工程技术专业基本内容和专业特点，有利于学生巩固、深化所学知识，发挥学生主动性，使学生得到比较全面的锻炼。

② 前沿性原则。根据现阶段高职教育研究与发展方向要求，选题尽可能地反映本专业领域的发展水平和前沿动态，体现当前科技发展水平，反映时代特点，不断更新题目，立足于科学发展的前沿。

③ 实用性原则。选题要密切结合生产、工程及科研实际，如来自工程建设实际的选题。这类选题是对学生综合分析和解决工程实际问题能力的最好培养，有利于激发学生的工作热情和学习积极性，有利于培养学生的创新意识和能力，有利于培养学生的社会责任感和良好的职业道德，树立正确的工程意识，学生毕业后能较快从事设计、监理、施工等单位的实际工作。

④ 适中性原则。毕业设计选题应有一定的深度、广度，但工作量和难易程度要适中，让学生能在规定的时间内，对专业基础知识和专业技术知识进行综合应用。

⑤ 主体性原则。选题要贯彻因材施教原则，既注重对学生基本能力的训练，又有充分发挥学生积极性和创造性的空间，有利于培养学生独立工作能力和团队合作精神。

(2) 选题参考

建筑业的快速发展对生产、管理第一线的专业技术人员提出了更高的要求，不仅要掌握新技术、新工艺、新设备，能利用现代化手段和方法进行工程建设与管理，还要具有较强的实际动手能力和岗位适应能力。建筑工程类专业的方向定位和岗位（群）内容，对毕业设计的选题方向及重点内容也提出了相应的要求。

① 建筑工程类专业方向

建筑工程类专业是培养面向工程建设公司、监理公司、咨询公司、各类建设单位、建筑工程公司从事技术与经营管理工作的应用型人才，是在工程建设中起着重要作用的专业。

② 建筑工程类专业面向的岗位（群）

核心岗位：施工员。

扩展岗位：质检员、材料员、资料员。

相关岗位：预算员、监理员、测量员、安全员。

(3) 选题范围

建筑工程技术的毕业设计，主要是培养学生综合运用所学的知识解决工程施工技术、组织及有关专项问题的能力。

工程监理的毕业设计，要求学生对工程建设监理方面的基本知识和技能作一个较为全面的运用。针对某一工程，编制符合现行国家建设法律法规规章制度、工程设计文件、建设监理合同、工程施工承包合同等要求的工程监理规划，制定专业工程监理实施细则以及设计旁站监理方案。

工程造价的毕业设计，要求学生综合运用所学的知识，独立地完成资料的搜集整理、工程量的计算、计价规范和计价表的应用，掌握工程量清单计价法编制预算、技术经济分析和工程概预决算基本方法等。

根据建筑工程类专业核心课程群，毕业设计选题划分以下几大类：

① 施工技术类；

② 工程监理类；

③ 工程造价类；

④ 其他。

3.3.2 建筑工程类专业毕业设计案例

案例一　工程施工组织设计

施工组织设计是指导施工全过程各项活动的技术经济的纲领性文件，是施工企业低投入、高产出、高质量、安全施工的重要手段，也是正确处理人、机、料、法、环之间的矛盾，合理而科学地、计划而有序地、周密而均衡地组织施工生产的重要措施。工程施工组织设计方向毕业设计，要求学生灵活应用专业知识，针对某个项目或某个标段，完成土石方开挖工程、混凝土工程、地下工程、土石坝工程、地基处理工程、金属结构与机电安装工程等施工组织设计，为尽快适应施工组织类职业岗位工作要求积累实践经验。

一、工程施工组织设计选题

阅读施工图纸，编制某工程的施工组织设计。

1. 工程规模

施工组织设计工程的类别应尽量在二级及二级以上的工程。

2. 设计主要内容

按照有关要求并结合规范编写工程实施的施工组织设计，内容包括：

(1) 工程概况；

(2) 施工部署；

(3) 施工方案（分部分项施工方法）；

(4) 针对性的施工措施；

(5) 资源供应计划；

(6) 技术组织措施（质量、安全文明、成本、季节性施工等）；

(7) 施工进度计划；

(8) 施工平面图；

(9) 项目风险管理等。

施工组织设计的编制应注重施工方案的针对性、现行标准和新技术的应用、技术组织措施的可行性、施工进度计划和现场平面布置图的合理性等要求。

3. 设计注意事项

(1) 施工方案难度。在工程的施工方案中，有特殊工种工程的施工方案。常见的特殊工种工程包括：深基坑支护、大体积混凝土施工、泵送混凝土施工、高层建筑模板脚手架、地下室混凝土施工、降低地下水位、桩基础施工、幕墙施工、地基基础处理施工等，对这类特殊工种工程的施工方案，其难度要设计得当。

(2) 工程进度计划优化。工期是否满足合同要求，流水施工组织的程度，劳动力安排的均衡性，人员安排能否满足劳动组合的要求等。

(3) 施工平面图布置的合理性。施工机械的平面位置、开行路线是否合理，现场运输道路是否通畅、方便，材料堆放、仓库、加工厂布置是否合理，现场临时设施是否到位，水、电管路布置能否满足施工要求，现场施工能否满足文明施工的要求等。

4. 设计主要参考资料

设计主要参考资料包括：建筑设计资料集、建筑结构构造资料集、有关标准和图集、建筑施工手册、高层建筑施工手册、合同法、江苏省建筑工程综合预算定额和估价表、工程量清单规范等资料；建筑施工教材、施工组织设计编写手册、现行结构设计与施工质量验收规范、标准等文件；建筑技术、施工技术、建筑施工等杂志。

二、工程施工组织设计案例——扬州市依云城邦施工组织设计

(一) 课题选题

依云城邦二期8#、9#、10#、11#楼工程由江苏中泽房地产开发有限公司投资开发，扬州市城市规划设计研究院有限责任公司设计，扬州金泰建设监理公司监理，江苏省金陵建工集团有限公司扬州公司承建，总建筑面积为19612.33m^2。

本工程位于扬子江南路东侧，阳光新苑西侧。主要结构类型为框架结构，预应力管桩基础，抗震设防类别为丙类，设防烈度为7度（0.15g），设计使用年限50年。

依云城邦施工组织设计充分体现了选题的实用性和专业的相关性原则，实施软硬件条件基本具备，选题难易适中，前沿性较好，不仅满足专业人才培养目标的要求，而且能够切实提高学生的实践动手能力、技能水平，同时其知识面也得到有效拓展。

(二) 课题设计方案及主要内容

1. 工程概况与编制依据

首先，针对依云城邦二期8#、9#、10#、11#楼工程设计概况，从工程情况、各层梁板混凝土强度等级、装修做法等方面对整个工程进行了较为详细的介绍；其次，对本工程的水文地质条件进行分析，总结工程的主要特点；最后，给出本课题实施的编制依据，包括《依云城邦二期8#、9#、10#、11#楼工程》整套施工图，图纸交底及会审纪要，国家现行技术标准、施工及验收规范、工程质量评定标准及操作规程，公司《质量保证手册》和《项目管理文件》等。

2. 施工组织与部署

确定施工指导思想与目标。依云城邦二期8#、9#、10#、11#楼工程工期紧，技术含量高，针对其特点，本着"质量第一，服务周到，业主满意"的质量方针，充分发扬"团结、拼搏、开拓、争先"的企业精神，充分发挥人员、技术、机械设备和管理上的雄厚优势，运用先进的施工技术，采取科学的施工管理，圆满地完成本工程的施工。针对本工程的特点，以安全、进度、质量为中心，选配高素质的工程技术管理人员，按项目法组织施工，积极推广应用新技术、新工艺、新设备、新材料，精心组织、科学管理，优质高速地完成施工任务，同时本着再增信誉、再立新功的思想，创出一流的施工水平，一流的工程，达到让业主满意，社会放心的总体施工目标。施工目标是——争创七个第一，即一流质量，一流项目，一流工期，一流文明施工，一流服务，一流管理。

构建施工组织机构,且通过组织网络图表进行了详细说明。包括工程管理组织网络、施工现场组织网络体系、质量管理网络、计划管理网络、安全管理网络、文明施工管理网络、计量管理网络等。

制定施工组织管理措施并安排施工部署计划。包括施工阶段划分及衔接关系、施工协调与调度、施工进度计划、施工现场平面布置等。

完成资源计划。根据工程情况,混凝土采用商品混凝土,配备汽车泵与HBT60拖式混凝土泵进行泵送施工。垂直运输配备QTZ40塔吊2台,此塔吊属上回转自升式固定塔机,用小车运行式变幅,可覆盖全部建筑物。通过列表给出土建主要施工机械设备选用情况。

3. 主要分部分项工程施工方法

制定施工测量方案。根据工程建筑外形特点,拟定建筑施工控制网为方格网,采用直角坐标法放线。以建设单位提供的平面和高程控制点为依据,根据设计对本工程平面坐标和高程的要求,准确地将建筑物的轴线与标高反映在施工过程中,严格按工程测量规范要求,进行控制点的加密和放样工作。从主要测量人员及器具、建立施工平面控制网、主轴线的定位与放线、高程控制和沉降观测五个方面制定详细方案。

制定土方工程施工方案。在土方开挖项,根据依云城邦一期工程现场实际情况和以往施工经验,本工程拟采用机械开挖人工辅助,采用$0.5m^3$的挖土机挖土。机械挖土留置200mm厚,采用人工挖至图纸设计标高,所挖土方放置建筑物周围空闲处;在土方回填项,采取分段分区进行回填,并力求尽早安排,回填前应对填方基底和已完成项目进行隐蔽验收,并做好记录。

制定钢筋工程施工方案。对钢筋制作、钢筋连接、钢筋绑扎、柱钢筋绑扎、墙钢筋绑扎、梁钢筋绑扎、板钢筋绑扎等内容的施工方案进行了详细说明。

制定模板工程施工方案。模板质量直接关系到混凝土观感质量的好坏,为了保证混凝土密实度及外观质量,保证工程结构质量优质,所有墙肢均采用大模板,承重架采用钢管承重架。为了保证施工进度,模板总量按以满足进度需要为标准进行配置,对周转使用产生变形的模板和木枋要及时更换。模板统一安排在木工间集中加工,同时确保模板和木枋尺寸的一致性。按项目部提供的模板加工料单及时进行制作,复杂混凝土结构先做好模板设计,包括模板平面分块图、模板组装图、节点大样图等。制作完成后堆放整齐,随用随领。同时,给出柱模板、剪力墙模板、梁板模板、楼梯模板的工程选型及施工方案以及模板支设、模板质量检测、拆模规定等内容。

制定混凝土工程方案。本工程采用预拌混凝土。预拌混凝土的生产质量控制(指原材料质量、配合比、坍落度及强度和抗渗等级),由预拌混凝土厂方负责,混凝土厂方应及时提供原材料样品和检验报告等技术资料,供质检和监理人员抽检复核,以便进一步确认原材料质量是否符合规范要求,合格后方可安排混凝土生产供应。

制定脚手架工程施工方案。根据该工程的特点设计为落地双排脚手架。本工程外墙脚手架采用$\phi 48$钢管搭设的双排扣件式脚手架,外墙脚手架离外墙皮300mm,每根立杆下垫200mm×200mm×50mm厚垫木,下拉扫地杆,架宽1.0m,立杆间距1.5m,步距1.8m。

制定砌体工程施工方案。砌体施工程序为：测设水平线、轴线、墙边线→立皮数杆→排砖→架头角→挂墙线→砌墙体→做好各种预留管、预留孔洞→工完场清→自检→项目部检查验收。

制定屋面工程施工方案。屋面工程防水等级为二级，防水层合理使用年限为15年。屋面做法：a. 50厚C30细石混凝土刚性防水层，内配$\phi 4@150$双向钢筋，表面压光分格缝设置，按质量控制标准执行；b. 20厚1∶2.5水泥砂浆找平层；c. 50厚挤压聚苯板保温层；d. 高聚物改性沥青防水卷材（3厚）；e. 20厚1∶3水泥砂浆找平层；f. 1∶6水泥焦渣2%坡度；g. 现浇钢筋混凝土层屋面。

制定装饰工程施工方案。严格按设计图纸及现行施工质量验收规范进行施工，制定了装饰工程施工程序、外墙装饰工程施工程序、内墙与天棚装饰工程施工程序等。

制定楼地面工程施工方案、门窗工程施工方案等。

制定给排水工程施工方案。给水系统施工方案包括了PPR管道连接热熔连接、室内给水管道安装流程、管道支吊架安装等内容。排水系统包括了室内外采用污废水合流制，经污水处理设备处理后排入市政污水管道；屋面雨水均由雨水斗收集后靠重力流排至室外雨水管网，阳台设专用雨水排水立管；主管穿越楼板面、屋面及地下室板墙的管道，应设置刚性防水套管；立管在底层应设置检查口，其位置一般距地1m，检查口朝向应便于检修；设置在管井的管道，当穿越建筑防火分隔时，按规定要求设置防火圈；排水管道、雨水管道安装。水消防工程消防系统管道穿楼板预埋普通钢套管，穿地下室及屋面为防水套管，预埋严格按图纸尺寸及数量施工，做好尺寸复核，且不得遗漏；消防系统管道室内采用镀锌钢管小于等于80为丝接，大于80采用卡箍接口。

制定电气工程施工方案。包括了钢管、电线管敷设、配管预埋、电缆桥架、配电箱安装、照明器具安装、防雷接地、调试电气工程部分等内容。在对电气工程部分进行调试时，首先检查绝缘电阻测试记录；符合要求后，检查电器具，应接线正确，连接牢固，配件完好无损；插座应逐个检查，零相线应接线正确，回路标注清楚，通电后漏电保护器试跳灵敏，并且所有电气开关试跳两次，各开关回路性能良好，做好电气调试记录。

制定建筑节能工程施工方案。本工程屋面保温采用50mm厚挤塑保温板，导热系数0.03，蓄热系数0.54；填充外墙保温采用砂加气混凝土砌块自保温，厚度为220mm，导热系数0.20，蓄热系数3.60；柱梁等外墙冷桥部位采用喷涂硬质聚氨酯泡沫塑料，厚度为20厚，导热系数0.024，蓄热系数0.36；外门窗采用铝合金隔热型材，玻璃为5+12A+5透明中空玻璃，传热系数为2.7；与非采暖房间分隔楼板采用20厚挤塑保温板，导热系数0.03，蓄热系数0.54；分户隔墙及封闭式楼梯间隔墙采用加气混凝土砌块；平屋面上设太阳能热水器。

制定质量通病防治工程预控措施。包括砌体裂缝，混凝土结构工程质量预控措施，楼地面工程质量预控措施，厨卫间防水，外墙空鼓、开裂、渗漏，门窗变形、渗漏和屋面工程质量预控措施等。

4. 其他保证措施

质量保证措施。为确保依云城邦8#、9#、10#、11#楼工程施工质量达到现行施工及验收规范标准，建立了以项目经理为首，以项目质安组为主体，公司总工程师、质量安全科、监理、市质量监督总站实施逐级监督,公司各职能部门、各专业科室积极配合的多层次质量管理保证体系,全面控制每一个分项、分部工程质量。

施工安全保证措施。为了使整个工程顺利而安全地完成,工程施工达到无重大伤亡事故发生,且轻伤频率控制在5‰以内的目标,除了严格遵照国家颁布的"一标三规范",结合本工程的实际情况,还制定出各项安全管理措施,包括安全生产保证体系,安全生产技术措施等。

文明施工管理措施。

5. 其他

包括工程技术资料的管理,工程成品保护职责、方法,工程回访保修规定等内容。

案例二　监理规划、监理实施细则

工程监理的毕业设计,要求学生对工程建设监理方面的基本知识技能作一个较为全面的运用。针对某一工程,编制符合现行国家建设法律法规规章制度、工程设计文件、建设监理合同、工程施工承包合同等要求的工程监理规划,制定专业工程监理实施细则以及设计旁站监理方案。为将来从事与工程监理有关的工作打下良好的基础。

工程监理类毕业设计课题包括三类:

① 结合某工程进行工程监理规划方案设计;

② 结合某工程进行工程监理实施细则制定;

③ 结合某工程进行工程旁站监理方案设计。

参考资料有现行施工质量验收标准、中国建设监理协会编《建设工程监理规范》(中国建筑工业出版社,2001)、杨效中编《建设工程监理案例》(中国建筑工业出版社,2003)、欧震修编《建筑工程施工监理手册》(中国建筑工业出版社,2001)等。

一、工程监理规划选题

监理规划是在项目监理机构充分分析和研究工程项目的目标、技术、管理、环境以及参与工程建设各方等方面的情况后制定的指导工程项目监理工作的实施方案。要真正能够起到指导项目监理机构进行该项目监理工作的作用,所以监理规划中要有明确具体的、符合项目要求的工作内容、工作方法、监理措施、工作程序和工作制度,并应具有可操作性。

工程规模应在二等或二等以上。

1. 监理规划的内容

监理规划的内容应符合《建设工程监理规范》GB 50319—2000及现行法律法规的要求。监理规划应包括以下主要内容(顺序一般按以下排列):

(1) 工程项目概况。项目名称、地点、组成、规模,建筑结构类型,特点和关键问题,投资额、工期、质量,项目主要参与单位。建议用图表表示。

(2) 监理工作范围。施工阶段承担的具体项目。

(3) 监理工作内容。三大控制、安全管理、合同管理、信息管理、组织协调。

(4) 监理工作目标。

(5) 监理工作依据。法律、法规、审批文件(规范、规程特别是强制性条文)(可以列出一些重点内容)、勘察、设计文件、各种合同。

（6）项目监理机构的组织形式。用组织结构图表示，辅以表格说明。

（7）项目监理机构的人员配备计划。参考扬州市、其他地区以及国家对工程监理人员最低标准要求，并结合本工程具体情况确定人员配备计划。注意专业上、数量上、时间上、合同上满足。

（8）项目监理机构的人员岗位职责。

（9）监理工作程序。对各方面的工作规定行为主体工作内容的时间、标准和次序。注意：符合专业工程特点，体现事前控制、主动控制要求，注重效果，符合合同要求。

（10）监理工作方法及措施。监理原则、监理方法、主控项目的监理措施。

（11）监理工作制度。施工阶段的，分对外工作制度、对内工作制度。

（12）监理设施。拟定主要监测设备、检测计划、方法和手段。

（13）现行法律法规规定的其他内容。如旁站监理方案、安全管理方面的内容。内容和方法写进相应部分。

2. 监理规划的编制依据

（1）建设工程相关法律法规及项目审批文件。

（2）与建设工程项目有关的标准、设计文件、技术资料。

（3）监理大纲、委托监理合同文件以及与建设工程项目相关的合同文件。

除了现行的《建设工程监理规范》规定的内容以外，还要符合住房和城市建设部、地方等部门发布的规章。如在监理规划中要加入旁站监理方案和工程安全管理方面的内容以及地方规章（如使用商品混凝土的有关规定）等。

二、工程监理实施细则选题

应选择本工程中的至少1项专业工程编制监理实施细则。

监理实施细则应符合监理规划的要求，并应结合工程项目的专业特点，做到详细具体，具有可操作性。

1. 监理实施细则编制的依据

（1）已批准的监理规划；

（2）与专业工程相关的标准、设计文件和技术资料；

（3）已批准的施工组织设计或施工方案。

2. 监理实施细则编制的程序

（1）监理实施细则应在相应工程施工开始前编制完成，并必须经总监理工程师批准；

（2）监理实施细则应由专业监理工程师编制。

3. 监理实施细则的主要内容

（1）专业工程的特点；

（2）监理工作的流程；

（3）监理工作的控制要点及目标值；

（4）监理工作的方法及措施。

4. 说明

在监理工作实施过程中，监理实施细则应根据实际情况进行修改、补充和完善。

三、工程旁站监理方案选题

应选择本工程中的至少 1 项需要旁站监理的项目编制旁站监理方案。

1. 旁站的主要工程部位或工序

（1）基础工程：桩基工程，沉井过程，地基处理，混凝土基础浇筑，地下连续墙，土钉墙，后浇带及其他结构混凝土浇筑，卷材防水层细部构造的处理，钢结构安装等，水下混凝土浇筑、承载力检测、独立基础框架结构、土方回填。

（2）主体结构工程：梁柱节点钢筋隐蔽工程，混凝土浇筑，预应力张拉，施工缝处理，装配式结构安装，网架结构安装，索膜安装等。

（3）钢结构工程：重要部位焊接、机械连接安装。

（4）设备进场验收测试、单机无负荷试车、无负荷联动试车、试运转、设备安装验收、压力容器等。

（5）隐蔽工程的隐蔽过程。

（6）建筑材料的见证取样、送样。

（7）新技术、新工艺、新材料、新设备试验过程。

（8）建设工程委托监理合同规定的应旁站监理的部位和工序。

2. 旁站监理工作主要内容

（1）检查施工企业现场质检人员到岗、特殊工种人员持证上岗以及施工机械、建筑材料准备情况。

（2）在现场跟班监督关键部位、关键工序的施工执行施工方案以及工程建设强制性标准情况。

（3）核查进场建筑材料、建筑构配件、设备和商品混凝土的质量检验报告等，并可在现场监督施工企业进行检验或者委托具有资格的第三方进行复验。

（4）施工操作人员的技术水平、操作条件是否满足施工工艺要求。

（5）施工环境是否对工程质量产生不利影响。

（6）施工过程是否存在质量和安全隐患。

对施工过程中出现的较大质量问题或质量隐患，旁站监理人员应采用照相、摄像等手段予以记录。

做好旁站监理记录和监理日记，保存旁站监理原始资料。

3. 旁站监理主要依据

（1）与工程有关的建筑材料、构配件和设备、施工工艺等技术标准、规范、规程。

（2）经总监批准的设计文件和施工组织设计或施工方案。

（3）施工环境规定。

（4）施工安全防护规定。

四、工程监理规划设计案例——扬州工业职业技术学院 2 号实训楼监理规划

（一）课题选题

扬州工业职业技术学院 2 号实训楼监理规划。依据选题的实用性、相关性、主体能动性等原则，综合考虑工程现有条件，该选题可操作性、可检验性、可实施性较好。

（二）课题完成方案及主要内容

1. 工程项目概况

对扬州工业职业技术学院 2 号实训楼的工程项目概况进行详细说明,包括工程基本情况、建筑概况、结构概况、装修概况。内容如下:

(1) 工程基本情况

工程名称:扬州工业职业技术学院 2 号实训楼

工地地点:学院内教学大楼南侧

工程造价:2479.83 万元

建设单位:扬州工业职业技术学院

设计单位:江苏时代建筑设计有限公司

施工单位:扬州建设集团有限公司

(2) 建筑概况表

建筑概况如表 3.19 所示。

表 3.19 建筑概况表

序号	项目	内 容
1	建筑面积	占地面积为 6062m^2,总建筑面积为 29778m^2
2	建筑层数	本建筑主体五层,局部四层
3	建筑层高	底层为 4.2m,其余为 3.9m
4	建筑高度	地面至女儿墙顶高度为 21.60m
5	±0.000	绝对标高为 6.000m
6	设计使用年限	50 年
7	抗震设防烈度	7 度
8	建筑耐火等级	二级
9	屋面防水	SBS 沥卷材防水,挤塑保温板层,C30 刚性细石混凝土保护层

(3) 结构概况表

结构概况如表 3.20 所示。

表 3.20 结构概况表

序号	项目	内 容
1	结构形式	基础结构形式:独立桩承台基础;主体结构形式:钢筋混凝土框架结构;屋盖结构形式:现浇混凝土结构
2	结构安全等级	二级
3	钢筋类别	非预应力钢筋:Ⅰ、Ⅱ、Ⅲ
4	钢筋接头形式	机械连接或焊接

(4) 装修概况表

装修概况如表 3.21 所示。

表 3.21 装修概况表

序号	项目		内容
1	室内装修	楼地面	地砖面层、细石混凝土面层,公共部位为花岗岩面层
2		墙面	陶瓷砖、乳胶漆
3		天棚	混合砂浆面刷内墙乳胶漆
4	外墙装修		水泥砂浆刷外墙涂料,窗台下为蘑菇石 连廊西立面采用玻璃幕墙

2. 监理工作范围的界定

监理的范围为该工程施工（及保修）阶段的工程监理（土建、水电安装、钢结构、装饰、消防、暖通、设备、仪表、室外工程）。

根据以上范围，监理将实施该工程施工（及保修）阶段的质量、进度和投资控制；合同、信息管理；协调各方关系；监理工程资料编制等工作。

3. 监理工作内容

包括施工准备阶段监理工作的主要内容、施工过程监理工作的主要内容、质量保修期（缺陷责任期）监理工作的主要内容以及其他项目的监理工作内容等。以下给出本课题施工准备阶段监理工作的主要内容。

（1）组建项目监理部，向本项目业主报送委派的总监理工程师及监理机构成员名单。由项目总监理工程师做好项目监理人员分工，确定其岗位职责。

（2）通过现场调查及审阅设计文件，熟悉并掌握施工现场的自然条件（地形、地貌、地面附着物、地下管线等）。

（3）熟悉施工图纸，进行图纸会审，认真填写图纸会审记录，了解工程的特点以及业主对工程质量的要求。将发现的施工图纸中的问题汇总，并以书面的形式在设计交底时提交给设计单位。必要时，针对有些问题提出监理单位的建议。对于涉及工程设计中的技术问题，按照安全和优化的原则提出建议，并向业主提出书面报告。如果由于拟提出的建议会提高工程造价或延长工期，应事先取得业主的同意。

（4）熟悉合同文件，重点做好建设工程施工合同中有关内容与条款的分析与研究工作。

（5）工程开工前，针对本工程特点及内容，按期编制、修改完成工程项目监理规划及监理实施细则，经公司技术负责人——总工程师审批签字后，报送业主批准。在监理服务过程中全面落实执行，并视情况变化做必要的调整。对技术复杂的、专业性较强的专业工程项目，应编制有针对性的、操作性强的监理实施细则。

（6）工程开工前，确定适用于本工程的施工规范、规程及材料、设备验收标准，列出目录清单。

（7）参与设计交底，了解业主对本工程的各项要求以及设计人对本工程的要求，并认真做好记录。

（8）准备并参加业主主持召开的第一次工地会议，确定监理例会的频次、时间及参加人员，并认真做好会议记录，负责编印会议纪要，按时分发有关各方。

（9）以分项工程为单位进行施工监理工作交底，贯彻项目监理规划，并编印会议纪要，分发给有关各方。

（10）总监理工程师组织审查并核准承包人编制、报送的施工组织设计和总体施工进度计划及《施工进度计划报审表》，同意后报业主复审。对项目施工组织设计和技术方案按照保质量、保工期和降低成本的原则进行审查，提出审查意见并在1~2日内通知承包单位，同时向业主提出书面报告。如果由于拟提出的建议会提高工程造价或延长工期，应事先取得业主的同意。需要承包人进行修改时，由总监理工程师签发书面意见，退回给承包人修改后再报，并重新审核。

（11）核查承包人的工程项目管理人员的到位情况；审查承包人的常驻现场代表——项目经理以及其他派驻到现场的主要管理人员的资质；督促承包人建立健全质量、进度、投资、合同、资料及安全等保证体系，过程中核查承包人的各种保证体系的运转情况是否良好。在监理过程中，如果发现承包人的部分人员工作不力，及时建议承包人调换有关人员，并向业主代表汇报。

（12）核查承包人的施工作业人员、施工设备按其施工组织设计中的计划进场情况，以及主要材料供应的落实情况。

（13）审查承包人进场施工机械装备的规格、型号及需定期检定的设备的检定情况。

（14）核查施工现场水、电、通信等是否达到开工条件。

（15）项目监理部审核认为具备开工条件，并在事先取得业主同意后，由总监理工程师在承包人报送的《工程开工/复工报审表》上签署意见，发布开工令，并报业主。

4. 制定监理工作目标

包括质量控制目标、进度控制目标、投资控制目标、安全文明管理目标、信息管理及合同管理、组织协调等。

5. 监理工作依据

包括合同文件、适用法规、规范和规程，其他相关法律、法规及技术规范等，设计文件，本工程项目地质报告，施工图纸及说明等有关资料。

6. 项目监理机构的组织形式

按工程规模组织项目工程监理部，根据合同规定负责现场施工阶段和保修阶段的监理。包括人员结构特征分析、监理结构组织形式等。

7. 人员配备情况

对总监理工程师、总监代表、土建监理工程师、土建监理员、电气监理工程师、安全监理工程师等进行人员配置并对人员基本情况进行说明。

8. 制定项目监理机构的人员岗位职责

对配置人员的岗位职责进行详细说明。

9. 设计监理工作程序

包括单位工程质量控制程序，隐蔽工程、分部分项工程签认程序，原材料、构配件及设备签认程序，进度控制工作流程，投资控制流程、支付工程款流程，设计变更程序，单位工程安全监理控制程序等。

单位工程质量控制程序流程如图3.21所示。

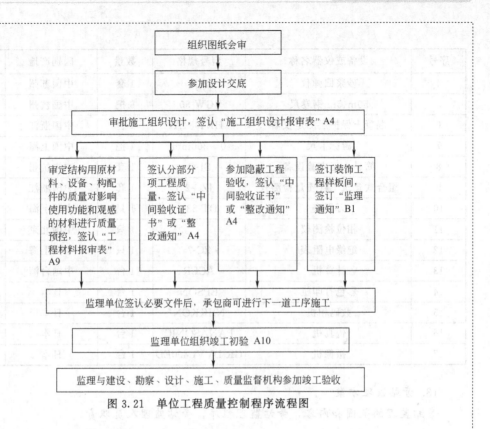

图 3.21 单位工程质量控制程序流程图

10. 监理工作方法及措施

施工准备阶段监理的方法和措施，包括质量控制，进度控制，投资控制，安全控制，信息管理，合同管理，竣工验收的监理工作方法和措施，保修期的监理工作方法和措施等。

11. 监理工作制度

包括设计文件、图纸审查制度，工程技术交底制度，施工组织技术审核制度，开工报告审批制度，工程材料、半成品、成品的质量检验制度，隐蔽工程分部（项）工程质量验收制度，工程阶段验收制度，设计变更处理制度，施工现场质量、安全事故处理制度，工程进度监督制度，工程投资监督制度，工程竣工（预）验收制度，现场协调会及会议纪要签发制度，工程索赔签审制度，监理部内部工作制度，监理组工作会议制度，对外行文审批制度，监理工作日志制度，监理月报制度，技术经济资料及档案管理制度等。

12. 监理设施

监理时使用的主要检测设备如表 3.22 所示。

表 3.22　主要检测设备表

序号	设备或仪器名称	型号规格	数量	国别产地	备注
1	水准仪	DS3	1 台	中国靖江	
2	电子经纬仪	DJD5-2	1 台	中国苏州	
3	混凝土回弹仪	ZC3-A	1 套	中国山东	

续表

序号	设备或仪器名称	型号规格	数量	国别产地	备注
4	砂浆回弹仪	ZC5	1套	中国苏州	
5	50m、5m 钢卷尺	JGW-50	6把	中国杭州	
6	混凝土保护层测定仪器	HBY-84A	1台	中国浙江	
7	游标卡尺	0～200mm	1把	中国上海	
8	简易土工实验设备	SJ-Q	1套	中国杭州	
9	组合式建筑工程质量检测仪	JZC-2	1套	中国浙江	
10	万用表	DT-830	1只	中国上海	
11	相位检测仪		1只	中国北京	
12	绝缘电阻表	ZC-7	1只	中国上海	
13	计算机	ACER	1台	中国台湾	
14	彩色打印机	EPSON	1台	日本	
15	数码相机	NIIKKON	1台	日本	
16	传真机	PANASONIC	1台	日本	
17	摄像机	GR DVVL800ED	1台	日本	

13. 旁站监理方案

旁站监理的范围和内容，旁站监理程序，旁站监理人员职责。

案例三　工程造价招标或投标文件编制

工程造价专业毕业设计是以《建筑制图》、《建筑法规》、《建筑工程经济》、《建筑工程施工》、《建筑工程概预算》等课程知识为基础，旨在充分融合学生所学专业知识，全面提升学生综合职业能力和职业素养。通过工程造价毕业设计，使学生了解国内外工程造价领域的发展趋势，使学生动手计算工程图纸工程量和上机计算操作的能力得到提升，使学生正确掌握运用定额基价和工程量清单计价的方法、技巧等，使学生掌握正确的经济思维和科学的报价方法，树立理论联系实际的工作作风和严肃认真对待经济工作的态度。

工程造价毕业设计课题包括四部分：

① 结合某工程进行招标文件编制；

② 结合某工程进行投标文件编制；

③ 结合某建设项目进行财务评价；

④ 结合某项目进行项目后评价。

参考资料有《建设工程工程量清单计价规范》（2003），《江苏省建筑与装饰工程计价表》（2004），相关定额、手册、法规、规范，沈杰等编著《建筑工程定额与预算》（东南大学出版社，1999），钱昆润等编《建筑工程施工组织与计划》（东南大学出版社，1998），丛培经主编《建筑工程技术与计量》(中国计划出版社,1997),刘钟莹主编《建筑工程工程量清单计价》(东南大学出版社,2004)等。

一、某工程投标文件编制选题

工程投标文件编制内容主要包括技术和商务两大部分。

技术部分主要包括:工程概况、编制依据、施工部署、施工方案及主要施工方法、工程投入的主要施工机械设备情况、主要施工机械进场计划、劳动力安排计划、确保工程质量的技术组织措施、确保安全生产的技术组织措施、确保文明施工的技术组织措施、确保工期的技术组织措施、季节性措施、新技术和新工艺的应用、施工总平面图、施工进度计划、有必要说明的其他内容等。

商务部分主要包括:投标报价说明、投标报价汇总表、分部分项工程量清单报价表(建筑工程可只列出土建部分)、措施项目清单报价表、其他项目清单报价表、零星工作项目报价表、分部分项工程量清单综合单价分析表、项目措施费分析表、主要材料价格表、投标报价需要的其他材料等。

二、某工程招标文件编制选题

工程招标文件编制内容主要包括投标书和标底两部分。

投标书主要包括:投标人须知前附表及投标须知、合同条款、合同格式、工程建设条件及技术规范、评标办法、投标函部分格式(可省略)、辅助资料表(可省略)、图纸(可省略)等。

标底主要包括:标底编制说明、标底汇总表、分部分项工程量清单综合单价分析表、项目措施费分析表、其他项目清单报价表、零星工作项目计价表、主要材料价格表、三材用量表、标底需要的其他材料等。

三、某建设项目财务评价

某建设项目财务评价内容主要包括:项目概况、基础数据(投资估算及资金筹措、产品成本与费用估算)、财务分析(财务盈利能力分析、清偿能力分析)、不确定性分析和评价结论。

四、某项目后评价

某项目后评价内容主要包括:企业概况、项目概况(项目形成及目标、项目前评价及主要技术经济指标)、项目设计与实施、运营的基本情况、财务与经济后评价(项目投资成本、项目生产情况、项目财务计算与分析、经济分析与计算)、影响评价因素(社会和技术影响、环境影响)、项目可持续性及可重复性分析、评价结论与建议。

五、工程招标文件案例——"春江蘭庭"土建、安装工程施工招标文件

(一)课题选题

"春江蘭庭"土建、安装工程施工招标文件

毕业设计选题工程规模为三、四类工程的住宅楼或综合楼,不宜选择工程规模太大、太复杂的工程,否则不利于设计成果质量的保证。

(二)课题内容

根据工程要求,对"春江蘭庭"土建、安装工程进行施工招标文件编制,编制内容主要包括了:

(1) 投标须知；

(2) 工程综合说明；

(3) 工程设计图纸和技术资料及技术说明书；

(4) 工程量清单及工程标底；

(5) 主要材料与设备的供应方式；

(6) 特殊工程的施工要求以及采用的技术规范；

(7) 投标文件的编制要求以及评标、定标原则；

(8) 投标、开标、评标等活动的日程安排；

(9)《建设工程施工合同条件》及调整内容；

(10) 必须交纳的投标保证金额度。

(三) 课题示例（部分）

招 标 须 知

招标人	江苏龙润置业有限公司		
代理机构	××××工业职业技术学院		
项目名称	春江蘭庭		
建设地点	瓜洲镇润扬森林公园内		
项目立项审批、核准或备案机关	扬州市发改委	批文编号	扬发改许发[2010]543号
批文名称	市发改委关于下达"春江蘭庭"生态居住区商品房开发建设项目核准决定书的通知		
招标范围	一标段:26#、29#、33#楼土建、安装工程 二标段:1#、2#、3#楼土建、安装工程		
工程规模	一标段:3189.29m² 二标段:3402.24m²	结构类型	框架
投资额	一标段:约1018.98万元 二标段:约1165.77万元	资金来源及落实情况	已落实
计划工期	计划工期:120日历天 计划开工日期:2011年8月,计划竣工日期:2011年12月		
质量要求	合格	创优	无
招标方式	邀请招标	承包方式	包工包料
投标保证金	50000元整		
投标人资质条件、能力和信誉	资质条件:房屋建筑工程施工总承包三级 财务要求:无 业绩要求:无 信誉要求:无 项目经理(建造师)资格:建筑工程二级 其他要求:同一项目经理只能中一个标段		
是否接受联合体投标	√不接受 □接受,应满足下列要求:		

续表

招标文件售价	300元/标段	图纸押金	0元 □退还不计息 □不退还
投标文件份数	投标文件要求正本一份,副本贰份		
现场查勘	投标人自行组织现场探勘		
澄清及答疑	投标人提出问题的截止时间:收到招标文件后7日内(书面形式) 招标人书面澄清的时间:收到问题后2日内(书面形式)		
投标预备会	√不召开 □召开,召开时间: 　　　　召开地点:		
投标有效期	投标截止日后45日内有效		
投标截止时间	2011年7月28日上午9时		
投标文件递交	地点 邗江区建设工程交易中心	地址	邗江区建设工程交易中心
开标会	时间 2011年7月28日9时	地点	邗江区建设工程交易中心
预算编制依据	预算编制采用清单计价方式		
投标报价方式	综合单价报价		
暂估价金额	无	甲供材金额	无
暂估及甲供 主要材料	无		
招标控制价	一标段:约1018.98万元 二标段:约1165.77万元		
标书装订 及密封要求	技术标、商务标分别密封		
评标办法	√经评审的最低投标价法 □综合评估法:技术标:　分,经济标　分,每高出1%扣　分 类似工程认定标准:		
是否授权评委 会确定中标人	□是 √否,推荐的中标候选人数:3名		
过高或过低的投 标单价标准	以偏离招标人预算价中单价的15%为标准		
分包	□不允许 √允许,分包内容要求:详见六、分包与转包 分包金额要求:/ 接受分包的第三人资质要求:/		

续表

合同签订	√履约保证金：合同总价的5%；同时提供5%支付担保。 √差额保证金：若中标价比有效投标报价平均值低5%以上，则中标人应当在合同签订之前按照中标价与有效投标报价平均值之差向招标人提交中标差额保证金（银行保函）。 其他：
合同结算方式	固定单价合同
工程款支付	开工时预付合同的10%，其余以监理工程师签证按进度付款，工程竣工验收合格付至合同价的80%；余款（扣除5%的保修金）在决算审计后一年内付清，保修金待保修期满后返还（不计息）。
其他	
联系方式	招标人或其代理机构：扬州工业职业技术学院 地址：扬州市华扬西路199号 电话： 联系人：××× 传真： 电子邮箱：××××

招标文件编制人（签名）： 　　　　　　　　单位（盖章）：

3.4 数控技术专业毕业设计指导

3.4.1 数控技术专业毕业设计选题

随着我国经济的快速发展，数控技术应用型人才短缺，急需大批具有高素质高技能的数控技术专门人才，而毕业设计是完成高职院校数控技术专业培养目标所必需的一个综合性实践教学环节。要求学生在设计过程中能够熟练运用本专业基础理论知识，正确地解决零件在加工过程中的定位、夹紧以及工艺路线的合理安排等问题；通过机床、夹具、刀具、量具等工装辅具的训练，掌握如何根据被加工零件的加工要求，设计出高效、省力、经济合理的满足加工要求的机床和夹具、刀具、量具等工装辅具；学会使用各种手册、图册等有关参考资料，了解与本专业有关的各种手册资料的特点、内容，并熟练运用；通过设计计算、工程制图、查阅应用有关设计资料标准和规范、编写技术文件等，训练和提高设计工作的基本技能；对所编制工艺与设计的夹具进行技术经济分析等，综合运用所学知识，理论联系实际进行设计，掌握技术工作的方法，提高综合分析和解决工程实际技术问题的能力，尤其是提高分析和结构设计能力，为职业岗位的工作做好准备。与科研结合的毕业设计有利于全面培养学生的创新精神和能力、工程素质、实际动手能力，使其成为适应知识经济时代要求的能力强、素质高、具有创新能力的高端技能型数控技术专门人才。

(1) 选题原则

高职院校数控技术专业毕业设计选题必须符合专业培养目标和教学要求，根据专业特点、学生知识能力及技术水平、现有条件等，使选题与生产、技术改造或科研任务相结合，选题难易适度，分量得当，使学生能综合运用所学知识，得到比较全面的锻炼。选题时主要考虑以下几个原则：

① 相关性原则。选题应与学生专业相关，与学生就业相关，应在机械工程专业范围内进行选题。

② 前沿性原则。选题要包含一定的本专业前沿知识，为学生就业后能迅速适应现代企业的技术与管理工作做准备，如现在企业常用的三维软件、机械化设计、机械可靠设计、机械运动仿真、机械 CAE 等。

③ 适中性原则。毕业设计的工作量要饱满，学生通过努力能够完成或者取得阶段性成果。

④ 实用性原则。数控类毕业设计选题要结合实际应用，以应用型为主，强调课题的实用性。

(2) 选题参考

高职院校数控技术专业学生的毕业设计选题方向、选题主要内容与未来工作中要胜任的职业岗位种类、职业岗位的能力点和知识点要求是密切相关的。通过分析数控技术专业的人才培养目标，调研分析面向的岗位（群），在选题过程中将职业岗位的需求贯穿其中，兼顾毕业设计选题原则进行选题。

① 数控技术专业方向

培养具备从事数控加工技术必需的理论知识和综合职业能力，掌握金属切削加工基本知识，能够编制数控加工程序，操作数控机床，使用常用 CAD/CAM 软件进行计算机辅助设计和制造的高素质的服务于生产、管理、销售一线的高端技能型专门人才。

② 数控技术专业面向的岗位（群）

核心岗位：数控工艺编程员、机械加工工艺员、数控机床操作工、产品设计员。

扩展岗位：普通机床操作工、数控机床维护保养工、生产管理员。

相关岗位：机床的安装、调试和检修工、机电设备的营销及技术服务人员、机械产品的质量检测人员。

如"机械加工工艺员"职业岗位，需具备的能力点及应掌握的知识点对毕业设计选题要求有：

a. 工艺流程编制能力——选题中工艺流程应覆盖目前机械加工主要环节；

b. 使用加工设备能力——选题中使用加工设备应为制造业主流设备；

c. 通用及专用夹具设计能力——选题中运用夹具并解决问题；

d. 数控加工中工艺软件应用能力——选题中有应用数控编程加工工艺过程。

如"产品设计员"职业岗位，需具备的能力点及应掌握的知识点对毕业设计选题要求有：

a. 机械制图能力——选题中装配图及零件图工作量饱满；

b. 机构选择分析能力——选题中应含有机构分析与设计；

c. 机械零部件设计能力——选题中必须要求对典型零部件进行结构设计；

d. 设计软件应用能力——选题要求使用目前通用的设计软件；

e. 资料搜集查阅能力——要求查阅大量技术资料和设计手册。

（3）选题的范围

数控技术专业的毕业论文选题主要可以分为三大类，即工程设计类课题、工程技术研究类课题以及软件工程类课题，其中以工程设计类课题为主。

工程设计是设计人员根据工程实际中的约束条件，为达到工程的预定功能，进行构思、设计、制作或表达。机械产品设计要求具有经济性、有效性、工艺性和外观质量等。工程设计类课题主要包括机械产品或机电产品设计、机械零件加工工艺及工装设计、液压或气动装置设计、机床或设备的电气控制等。

工程技术研究类课题包括应用研究与开发研究，以应用研究为主。应用研究着重研究如何将自然科学的理论与知识转化为新产品、新工艺，使自然科学理论与社会相衔接。开发研究是运用研究及经验性的知识，为开发新产品、新装置和新方法，或对现有产品、装置、方法进行重大改进而进行的一系列创造性活动。

软件工程类课题应结合上述两类课题或专业课程内容，使用各种编程软件进行软件开发和应用。主要包括机械 CAD、CAPP、数控程序或机电控制用软件等的开发和应用。

① 工程设计类课题

题目类型主要包括：机械设计类、工艺工装设计类、机电产品设计、液压系统及装置设计、电气控制系统设计等。

题目示例：无轨运行运输小车的设计、生产线转位装置设计、生产线步伐式输送装置设计、回转体零件加工工艺与夹具设计、箱体类零件加工工艺与专机设计、某一典型冲压模具数控加工工艺、组合机床回转工作台结构及控制系统设计等。

② 工程技术研究类课题

题目类型主要包括：应用研究类和开发研究类。

题目示例：回转体零件特征建模研究、箱体类零件特征建模研究、数控车床某一种故障分析与维修维护技术、数控铣床某一种故障分析与维修维护技术、加工中心某一种故障分析与维修维护技术、基于制造资源的 CAPP 专家系统研究、离心机优化设计方法的研究等。

③ 软件工程类课题

题目类型主要包括：使用各种高级语言进行某一项目的软件开发及程序编制，应选择小型课题或子课题。

题目示例：机械零件三维参数化设计与绘图软件编制、零件分类编码系统软件编制、基于 C 语言的数控插补软件编制、基于 Basic 语言的数控 G 代码仿真加工演示系统开发等。

3.4.2 数控技术专业毕业设计案例

一、典型零件的数控加工方案

零件数控加工方案设计时，基本内容主要包括以下几个方面。

（一）确定课题题目

依据选题原则，确定课题题目及主要内容。

(二) 制定加工工艺

根据零件加工要求，零件形状、尺寸、精度、材料等相关要求确定数控加工的总体方案，包括加工方案的比较和选择等。

(三) 设计加工工艺

根据总体加工工艺，针对具体加工对象进行如下设计：

(1) 对材料性能（物理性能和工艺性能）进行分析；

(2) 根据材料选择刀具，选择几何参数和切削用量；

(3) 降低薄壁结构零件在加工过程中的变形；

(4) 数控加工工艺和编程的特点及注意事项。

(四) 编制零件加工程序（自动编程）

(1) 零件三维造型（使用CAD/CAM软件）；

(2) 加工参数设定；

(3) 生成G代码。

(五) 程序模拟加工仿真

选择CAD/CAM软件，对程序进行加工仿真，检查刀具加工路线是否存在干涉，零件加工形状和精度是否符合零件加工要求等。

(六) 设计总结与报告整理

对毕业设计过程的资料进行整理，形成毕业设计报告书。

二、案例一　典型零件加工方案毕业设计实例——1Cr18Ni9Ti不锈钢航空薄壁基座的数控加工方案设计

(一) 确定课题题目

"1Cr18Ni9Ti不锈钢航空薄壁基座的数控加工方案设计"课题，是以数控技术专业人才培养目标为总方向，基于核心课程所学知识和技能及学生今后工作的主要面向，结合学生所学专业知识及主要内容，考虑学生具有操作数控机床加工和工艺制定的专业兴趣和特长，通过选题以典型零件的数控加工方案制定为总方向，同时基于毕业设计的实用性、创新性原则，选择不锈钢航空基座的数控加工方案为课题的主要内容。

由于课题具备了材料典型（1Cr18Ni9Ti不锈钢，为典型的难加工材料）、形状典型（为典型薄壁材料，最薄处壁厚只有1.3mm）、加工方法典型（采用三维造型和自动编程加工，即CAD/CAM）等核心特征及关键技术，通过毕业设计可以将学生所学核心课程的知识和技能充分综合运用。辅以资料检索和新知识的学习，学生在指导教师的指导下完成1Cr18Ni9Ti不锈钢航空薄壁基座的数控加工方案设计，不仅能将所学知识串联起来，又能提高独立思考、分析问题、资料收集等方面的综合技能和素质。

(二) 制定加工工艺

随着产品性能特别是可靠性要求的进一步提高，原来在航空、航天领域大量使用的薄壁高强度零件已经越来越广泛地出现在民用工业品领域，小的如笔记本电脑，大的如磁悬浮高速列车车厢（用整块铝锭内部掏空而成）。薄壁高强度零件符合"轻、薄、小"的发展趋势，最大限度地避免了铸造件、焊接件的气孔和裂纹等内在缺陷。但是薄壁零件刚度低、内应力大，材料利用率低（大部分材料变为废屑）的缺点也非常突出，导致

其加工工艺性很差，在切削力、切削热、切削振颤等因素影响下，极易发生加工变形，不易控制加工精度，加工效率也不高。加工变形和加工效率不高已成为薄壁高强度零件加工的瓶颈问题，必须认真分析薄壁高强度零件的材料、形状、结构和工艺特点，提出操作性较强的解决方案。同时还应注意在设备已经确定的情况下，数控加工工艺和工装是一个决定性因素，直接影响数控加工的质量和效率。这方面的问题要引起足够的重视，与先进国家相比，在产品研发方面我们已经初步接轨，计算机三维辅助设计和分析的使用已越来越普遍。但是工装设计方面缺乏先进的手段，主要还是凭经验，导致工装设计效率低下，一次性成功率不高。

本课题运用了 UG（大型 CAD/CAM/CAE 三维软件）进行三维造型、工艺、工装设计，实现了零件设计、工装设计和数控软件编程的无缝连接，在产品设计和加工一体化方面作了有益的尝试。

1. 零件材料奥氏体不锈钢 1Cr18Ni9Ti

（1）材料特点分析

零件的材料为奥氏体不锈钢 1Cr18Ni9Ti，切削时的带状切屑连绵不断，断屑困难，同时还极易产生加工硬化，硬化层给下一次切削带来很大的难度，使刀具急剧磨损，刀具耐用度大幅下降。

（2）设计要求

由于使用环境的高可靠性、高疲劳强度的要求，设计方提出不得采用精密铸造、焊接等热加工手段。

（3）确定工艺方案

为最大限度地避免气孔、铸造应力和焊接应力等加工缺陷，必须采用整块不锈钢作为毛坯精加工而成，材料内应力大，加工时内应力释放易产生变形。

设计中采取了"去应力时效—粗加工—去应力时效—半精加工—去应力时效—精加工"的工艺路线，使应力在精加工前得到有效的释放，加工变形降到最小。

2. 零件形状及结构

（1）零件整体形状及结构特点

航空薄壁基座零件的整体形状和结构较复杂，最薄处壁厚只有 1.3mm，属不锈钢薄壁类零件，刚性差，装夹困难，变形严重，加工效率低，废品率高。

（2）设计要求

航空薄壁基座零件的加工精度高，加工变形要求尽可能小，零件的超差报废率低。

（3）确定工艺方案

薄壁零件的加工，关键问题是要解决由于装夹力和切削力引起的加工变形。加工过程中将采用压板而不用台钳，以减少夹持变形；编程时注意刀具的运行轨迹，避开压板；在加工过程中改变传统的从头到尾使用一副工装的操作方法，将根据各自的特点分阶段采用不同的工装，合理的工装做到简洁可靠；装夹时装夹点尽可能多一些，装夹面积尽可能大一些，在保证安全可靠的情况下尽量减少装夹变形；最后加工阶段刚性更差，要注意变形情况，适当调整切削用量，尽量在余量多、刚性好的情况下完成主要部分的精加工。

航空薄壁弯形基座,其正反面都需要加工,通常情况下只能采用"掉面加工法",由于是多次装夹,形位公差难以保证,废次品率较高,课题设计过程中在工艺、工装上进行了改进,以期尽可能解决因多次装夹而造成的零件超差报废的问题。

3. 其他加工工艺方案

加工小孔时宜采用高钴高速钢,可提高加工效率,延长刀具寿命;加工时要保证充足的切削液,切忌时断时续,否则由于热胀冷缩的原因,极易造成硬质合金刀具崩刃,同时要特别注意刀具和钻头的磨损情况,及时更换以免造成事故。

针对零件自身的特点,课题采用专门设计的工艺路线和工装系统,有效解决了典型的加工问题。根据所给的 Auto CAD 二维图纸和零件的具体技术,运用 UG(大型 CAD/CAM/CAE 三维软件)进行三维造型、工艺、工装设计,选择刀具和合理的工艺参数,确定装夹方式和夹具,编制工艺路线。

(三) 设计加工工艺

根据总体加工工艺,针对具体加工对象进行如下设计:

1. 对材料性能(物理性能和工艺性能)进行分析

(1) 不锈钢的性能特征

通常,人们把含铬量大于 12% 或含镍量大于 8% 的合金钢叫不锈钢。这种钢在大气中或在腐蚀性介质中具有一定的耐蚀能力,并在较高温度(>450℃)时仍具有较高的强度。含铬量达 16%~18% 的钢称为耐酸钢或耐酸不锈钢,习惯上通称为不锈钢。钢中含铬量达 12% 以上时,在与氧化性介质接触中,由于电化学作用,表面很快形成一层富铬的钝化膜,保护金属内部不受腐蚀。

由于不锈钢所具有的上述特性,越来越广泛地应用于航空、航天、化工、石油、建筑和食品等工业部门及日常生活中。但不锈钢强度较高,导热性差,属典型难切削材料。

(2) 不锈钢的切削性能

不同类型不锈钢的切削性能有很大的差异。通常所说不锈钢的切削性能比其他钢差,是指奥氏体型不锈钢的切削性能差。这是由于奥氏体不锈钢的加工硬化严重,热导率低造成的。为此在切削过程中需使用水性切削冷却液,以减少切削热变形。特别是当焊接时的热处理不好时,无论怎样提高切削精度,其变形也是不可避免的。其他类型如马氏体型不锈钢、铁素体型不锈钢等不锈钢的切削性能只要不是淬火后进行切削,则与碳素钢没有太大的不同,但两者均是含碳量越高切削性能越差。沉淀硬化型不锈钢由于其不同的组织和处理方法而显示不同的切削性能,但一般来说其切削性能在退火状态下与同一系列及同一强度的马氏体型不锈钢和奥氏体型不锈钢相同。

相对而言不锈钢的切削加工性比中碳钢差得多。以普通 45 钢的切削加工性作为 100%,奥氏体不锈钢 1Cr18Ni9Ti 的相对切削加工性则为 40%;铁素体不锈钢 1Cr28 为 48%;马氏体不锈钢 2Cr13 为 55%。其中,以奥氏体和奥氏体+铁素体双相不锈钢的切削加工性最差。不锈钢在切削过程中有如下几方面特点:

加工硬化严重:在不锈钢中,以奥氏体和奥氏体+铁素体双相不锈钢的加工硬化现象最为突出。如奥氏体不锈钢硬化后的强度极限 σ_b 达 1470~1960MPa,而且随强度极

限 σ_b 的提高，屈服极限 σ_s 升高；退火状态的奥氏体不锈钢的屈服极限 σ_s 不超过强度极限 σ_b 的 30%～45%，而加工硬化后达 85%～95%。

切削力大：不锈钢在切削过程中塑性变形大，尤其是奥氏体不锈钢（其伸长率超过 45 钢的 1.5 倍以上），使切削力增加。同时，不锈钢的加工硬化严重，热强度高，进一步增大了切削抗力，切屑的卷曲折断也比较困难，因此加工不锈钢的切削力大。

切削温度高：切削时塑性变形及与刀具间的摩擦都很大，产生的切削热多；加之不锈钢的热导率约为 45 钢的 1/4～1/2，大量切削热都集中在切削区和"刀-屑"接触的界面上，加之由于切屑卷曲，所以散热条件差。

切屑不易折断、易黏结：不锈钢的塑性、韧性都很大，车加工时切屑连绵不断，不仅影响操作的顺利进行，切屑还会挤伤已加工表面。在高温、高压下，不锈钢与其他金属的亲和性强，易产生黏附现象，并形成积屑瘤，既加剧刀具磨损，又会出现撕扯现象而使已加工表面恶化。含碳量较低的马氏体不锈钢的这一特点更为明显。

刀具易磨损：切削不锈钢过程中的亲和作用，使"刀-屑"间产生黏结、扩散，从而使刀具产生黏结磨损、扩散磨损，致使刀具前刀面产生月牙洼，切削刃还会形成微小的剥落和缺口；加上不锈钢中的碳化物（如 TiC）微粒硬度很高，切削时直接与刀具接触、摩擦，擦伤刀具，还有加工硬化现象，均会使刀具磨损加剧。

线胀系数大：不锈钢的线胀系数约为碳素钢的 1.5 倍，在切削温度作用下，工件容易产生热变形，尺寸精度较难控制。

2. 根据材料选择刀具、几何参数和切削用量

（1）合理选择刀具材料是保证高效率切削加工不锈钢的重要条件

根据不锈钢的切削特点，要求刀具材料应具有耐热性好、耐磨性高、与不锈钢的亲和作用小等特点。目前常用的刀具材料有高速钢和硬质合金。

高速钢的选择：

普通高速钢加工不锈钢时刀具耐用度很低。采用新型高速钢刀具切削不锈钢可获得较好的效果，特别是钨-钼系和高钒高速钢非常适合加工不锈钢。

硬质合金的选择：

YG 类硬质合金的韧性较好，可采用较大的前角，刀刃也可以磨得锋利些，使切削轻快，且切屑与刀具不易产生黏结，较适于加工不锈钢。特别是在振动的粗车和断续切削时，YG 类合金的这一优点更为重要。另外，YG 类合金的导热性较好，其热导率比高速钢将近高两倍，比 YT 类合金高一倍。因此 YG 类合金在不锈钢切削中应用较多，特别是在粗车刀、切断刀、扩孔钻及铰刀等制造中应用更为广泛。

（2）切削不锈钢时刀具几何参数的选择

前角 γ_0：不锈钢的硬度、强度并不高，但其塑性、韧性都较好，热强度高，切削时切屑不易被切离。在保证刀具有足够强度的前提下，应选用较大的前角，这样不仅能够减小被切削金属的塑性变形，而且可以降低切削力和切削温度，同时使硬化层深度减小。

后角 α_0：加大后角能减小后刀面与加工表面的摩擦，但会使切削刃的强度和散热能力降低。后角的合理值取决于切削厚度，切削厚度小时，宜选较大后角。

不锈钢车刀或镗刀通常取 $\alpha_0=10°\sim20°$（精加工）或 $\alpha_0=6°\sim10°$（粗加工）；高速钢端铣刀取 $\alpha_0=10°\sim20°$，立铣刀取 $\alpha_0=15°\sim20°$；硬度合金端铣刀取 $\alpha_0=5°\sim10°$，立铣刀取 $\alpha_0=12°\sim16°$；铰刀和丝锥取 $\alpha_0=8°\sim12°$。

主偏角 κ_r、副偏角 κ_r' 和 r_ε：减小主偏角可增加刀刃工作长度，有利于散热，但在切削过程中使径向力加大，容易产生振动，常取 $\kappa_r=45°\sim75°$，若机床刚性不足，可适当加大。副偏角常取 $\kappa_r'=8°\sim15°$。为了加强刀尖，一般应磨出 $r_\varepsilon=0.5\sim1.0$mm 的刀尖圆弧。

刃倾角 λ_s：为了增加刀尖强度，刃倾角一般取 $\lambda_s=-8°\sim-3°$，断续切削时取较大值 $\lambda_s=-15°\sim-5°$。生产实践中，为了加大切屑变形，提高刀尖强度与散热能力，采用双刃倾角车刀，已取得了良好的断屑效果，也加宽了断屑范围。当双刃倾角车刀的 $\lambda_0=20°$、$\alpha_0=6°\sim8°$、$\kappa_r=90°$ 或 $75°$、倒棱前角 $\gamma_{01}=-10°$、$r_\varepsilon=0.15\sim0.2$mm 时，在 $v_c=80\sim100$m/min、$f=0.2\sim0.3$mm/r、$a_p=4\sim15$mm 的条件下切削，断屑效果良好，刀具耐用度高。

刀具断（卷）屑槽和刃口形式的选择：切削不锈钢时还应选择合适的刀具断（卷）屑槽，以便控制连绵不断的切屑，通常采用全圆弧形或直线圆弧形断（卷）屑槽。断（卷）屑槽的宽度 $B_n=3\sim5$mm，槽深 $h=0.5\sim1.3$mm，半径 $R_n=2\sim8$mm。一般情况下，粗车时 a_p、f 大，断（卷）屑槽宜宽而浅；精车时 a_p、f 小，断（卷）屑槽应窄而深些。

(3) 切削不锈钢时切削用量的选择

切削用量对加工不锈钢时的加工硬化、切削力、切削热等有很大影响，特别是对刀具耐用度的影响较大。切削用量选择的合理与否，将直接影响切削效果。

切削速度 v_c：加工不锈钢时切削速度稍微提高一点，切削温度就会高出许多，刀具磨损加剧，耐用度则大幅度下降。

为了保证合理的刀具耐用度，就要降低切削速度，一般按车削普通碳钢的 40%～60% 选取。镗孔和切断时，由于刀具刚性、散热条件、冷却润滑效果及排屑情况都比车外圆差，切削速度还要适当降低。

不同种类的不锈钢的切削加工性各不相同，切削速度也需相应调整。一般 1Cr18Ni9Ti 等奥氏体不锈钢的切削速度校正系数 K_v 为 1.0，硬度在 28HRC 以下的 2Cr13 等马氏体不锈钢的 K_v 为 1.3～1.5，硬度为 28～35HRC 的 2Cr13 等马氏体不锈钢的 K_v 为 0.9～1.1，硬度在 35HRC 以上的 2Cr13 等马氏体不锈钢的 K_v 为 0.7～0.8，耐浓硝酸不锈钢的 K_v 为 0.6～0.7。

切削深度 a_p：粗加工时余量较大，应选用较大的切深，可减少走刀次数，同时可避免刀尖与毛坯表皮接触，减轻刀具磨损。但加大切深应注意不要因切削力过大而引起振动，可选 $a_p=2\sim5$mm。精加工时可选较小的切削深度，还要避开硬化层，一般采用 $a_p=0.2\sim0.5$mm。

进给量 f：进给量的增大不仅受到机床动力的限制，而且切削残留高度和积屑瘤高度都随进给量的增加而加大，因此进给量不能过大。为提高加工表面质量，精加工时应采用较小的进给量。同时，应注意进给量 f 不得小于 0.1mm/r，避免微量进给，以免在加工硬化区进行切削，并且应注意切削刃不要在切削表面停留。

(4) 不锈钢加工注意事项

① 铣削加工不锈钢的特点

不锈钢的黏附性及熔着性强，切屑容易黏附在铣刀刀齿上，使切削条件恶化；逆铣时，刀齿先在已经硬化的表面上滑行，增加了加工硬化的趋势；铣削时冲击、振动较大，使铣刀刀齿易崩刃和磨损。

铣削不锈钢除端铣刀和部分立铣刀可用硬质合金作铣刀刀齿材料外，其余各类铣刀均采用高速钢，特别是钨-钼系和高钒高速钢具有良好的效果，其刀具耐用度可比W18Cr4V提高1～2倍。适宜制作不锈钢铣刀的硬质合金牌号有YG8、YW2、813、798、YS2T、YS30、YS25等。

铣削不锈钢时，切削刃既要锋利又要能承受冲击，容屑槽要大。可采用大螺旋角铣刀（圆柱铣刀、立铣刀），螺旋角β从20°增加到45°（γ_n=5°），刀具耐用度可提高2倍以上，因为此时铣刀的工作前角γ_{oe}由11°增加到27°以上，铣削轻快。但β值不宜再大，特别是立铣刀以$\beta \leqslant 35°$为宜，以免削弱刀齿强度。

采用波形刃立铣刀加工不锈钢管材或薄壁件，切削轻快，振动小，切屑易碎，工件不变形。用硬质合金立铣刀高速铣削、可转位端铣刀铣削不锈钢都能取得良好的效果。

铣削不锈钢时，应尽可能采用顺铣法加工。不对称顺铣法能保证切削刃平稳地从金属中切离，切屑黏结接触面积较小，在高速离心力的作用下易被甩掉，以免刀齿重新切入工件时，切屑冲击前刀面产生剥落和崩刃现象，提高刀具的耐用度。

② 不锈钢进行钻孔时应注意的问题

在不锈钢工件上钻孔常采用麻花钻，对淬硬不锈钢，可用硬质合金钻头，有条件时可用超硬高速钢或超细晶粒硬质合金钻头。钻孔时扭矩和轴向力大，切屑易黏结、不易折断且排屑困难，加工硬化加剧，钻头转角处易磨损，钻头刚性差易产生振动。因此要求钻头磨出分屑槽，修磨横刃以减小轴向力，修磨成双顶角以改善散热条件。

切削不锈钢时切削液和冷却方式的选择：由于不锈钢的切削加工性较差，对切削液的冷却、润滑、渗透及清洗性能有更高的要求，常用的切削液有以下几类：a. 硫化油；b. 机油、锭子油等矿物油；c. 植物油，如菜油、豆油等；d. 乳化液等。

在切削加工过程中应使切削液喷嘴对准切削区，最好采用高压冷却、喷雾冷却等强效冷却方式。采用喷雾冷却法效果最为显著，可提高铣刀耐用度一倍以上；如用一般10%乳化液冷却，应保证切削液流量达到充分冷却。硬质合金铣刀铣削不锈钢时，取v_c=70～150m/min，v_f=37.5～150mm/min，同时应根据合金牌号及工件材料的不同作适当调整。

3. 降低薄壁结构零件在加工过程中的变形

要充分利用零件整体刚性的刀具路径优化方案。实践证明，随着零件壁厚的降低，零件的刚性减低，加工变形增大，容易发生切削振颤，影响零件的加工质量和加工效率。在生产中应充分利用零件整体刚性的刀具路径优化方案，尽可能使零件的未加工部分作为正在铣削部分的支撑，使切削过程处在刚性较佳的状态。

对于侧壁的铣削加工，在切削用量允许范围内，采用大径向切深、小轴向切深分层铣削加工，充分利用零件整体刚性。为防止刀具对侧壁的干涉，可以选用或设计特殊形状铣刀，以降低刀具对工件的变形影响和干扰。对于较深的型腔和侧壁的高效铣削加工，合理的大长径比刀具可以有效地解决该类问题。在较高的机床主轴转速和功率状态下，通过调整刀具的悬伸长度来调整"机床-刀具-工件"工艺系统的自然频率，避开可能的切削振动，可用较大的轴向切深铣削深腔和侧壁，实践表明该方法有较大的金属去除率和较高的表面完整性。

(1) 带有辅助支撑的腹板加工

对于薄壁结构件的加工，关键问题就是要解决由于装夹力或切削力引起的加工变形。低熔点合金辅助切削方案可有效解决薄板的加工变形问题。利用熔点低于100℃的LMA"U-ALLOY70"作为待加工薄板的基座，或者将LMA浇注入薄壁结构型腔，也可以将LMA与真空吸管相配合组成真空夹具。通过浇注LMA，填补型腔空间，可大大提高工件的刚度，有效抑制了加工变形，在精铣时可实现加工壁厚达到0.05mm。U-ALLOY70具有凝固时的膨胀特性，可以起到一定的填充装卡作用，而且其熔点为70℃，可以在沸水中熔融回收再利用。该方法不仅可以加工高精度的薄板，也可以加工高精度的侧壁，如果没有低熔点合金材料，也可考虑在封闭的型腔内注入砂子，可以提高工件刚性，减少加工过程中的振动。

(2) 无辅助支撑的腹板加工

对于一个未附加辅助支撑或不能添加辅助支撑的薄壁零件腹板的加工，可以利用零件未加工部分作为支撑的刀具路径优化方案，可以有效地解决腹板的加工变形问题，如图3.22所示。

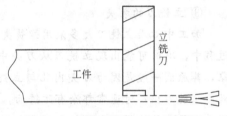

图3.22 薄壁（腹板）加工示意图

对一个带有腹板的矩形框体件加工中，铣刀从试件中间位置倾斜下刀或螺旋下刀，先在深度方向铣到最终尺寸，然后一次走刀由中间向四周螺旋扩展至侧壁。实践表明，该方法较为有效地降低了切削变形及其影响，降低了由于刚性降低而发生切削振动的可能，零件的质量和加工效率也有了显著提高。对于腹板的铣削加工，具体要求如下：

① 刀具轨迹避免重复，以免刀具碰伤暂时变形的切削面；

② 粗加工分层铣削，让应力均匀释放；

③ 采用往复斜下刀方式或螺旋下刀以减少垂直分力对腹板的压力；

④ 保证刀具处于良好的切削状态。当然，该方法仅在走刀路径方面进行优化，还需结合其他方法（如使用真空夹具等）进一步控制零件的加工变形。

通过对薄壁结构高效铣削加工技术的分析研究，可以从机床、夹具、刀具、工装以及切削参数与走刀路径等不同方面进行优化，能够显著提高薄壁结构加工的质量和效率，薄壁结构的应用会更加广泛。

4. 数控加工工艺编程的特点及注意事项

(1) 刀具选择、切削方式及切削用量在数控加工中的确定

① 选择数控刀具的原则：

刀具寿命与切削用量有密切关系。在制定切削用量时，应首先选择合理的刀具寿

命，而合理的刀具寿命则应根据优化的目标而定。一般分最高生产率刀具寿命和最低成本刀具寿命两种，前者根据单件工时最少的目标确定，后者根据工序成本最低的目标确定。

选择刀具寿命时可考虑如下几点：根据刀具复杂程度、制造和磨刀成本来选择。复杂和精度高的刀具寿命应选得比单刃刀具高些。对于机夹可转位刀具，由于换刀时间短，为了充分发挥其切削性能，提高生产效率，刀具寿命可选得低些，一般取 15～30min。

② 数控铣削用刀具的具体要求

在数控加工中，铣削平面零件内外轮廓及铣削平面常用平底立铣刀，该刀具有关参数的经验数据如下：一是铣刀半径 R_d 应小于零件内轮廓面的最小曲率半径 R_{min}，一般取 $R_d=(0.8～0.9)R_{min}$；二是零件的加工高度 $H<(1/6～1/4)R_d$，以保证刀具有足够的刚度；三是用平底立铣刀铣削内槽底部时，由于槽底两次走刀需要搭接，而刀具底刃起作用的半径 $R_e=R-r$，即直径为 $d=2R_e=2(R-r)$，编程时取刀具半径为 R_e 为 $0.95(R-r)$。对于一些立体型面和变斜角轮廓外形的加工，常用球形铣刀、环形铣刀、鼓形铣刀、锥形铣刀和盘铣刀。

③ 立铣刀的装夹

加工中心用立铣刀大多采用弹簧夹套装夹方式，使用时处于悬臂状态。在铣削加工过程中，有时可能出现立铣刀从刀夹中逐渐伸出，甚至完全掉落，致使工件报废的现象，其原因一般是因为刀夹内孔与立铣刀刀柄外径之间存在油膜，造成夹紧力不足所致。立铣刀出厂时通常都涂有防锈油，如果切削时使用非水溶性切削油，刀夹内孔也会附着一层雾状油膜，当刀柄和刀夹上都存在油膜时，刀夹很难牢固夹紧刀柄，在加工中立铣刀就容易松动掉落。所以在立铣刀装夹前，应先将立铣刀柄部和刀夹内孔用清洗液清洗干净，擦干后再进行装夹。

当立铣刀的直径较大时，即使刀柄和刀夹都很清洁，还是可能发生掉刀事故，这时应选用带削平缺口的刀柄和相应的侧面锁紧方式。

立铣刀夹紧后可能出现的另一问题是加工中立铣刀在刀夹端口处折断，其原因一般是因为刀夹使用时间过长，刀夹端口部已磨损成锥形所致，此时应更换新的刀夹。

立铣刀的振动：由于立铣刀与刀夹之间存在微小间隙，所以在加工过程中刀具有可能出现振动现象。振动会使立铣刀圆周刃的吃刀量不均匀，且切扩量比原定值增大，影响加工精度和刀具使用寿命。但当加工出的沟槽宽度偏小时，也可以有目的地使用刀具振动，通过增大切扩量来获得所需槽宽，但这种情况下应将立铣刀的最大振幅限制在 0.02mm 以下，否则无法进行稳定的切削。

在正常加工中立铣刀的振动越小越好。当出现刀具振动时，应考虑降低切削速度和进给速度，如两者都已降低40％后仍存在较大振动，则应考虑减小吃刀量。

如加工系统出现共振，其原因可能是切削速度过大、进给速度偏小、刀具系统刚性不足、工件装夹力不够以及工件形状或工件装夹方法等因素所致，此时应采取调整切削用量、增加刀具系统刚度、提高进给速度等措施。

立铣刀的端刃切削：在模具等工件型腔的数控铣削加工中，当被切削点为下凹部分或深腔时，需加长立铣刀的伸出量。如果使用长刃型立铣刀，由于刀具的挠度较大，易产生振动并导致刀具折损。因此在加工过程中，如果只需刀具端部附近的刀刃参加切削，则最好选用刀具总长度较长的短刃长柄型立铣刀。在卧式数控机床上使用大直径立铣刀加工工件时，由于刀具自重所产生的变形较大，更应十分注意端刃切削容易出现的问题。在必须使用长刃型立铣刀的情况下，则需大幅度降低切削速度和进给速度。

④ 切削方式的选择

采用顺铣有利于防止刀刃损坏，可提高刀具寿命。但有两点需要注意：如采用普通机床加工，应设法消除进给机构的间隙；当工件表面残留有铸、锻工艺形成的氧化膜或其他硬化层时，宜采用逆铣。

⑤ 数控加工过程中切削用量的确定

合理选择切削用量的原则是：粗加工时，一般以提高生产率为主，但也应考虑经济性和加工成本；半精加工和精加工时，应在保证加工质量的前提下，兼顾切削效率、经济性和加工成本。具体数值应根据机床说明书、切削用量手册，并结合经验而定。具体要考虑以下几个因素。

a. 切削深度 t。在机床、工件和刀具刚度允许的情况下，t 就等于加工余量，这是提高生产率的一个有效措施。为了保证零件的加工精度和表面粗糙度，一般应留一定的余量进行精加工。数控机床的精加工余量可略小于普通机床。

b. 切削宽度 L。一般 L 与刀具直径 d 成正比，与切削深度成反比。经济型数控机床的加工过程中，一般 L 的取值范围为：$L=(0.6\sim0.9)d$。

c. 切削速度 v。提高 v 也是提高生产率的一个措施，但 v 与刀具耐用度的关系比较密切。随着 v 的增大，刀具耐用度急剧下降，故 v 的选择主要取决于刀具耐用度。另外，切削速度与加工材料也有很大关系。在加工过程中，进给速度 v_f 也可通过机床控制面板上的修调开关进行人工调整，但是最大进给速度要受到设备刚度和进给系统性能等方面的限制。

切削速度的选择主要取决于被加工工件的材质；进给速度的选择主要取决于被加工工件的材质及立铣刀的直径。国外一些刀具生产厂家的刀具样本附有刀具切削参数选用表，可供参考。但切削参数的选用同时又受机床、刀具系统、被加工工件形状以及装夹方式等多方面因素的影响，应根据实际情况适当调整切削速度和进给速度。

当以刀具寿命为优先考虑因素时，可适当降低切削速度和进给速度；当切屑的离刃状况不好时，则可适当增大切削速度。

(2) 数控编程上的特点

随着数控机床在生产实际中的广泛应用，数控编程已经成为数控加工中的关键问题之一。在数控程序的编制过程中，要在人机交互状态下即时选择刀具和确定切削用量。因此，编程人员必须熟悉刀具的选择方法和切削用量的确定原则，从而保证零件的加工质量和加工效率，充分发挥数控机床的优点，提高企业的经济效益和生产水平。

① 设置对刀点和换刀点

在程序执行的一开始，必须确定刀具在工件坐标系下开始运动的位置，这一位置即为程序执行时刀具相对于工件运动的起点，所以称程序起始点或起刀点。此起始点一般通过对刀来确定，所以，该点又称对刀点。在编制程序时，要正确选择对刀点的位置。对刀点设置原则是：便于数值处理和简化程序编制；易于找正并在加工过程中便于检查；引起的加工误差小。对刀点可以设置在加工零件上，也可以设置在夹具上或机床上，为了提高零件的加工精度，对刀点应尽量设置在零件的设计基准或工艺基准上。实际操作机床时，可通过手动对刀操作把刀具的刀位点放到对刀点上，即"刀位点"与"对刀点"的重合。所谓"刀位点"是指刀具的定位基准点，车刀的刀位点为刀尖或刀尖圆弧中心，平底立铣刀是刀具轴线与刀具底面的交点，球头铣刀是球头的球心，钻头是钻尖等。

② 正确选择定位基准

在制订工艺规程时，定位基准选择的正确与否，对能否保证零件的尺寸精度和相互位置精度要求，以及对零件各表面间的加工顺序安排都有很大的影响，当用夹具安装工件时，定位基准的选择还会影响到夹具结构的复杂程度。因此，定位基准的选择是一个很重要的工艺问题。

选择定位基准时，要从保证工件加工精度要求出发。因此，定位基准的选择应先选择精基准，再选择粗基准。选择精基准时，主要应考虑保证加工精度和工件安装方便可靠。其选择原则如下。

基准重合原则：即选用设计基准作为定位基准，以避免定位基准与设计基准不重合而引起的基准不重合误差。

基准统一原则：应采用同一组基准定位加工零件上尽可能多的表面，这就是基准统一原则。这样做可以简化工艺规程的制订工作，减少夹具设计、制造工作量和成本。例如加工轴类零件时，采用两中心孔定位加工各外圆表面，箱体零件采用一面两孔定位均属于基准统一原则。

互为基准原则：当对工件上两个相互位置精度要求很高的表面进行加工时，需要用两个表面互相作为基准，反复进行加工，以保证位置精度要求。

便于装夹原则：所选精基准应保证工件安装可靠，夹具设计简单、操作方便。

③ 正确设计数控加工工艺路线

数控加工工艺路线设计与通用机床加工工艺路线设计的主要区别，在于它往往不是指从毛坯到成品的整个工艺过程，而仅是几道数控加工工序工艺过程的具体描述。因此在工艺路线设计中一定要注意到，由于数控加工工序一般都穿插于零件加工的整个工艺过程中，因而要与普通加工工艺衔接好。

（3）数控加工工艺路线设计中应注意的几个问题

① 加工工序的划分

根据数控加工的特点，数控加工工序的划分一般可按下列方法进行：

以一次安装、加工作为一道工序。这种方法适合于加工内容较少的工件，加工完后就能达到待检状态。

以同一把刀具加工的内容划分工序。

以加工部位划分工序。对于加工内容很多的工件，可按其结构特点将加工部位分成几个部分，如内腔、外形、曲面或平面，并将每一部分的加工作为一道工序。

以粗、精加工划分工序。对于经加工后易发生变形的工件，由于粗加工后可能发生的变形需要进行校形，故一般来说，凡要进行粗、精加工的都要将工序分开。

② 加工顺序的安排

顺序的安排应根据零件的结构和毛坯状况，以及定位安装与夹紧的需要来考虑。顺序安排一般应按以下原则进行：

上道工序的加工不能影响下道工序的定位与夹紧，中间穿插有通用机床加工工序的也应综合考虑；先进行外形加工，后进行内腔加工；以相同定位、夹紧方式或同一把刀具加工的工序，最好连续加工，以减少重复定位次数、换刀次数与挪动压板次数。

数控加工工序与普通工序的衔接：

数控加工工序前后一般都穿插有其他普通加工工序，如衔接得不好就容易产生矛盾。因此在熟悉整个加工工艺内容的同时，要清楚数控加工工序与普通加工工序各自的技术要求、加工目的、加工特点，如要不要留加工余量，留多少；定位面与孔的精度要求及形位公差；对校形工序的技术要求；对毛坯的热处理状态等，这样才能使各工序达到相互满足加工需要，且质量目标及技术要求明确，交接验收有依据。

加工工序和顺序的划分不是绝对的，必须根据工件的加工精度要求和工件的刚性来决定。一般说来，工件精度要求越高、刚性越差，划分阶段应越细；当工件批量小、精度要求不太高、工件刚性较好时也可以不分或少分工序；重型零件由于输送及装夹困难，一般在一次装夹下完成粗精加工，为了弥补不分阶段带来的弊端，常常在粗加工工步后松开工件，释放变形，然后以较小的夹紧力重新夹紧，再继续进行精加工工步。

（四）编制零件加工程序（自动编程）

1. 零件三维造型（使用 CAD/CAM 软件）

选择合适的软件进行三维造型，针对学生课程所学及零件特点选择高端的 CAD/CAE/CAM 集成软件——UG，既能完成复杂零件的建模要求，也便于后续的自动编程和代码生成。如果有现成的 CAD 图形文件，则可以在建模时直接导入已有的 AutoCAD 图形，减少重复劳动，提高工作效率。

2. 加工参数设定

根据建模完成的三维图形进行自动编程工作。首先进行基本加工环境设置，选择铣削加工；然后进行刀具设置，选择合适的刀具，包括直径、长度、圆角半径等形状参数设置；接着进行毛坯和工件形状指定（设置）；最后选择具体铣（钻）削进行方式，包括切削深度、进给速度、主轴转速等切削参数的设置。

3. 生成 G 代码

做好前述的设置后再进行模拟切削仿真，选择合适的仿真速度进行模拟，仔细观察模拟过程，查看系统有无报警、过切或欠切、撞刀等情况。模拟完成后检查零件形状和尺寸是否符合要求，如果没有问题则进行后置处理，包括 G 代码生成。在生成 G 代码时要选择合适的机床及数控系统，生成符合要求的程序。

（五）程序模拟加工仿真

使用相关的 CAD/CAM 软件进行加工仿真，检查刀具是否干涉，零件加工形状和精度是否符合要求。

可以采用斐克公司的 V—nuc 软件进行 G 代码仿真校验，进一步核实加工过程及代码的正确性。

三、案例二　典型零件加工方案毕业设计实例——相机云台的设计与数控加工

（一）确定课题题目

结合数控专业学生的就业实际确定了数控加工设计方向，并结合生活实际确定课题题目为"相机云台的设计与数控加工"。

相机云台是摄影爱好者所必备的一种工具，具有良好的观赏性和艺术性，满足在夜间需要长时间的曝光取景的情况，也可以拍摄一些特写等镜头，拍摄出来的相片效果更佳，质量更高。但市场上云台一般价格较贵，可以利用现有的实验实训条件和所学知识进行设计加工，该题目难易程度适中。

（二）制定设计方案

设计思路确定为，通过网络、广告、杂志、摄影器材市场等查阅云台资料，了解相机云台；根据金属切削手册、典型零件机械加工工艺、国家相关技术标准等进行相机云台的仿制设计，设计过程中考虑现有数控机床加工能力及条件；选定毛坯材料，初步设计快装板的底座螺纹孔，确定地板基本尺寸和侧板尺寸；确定快装板尺寸；确定球杆的球体直径及长度；确定球杆外部套筒大小尺寸；确定底座尺寸，其他附件确定。

（三）确定加工工艺

1. 工艺要求

在数控加工工艺设计时一般进行以下几个方面的工作：数控加工工艺内容的选择、数控加工工艺性分析、数控加工工艺线路的设计。

2. 工艺确定

设备选定，根据零件的外形和材料及现有条件选用合适的数控机床。

确定刀具，刀具的选择不仅影响机床的加工效率，而且直接影响加工质量，选择刀具通常要考虑机床的加工能力、工序内容、工件材料等因素。

切削用量的确定，根据基础性能、相关手册并结合实际经验用类比方法确定，同时，使主轴转速、切削深度及进给速度三者能相互适应，以形成最佳切削用量。

3. 确定加工工艺方法

数控加工工序设计是进一步把工序的加工内容、切削用量、工艺装备、定位夹紧方式及刀具运动轨迹确定下来。包括确定定位和夹紧方案、确定刀具与工件的相对位置、材料分析、热处理等。

4. 零件工艺

根据相机云台设计要求，零件工艺包括了球杆加工工艺、快装板的底板加工工艺、快装板加工工艺、底座加工工艺、套筒加工工艺、侧板加工工艺、半衬套加工工艺、其他附件加工工艺等内容。

（四）零件 3D 造型及仿真加工（底座部分）

在仿真加工界面上，通过完成工作设定，进行端面、粗车、精车、切槽、车螺纹、钻孔、粗镗内孔、精粗镗内孔、刀具参数设定、后处理、程序的优化处理、G 代码的修改等多个步骤，完成相机云台底座部分的 3D 造型仿真。

3.5 电子商务专业毕业设计指导

3.5.1 电子商务专业毕业论文选题

电子商务专业是一门新兴的、实践性强的应用型专业,专业知识具有明显的复合交叉性。该专业是培养具有高尚职业道德、熟练职业技能、具有较强的基础理论知识、较强实践能力、自学能力、协作能力和创新能力的,具备网站建设等商务电子化技术,适应电子商务活动的复合型人才。通过知识、能力、素质培养,学生在掌握专业基本理论和基本知识,受到系统的商务实践基本训练的基础上,具有从事本专业实际工作的综合职业能力和全面素质,适应制造业、零售业、金融保险业、旅游业、物流业等各类行业的电子商务网站系统的规划、设计、运行、维护等第一线工作岗位;具有从事网络调查研究与信息收集、整理、网站系统规划与设计、网络交易、网络推广、网络客户服务等一线技术工作,能够综合运用所学知识和技能,进行网络营销方案策划的高素质技能型专门人才。

电子商务专业毕业设计是培养学生综合运用本专业基础理论、知识和技能,分析解决实际问题能力的一个重要环节,是先修教学环节的继续深化和检验。通过毕业设计使学生在实际的电子商务项目运作中,充分利用所学的专业知识,理论联系实际,独立开展工作,从而使学生具备从事电子商务工作的实际能力。

(1) 选题原则

综合性原则——专业相关性。综合性是指从本专业的发展状况出发,充分反映现代管理理论、系统科学方法和信息技术的有机结合,体现本专业的基本内容和特色。

实践性原则——企业应用相关性。选题可以从电子商务项目运作和电子商务系统管理实践出发,题目要有较强的实践背景,尽可能结合企事业信息工作的实践、科学研究和教学、实验室建设的实际任务,尽可能与学生的拟就业岗位要求相结合,促进学生专业特长的发挥,做到真题真做,切勿空洞。基于实践性的选题,有利于理论与实践的结合,培养学生实践操作能力,增强学生理解并感受实践工作的责任,提高敬业精神,培养学生参与社会的意识和经济观念。

客观性原则——知识与能力相关性。课题的选题应根据学生主体的专业知识基础与技能水平的不同而不同,同时兼顾学生创造性的充分发挥,贯彻因材施教原则,使不同学习水平的学生都能在原有的基础上较高质量地完成课题并得到较大的训练和提高。

适中性原则——范围与难易相关性。课题应有一定的深度、广度和难度,工作量饱满,使学生在规定时间内,经过自身努力能够按时完成。

新颖性原则——创新与可行相关性。在充分考虑学生兴趣和指导教师既有知识结构并进行结合的基础上,选题要有一定的新颖性,又具有一定的可行性,能够引发学生对现实社会经济活动、技术活动的思考,又能够利用现有条件顺利实现预期成果,从而培养学生的创新性思维。

(2) 选题参考

毕业设计的选题,要与企事业用人单位的职业岗位需求密切联系,要学以致用,学有所用。因此在选题过程中,需通过市场调研,毕业生调查与企业用人信息反馈等工作,对电子商务专业学生的职业面向及专业岗位（群）进行分析，以确定最适合的选题。

① 电子商务专业职业面向

面向各类企事业单位从事网上商务信息收集与处理、商务运营、网站建设与日常维护管理等工作；面向各类企事业单位从事电子商务平台操作与客户咨询服务管理等工作。

② 电子商务专业岗位（群）

核心岗位：网络调研人员、网络推广人员、网络信息管理人员、网络交易运营人员、网站设计人员、网络客户服务人员、网站维护人员。

扩展岗位：网络策划管理、外贸电子商务等。

（3）选题范围

根据电子商务专业核心课程群，以网络应用为背景，本专业毕业设计选题主要划分为以下几类。

① 设计企业网站

本选题方向的课题主要根据某企业网站的设计要求，进行需求分析，收集整理资料，进行网站栏目和内容规划、网页设计、网站测试、网站维护等工作，最后进行网站设计说明书编制，设计成果为网站设计说明书和网页文件。

网站的设计说明书主要包括网站的建设目的、栏目设置、内容提要、页面数量及链接关系等，要求网站的内容和形式，能体现网站的建设目的与用途。

课题既可以企业网站的设计为主，完成的主要成果为网站设计规划方案，也可以企业网页的制作为主，完成的主要成果为可运行的网站作品。

选题举例：

汉中运达批发市场电子商务网站的规划与设计

某旅游在线报名系统网站的规划与设计

×××大学学生作品展示及评分系统网站设计

② 企业内部网组网方案设计

本选题方向的课题根据企业内部网组网要求，进行需求分析，绘制网络的逻辑结构图，准备网络材料并进行设备的行情调查与分析，完成组网方案的投资估算。课题设计成果为《×××单位内部网组网方案设计说明书》，包括网络的目的、功能、结构描述、投资预算、工期估计、附录（如设备、材料清单及来源）等。

选题举例：

×××企业网络组织的设计与规划

×××单位网络系统方案设计

③ 行业电子商务解决方案

本选题方向的课题是针对某一个具体行业发展的电子商务问题，设计解决方案与对策。可以包括电子商务在本行业的具体作用和实现形式，该行业发展电子商务的基础、优势、不足、机会以及企业或政府应该采取的对策等内容。

通过对行业内典型企业的调查研究和分析，并充分利用互联网进行资料搜集、整理、分析与总结，提交解决方案，如《×××行业发展电子商务的问题与对策研究》报告书。

选题举例：

电子商务网上支付问题及对策

网络银行发展中的问题及对策

虚拟商店中的交易问题研究与分析

④ 利用网络资源撰写研究报告

本选题方向的课题主要是针对实习单位生产与经营的产品，通过 Internet，收集相关资料和市场需求信息，结合企业营销实际情况进行分析研究，形成具有实际参考价值的研究报告，如《×××产品市场研究报告》，也可以网络资源为基础，对当前电子商务方向研究问题等进行调研，撰写研究报告，如《农业电子商务模式探讨——以×××地区为例》。

选题举例：

某农村电子商务市场潜力分析

⑤ 利用网络资源开设网上商店

本选题方向的课题主要是针对大型商务网站（CTOC）提供的平台，通过 Internet 申请并开设网上商店，能够成功进行网上购物交易。课题完成的主要成果包括在 Internet 拥有设计开发的网上店铺，开设店铺的市场调查资料、产品特征分析资料、营销策略分析资料和描述开设网上商店的流程等文件。

选题举例：

×××商品网上商店开发与设计

商务网站购物车设计与实现

基于×××模式的网上鲜花超市系统设计

3.5.2 电子商务专业毕业设计案例

企业网站设计实例——99 Bar 婚恋传播公司网站规划与运营

一、确定课题题目

根据选题原则并结合本专业职业岗位及其要求，确定了课题方向为企业网站设计，选题过程中以"久久吧婚恋传播有限公司"的网站设计为载体，由指导教师和学生共同拟定毕业设计（论文）课题题目为"99 Bar 婚恋传播公司网站规划与运营"。

二、确定网站规划与运营方案

以网站建设规划与运营为两条设计主线。在网站建设规划方面，包括了网站功能建设、网站域名设计、网站内容规划、网站盈利模式设计等方面；在网站运营方案上，包括了网站目标定位、4P 营销策略和 4C 营销策略等内容。

三、课题设计背景说明

通过引言从公司网站的品牌化效应到 99 Bar 婚恋传播公司现状进行了简要介绍，了解课题设计主要载体。通过行业背景从婚恋服务行业现状到婚恋服务公司电子商务发展现状进行了简要说明，引出婚恋服务公司网站建设的必要性。以 99Bar 公司为例，从 99 Bar 概况、服务项目、婚恋公司网站运营的需求与竞争几个方面对本课题设计的重要性进行了强调和说明。以下给出了"婚恋服务公司规划建设网站的必要性"内容。

1. 99 Bar 总体概况

公司全称：久久吧婚恋传播有限公司
店面名称：中文是"久久吧"；英文是"99 Bar"
网址：www.99 Bar.com
公司类型：中介服务性企业
经营范围：婚姻介绍、信息咨询、广告
公司宗旨：以为年轻的白领阶层和精英适婚人士提供优质专业的婚恋服务为己任
经营模式：线上、线下相结合

99 Bar婚恋网站是一家为客户提供婚恋服务的专业化电子商务网站公司，网站域名全称www.99 Bar.com，"久久吧"喻意：希望每对通过99 Bar婚恋网站相识、相知、相恋的朋友们爱情长长久久，同时也希望99 Bar和客户们的情谊长长久久。

99 Bar企业标志及企业标识如图3.23和图3.24所示。

图3.23 99 Bar企业标志

图3.24 99 Bar企业标识

2. 99 Bar企业提供的服务项目

（1）基本服务项目

为了与网站注册会员建立良好的信任基础和长久的合作关系，所有尊贵会员均可享受99 Bar网站提供的各项基本服务项目。具体包括如图3.25所示内容。

（2）自主服务项目

99 Bar网站根据不同客户的发展程度及需求，精心设计了一系列的特色服务供会员自主选择。99 Bar倡导：小屋联谊≫浪漫、温馨；爱的巴士≫温馨、扶持；野外露营≫动感、激情。

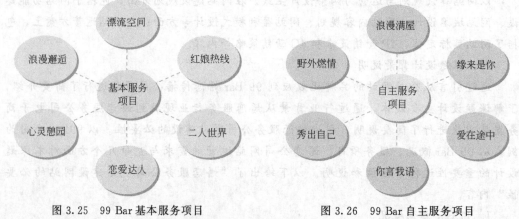

图3.25 99 Bar基本服务项目　　　　图3.26 99 Bar自主服务项目

自主式服务在会费以外另行收费，具体每项活动按照成本加成法定价，服务项目如图 3.26 所示内容。

（3）个性客服项目

鉴于高收入阶层客户的消费能力和愿望，以及追求个性标新立异的消费偏好，99 Bar 将根据会员本人的申请，提供帮助其获取爱情的一切尽可能的贴心服务。此类服务项目也属于另行收费，参考选项如图 3.27 所示内容。

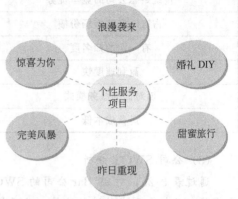

图 3.27　99 Bar 个性服务项目

3. 婚恋公司网站运营的需求与竞争

（1）巨大的潜在市场

从网上消费者的年龄构成来看，中国网络用户中 25～35 岁的适婚中青年接近一半；25 岁以下的青年约占 40%；36～50 岁的约占 10%；50 岁以上的不超过 2%。随着时间的推移，目前年轻一代的网络用户的年龄增长，25～35 岁之间的网络用户将会增加，而这一年龄段是支付能力和婚恋愿望较强的目标群体。

从网上消费者的受教育程度来看，文化程度影响消费者接受新事物的难易程度，我国网民的文化层次结构显示，中国网络用户中大专、本科学历者占 75% 左右（硕士和博士的比例低是因为这一群体无论是相对数量还是绝对数量都较低）。可见，文化程度越高，上网的比例就越大，因为文化程度高的人对新事物的认知度也高，他们也比较容易掌握、利用网络技术。这也同 99 Bar 的目标客户相契合，99 Bar 正是服务于由受教育程度较高者组成的都市年轻的白领阶层和其他社会阶层精英人士等客户群体。

人口环境决定了潜在市场的大小，由以上分析可以看出，婚恋服务行业涉足网络领域，存在着巨大的市场潜力。同时，《非诚勿扰》、《我们约会吧》等相亲真人秀节目的开播，也带动了各大婚恋网站的井喷式发展，为婚恋服务涉足网络领域提供了又一大契机。然而婚恋网站品牌化运营的缺失，又为 99 Bar 公司致力于网站的品牌化运营提供了巨大的发展空间和市场机会。

（2）竞争环境分析

对网络婚恋竞争者和典型传统婚恋竞争者的优势和劣势进行对比分析，见表 3.23 和表 3.24，从列表中可以看出，网络婚恋竞争的优势要比传统婚恋公司的竞争优势更加明显，而劣势较小。

表 3.23　网络婚恋的竞争优势与劣势分析

网络婚恋的竞争优势	网络婚恋的竞争劣势
网络平台沟通高效便捷	缺乏直接有效的沟通
运营成本低	会员资料的虚拟性强
庞大及时的信息资源	网络环境监管缺失
广阔的服务覆盖面	服务效率易受到网络本身技术因素限制

表 3.24 传统婚恋公司的竞争优势与劣势分析

传统婚恋公司的竞争优势	传统婚恋公司的竞争劣势
占有一定的市场份额	陈旧单一的婚介服务项目
有一定的知名度	信誉度低的服务形象
盈利速度快	从业人员职业化素养低下
面对面的服务模式	信息严重不对称
运营成本低	服务理念落后

(3) 公司 SWOT 分析

通过表 3.25，对 99 Bar 公司的 SWOT 进行分析，从内部环境到外部环境，从优势和劣势，从机会到威胁进行比较，为后续网站建设规划及营销方案制定提供重要参考。

表 3.25 公司 SWOT 分析

内部环境	
优势	劣势
专业、高素质的经营团队	客户资源少
线上线下相结合的经营模式	网站运营初期摸索
运营成本低，资本回报率高	对连锁经营风险估计不足
丰富多彩的服务项目	资金链管理经验不足
服务项目特色明显，客户认可度高	
外部环境	
机会	威胁
婚恋服务行业标准尚未形成	传统婚介机构的竞争
进入门槛较低	容易被其他企业跟进模仿
监管机制缺失	其他婚恋网站的竞争
相亲娱乐节目的宣传效应	

四、99 Bar 网站营销策略分析

1. 99 Bar 网站目标

99 Bar 以为广大客户追求真爱为目标，以专业的经营团队为基础，以超前的经营理念为指导，以提供贴心个性化的服务为内容，丰富的市场运作为手段，不断满足目标客户群的需求。

(1) 网站客户定位

99 Bar 婚恋网站的主要目标客户群为都市单身的白领阶层和其他社会阶层精英人士，以及一些不善表达情感又渴望爱情的适婚青年。

(2) 网站服务定位

"99 Bar"作为一个婚恋网站，应充分发挥其自身优势。将网站服务定位于：专业、贴心的 B2C 网站。总之 99 Bar 婚恋网站服务定位于更高端、更专业、更贴心的服务。

2. 99 Bar 4P 营销策略

4P 营销策略指企业的网络综合营销方案,是企业根据目标市场需要和市场定位,对企业内部可控的营销要素 4P(产品、价格、渠道、促销等)进行优化组合和综合运用,使之协调配合,为企业取得良好的经济效益和社会效益,在课题设计中,对 99 Bar 的 4P 营销策略设计如下内容。

(1) 产品策略

99 Bar 公司的产品类型主要分为核心产品、形式产品、外延产品,不同的产品类型提供的服务内容不同,如表 3.26 所示。

表 3.26 99 Bar 服务产品类型表

产品类型	服务内容
核心产品	为会员提供择偶机会 为有意向的双方提供促成良缘的服务项目 各式各样适合白领人群的交友联谊
形式产品	一致的服务质量和水平 同一品牌和商标 统一店面经营
外延产品	为会员提供择偶及婚恋心理指导 为会员提供形象设计 帮助每一位会员远离择偶与婚恋的误区

同时,99 Bar 公司根据不同消费者的需求,主要提供了基本客户服务内容、自助式客户服务内容、个性化客户服务内容等。

(2) 定价策略

一套有效的定价战略能够将价格与价值相互匹配,同时还能创造企业的最大利润。结合本网站现阶段网络营销的主要目的,网站的定价目标可以总结为:利用价格透明度高的产品定低价在消费者心目中树立优质低价的企业形象,利用价格透明度低的产品定高价获得销售利润。由于不同目标客户需求程度的不同,99 Bar 婚恋网站在实际定价时,根据影响网络营销价格因素的不同及 99 Bar 婚恋网站的具体情况,综合采用以下网络定价策略。

低价渗透定价策略。99 Bar 婚恋网站初期通过制定基本服务项目较低价格的方案,与竞争对手形成鲜明的价格优势,以此扩大网站的客户源,实现规模效益;再通过折扣优惠方式,对定价进行一部分的调整。

个性化定价策略。99 Bar 婚恋网站利用网络互动性的特征,根据对客户服务项目的不同需要,则采用个性化定价来确定具体的价格。网站的营销者可以根据消费者的不同收入、社会阶层等因素对同一服务项目的不同消费者收取不同价格,以获得最大利润。

自动调价、议价策略。

(3) 渠道策略

线上渠道。线上渠道即通过建立公司网站,采用网络渠道进行婚恋服务的提供。信息爆炸时代,互联网已经成为很多人信息的主要来源,很多人也已经习惯在互联网上购物。99 Bar 婚恋网站将所有的服务项目以照片、flash 的形式放在公司网站上，吸引顾客的眼球，让目标客户在任何场所可以看到非常齐全的服务活动。同时接受客户的注册、预约，为客户提供其满意的服务。而网络的信息反馈也是最快的，公司可以在网站上设立信息意见专栏，及时搜集消费者的意见，及时调整服务项目及服务标准。

线下渠道。线下渠道即采用传统的婚恋服务方式，客户到婚恋公司进行信息的登记，与婚恋公司的人员面谈接洽，提出自己的要求，留下自己的信息，等待婚恋公司的安排介绍，参加婚恋公司组织的一些活动。99Bar 婚恋公司的线下渠道主要针对不是网络用户的适婚人群，为他们提供所需的服务渠道。

（4）营销策略

根据传统营销策略的加入行业协会、同媒体合作、POP 广告形式，设计本课题网上营销策略为在搜索引擎上注册与排名、邮件营销、利用聊天工具和游戏室宣传，详细营销策略设计如表 3.27 所示。

表 3.27　99 Bar 婚恋传播公司营销策略

传统营销策略		网上营销策略	
加入行业协会	依托行业协会，能够及时了解行业最新资讯	在搜索引擎上注册与排名	通过购买百度与 Google 等搜索网站的网站推广服务
同媒体合作	与电视、电台、报纸等媒体合作，扩大了知名度，同时也带动了网站的注册率	邮件营销	通过电子邮件的方式向目标用户传递价值信息
POP 广告	利用户外广告牌、墙体广告等方式进行宣传	利用聊天工具和游戏室来宣传	在游戏和聊天网站建立链接广告，从而提升网站知名度

3. 99 Bar 4C 营销策略

4C 营销策略主要包括了消费者策略、成本策略、方便性策略、沟通策略。99 Bar 网上 4C 营销策略设计内容有：

消费者策略（Customer）。深入研究消费群体和顾客消费心理来调整 99 Bar 网站提供的服务项目，优化服务方式，提高消费群体对网站的认知度和信任度，不断加强对服务项目的开发，增加具有个性特色的服务项目，更加贴心更加人性化地进行服务。

成本策略（Cost）。坚持"天天折扣会员服务"的低价策略，同时为弥补低价策略带来的利润下降，可以采取如下措施：一是通过获得结婚用品厂商的广告支持来减少由于自身广告宣传带来的成本压力；二是通过营业外收入增加利润，如供应商的产品进店收取的进店费用、产品在网上销售收取空间费、网络广告费用、高级会员费等等。

方便性策略（Convenience）。通过网络购物的贴心服务、在线客服和网上支付实现消费客户的便捷，通过电话订购也可实现消费者的方便性，通过实体店铺的顾问式销售可以更深入地为消费者提供更便利服务。根据消费者的方便需要，及时调整活动方式和服务项目。

沟通策略（Communication）。采取电子刊物、短信、时尚刊物、网上活动、会员俱乐部、积分奖励策略来实现与会员的多种渠道沟通。建立婚恋社区，可以在此广交朋友，可以分享恋爱故事，可以展示成功相亲案例等等。旨在直接与客户沟通，充分地了解客户的需求，更好地开展服务工作，提升网站影响力。

五、99 Bar 网站规划与运营

1. 网站功能建设

作为一家以"婚恋介绍"为主营业务的网站,99 Bar 在网站建设方面采用外包和自建结合的方式。即一般的网页建设由公司网站人员自行完成,而技术性较强和一次性的网站建设则进行外包。

网站在宣传自身产品、服务、结构以及企业动态的同时,还具备了其他功能,如搭建交友平台,为适婚青年提供婚恋机会;提供专业贴心的服务项目,帮助客户求偶成功;扩大服务半径,提供网站增值服务;树立企业形象,打造企业文化;增进顾客沟通,加强客户服务能力等。

2. 网站域名设计

(1) 站点名称设计

给网站起一个好的名字,可以增强顾客对网站的第一印象,利于网站的宣传。

久久吧婚恋公司网站的起名为"99 Bar",综合考虑了"99"虽是阿拉伯数字,但读音和汉语"久久"相同,喻意长长久久;而"Bar",是指机构、组织,在此"Bar"指电子商务平台,即这个网站。

"99 Bar"喻意是:这是一个寻找爱情的浪漫场所,来这里不仅可以收获一份长长久久的爱情,而且还会得到一份永久的情谊。

"99 Bar"言简意赅,便于记忆和传播。

(2) 确定域名

域名即网址,是企业在因特网上的地址名称。域名一般与网站的名称、产品和服务内容相关。

本课题设计的网站域名为:www.99Bar.com,申请.com 的国际域名,是为了以后将婚恋服务发展到国际市场。

(3) 选择语言版本

99 Bar 网站目前主要面向整个国内市场,后续海外市场也会逐步涉足。因此,"99 Bar"婚恋网站有中文简体和英语两个版本,以满足企业网站经营规模向海外市场扩展需求。

(4) 确定关键字

网站关键字应该集中在公司品牌、服务项目等方面。例如:"久久吧"、"99 Bar"、红娘热线、婚恋服务等。这样不仅有利于搜索引擎的搜索,而且还有利于突出网站的服务特色。

3. 网站内容规划

(1) LoGo 设计

(2) 页面设计

课题设计的 99 Bar 网站的内容可以概括为系统首页、基本服务项目、自助服务项目、个性化服务项目、增值服务项目、择偶信息搜索、在线咨询、用户管理中心、最新

活动、公司介绍、成功案例、漂流瓶倾诉等；首页设计简洁明了，概括了"99 Bar 网站"的全貌，突出"婚恋"的主题，让访问者一目了然；主色设计为粉色、紫色，突出网站的主题是婚恋，比较温馨浪漫的基调。页面的字体等具有简洁明快的特点，使用户有继续浏览的欲望。

（3）栏目内容

前台页面设计。基于公司网站的性质与主题，将"99 Bar"的前台页面分为首页、基本服务项目、自助服务项目、个性化服务项目、增值服务项目、择偶信息搜索、在线咨询、用户管理中心、最新活动、公司介绍、成功案例、漂流瓶倾诉，网站拓扑结构如图 3.28 所示。网站首页主体包括了公司 FLASH 横标、首页、基本服务、自动服务等，包括用户登录与注册、最新策划活动与网站快速通道，包括择偶信息和成功案例等内容，网站首页设计图如图 3.29 所示。

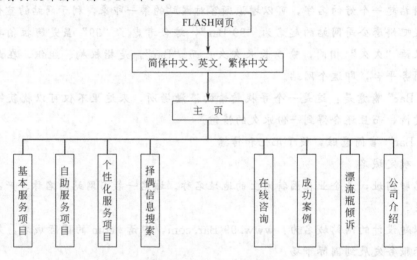

图 3.28　网站拓扑结构

公司 FLASH 横标								
首页	基本服务	自助服务	个性服务	择偶信息	在线咨询	成功案例	漂流诉说	公司介绍
用户登录用户注册				择偶信息				
最新策划活动				成功案例				
网站快速通道								

图 3.29　网站首页设计图

后台页面设计。网站后台页面设计管理包括产品管理、客户管理、供应商管理、访问分析、交易管理、招标管理和安全监控等内容，如图 3.30 所示。

4．99 Bar 盈利模式

99 Bar 网站的盈利模式有商业模式和盈利模式两种形式。

商业模式。"99 Bar"网站综合定义为四种角色，即一站、一线、一区、一部，一个颇具特色的 B2C 婚恋服务网站模式。

图 3.30 后台页面设计图

一站：即 "99 Bar" 网站，http：//www. 99 Bar.com，由久久吧婚恋传播公司致力建设的一个以婚恋服务为主，伴有其他增值服务的网站。

一线：通过链式服务实现客户从邂逅、交友、恋爱到结婚的全过程，一站式服务。

一区："漂流瓶诉说"栏目社区，构建一个以全国目标客户为主的社区，为注册登记会员提供发表感想、相互交流、诉说情感、分享故事的场所。

一部：就是 "99 Bar" 俱乐部，这里主要是会员的活动沙龙，俱乐部不断推出各项活动，促进心仪对象之间的感情，让客户在线上线下都感受到 "99 Bar" 网站带来的贴心服务，营造浪漫的气氛。

盈利模式。包括了信息获取费、广告服务费等。

99 Bar 网站可以让客户进行免费注册，发布个人信息及求偶信息。但是会员如果要获取异性的个人信息必须缴纳信息获取费。

广告服务费是随着 "99 Bar" 网站的推广，当网站的客户数量和网站品牌推广到一定程度的时候，网站将面临可以收取一定数量的广告费用的情况。因为 99 Bar 是婚恋服务为主的网站，所以可以链接一些相关性广告，如蜜月旅行团、婚礼策划等。具体的收费方式有：联盟商家提成费、链接服务、广告收费、加盟费等。

六、毕业设计总结报告

99 bar 婚恋传播公司网站课题的完成，既是企业发现自己的优势，不断完善、与时俱进并充分地合理规划运营从而改变落后运作方式的进步，又是学生对专业学习的知识融会贯通和能力的提升过程。

本课题是学生在参加完市场营销大赛实习后对网站规划与运营有了一定的了解和认知基础上，结合相关设计案例，综合运用所学专业知识而顺利完成的。在课题进展过程中，学生对企业网站规划与运营有了更深层次的认知，对电子商务的广泛应用，对如何更好地利用电子商务平台，完成从传统营销到网络营销的跨越有了更深的了解。

根据课题完成的过程、内容、结果等，利用查阅、提取的文献资料，依据学院毕业设计书写格式要求，完成书面材料的编辑。

文科类毕业论文指导

商务英语专业毕业论文指导

4.1.1 商务英语专业毕业论文选题

商务英语专业主要面向外贸行业、企业等涉外企事业单位，培养在生产、管理和服务第一线能从事外贸销售、外贸单证、外贸跟单、报关报检、外事服务等职业岗位群工作，培养具有扎实的英语基础与应用能力、熟练的商务知识与从业能力、良好的职业道德和职业生涯可持续发展的高端技能型专门人才。

毕业论文是商务英语专业教学计划的最后一个环节，也是对学生所学各门课程学习效果的检查，是一种培养学生自学能力、综合应用能力、独立工作能力的综合训练方式。进入毕业论文阶段，学生通过选题、开题、实施、中期检查、报告、评阅、答辩、完善等步骤，完成该环节的学习任务，从而提高学生的综合素质。

(1) 选题的意义

① 选题能够决定毕业论文的价值和效用

毕业论文的成果与价值，最终由论文的最后完成和客观效用来评定。选题对毕业论文有重要的作用，选题不仅仅是给论文定个题目和简单地规定个范围，选择毕业论文题目的过程，就是初步进行科学研究的过程。选择一个好的题目，需要经过作者多方思索、互相比较、反复推敲、精心策划的一番努力。题目一经选定，也就表明作者头脑里已经大致形成了论文的轮廓。正如我国著名哲学家张世英所说："能提出像样的问题，不是一件容易的事，却是一件很重要的事。说它不容易，是因为提问题本身就需要研究；一个不研究某一专业的人，不可能提出这个专业的问题。也正因为要经过一个研究过程才能提出一个像样的问题，所以我们也可以说会提出问题，才会解决问题，所写的论文内容才有价值。这就是选题的重要性之所在"。论文的选题有意义，写出来的论文才有价值，如果选定的题目毫无意义，即使花了很多的功夫，文章的结构和语言也不错，也不会有什么积极的效果和作用。

一个好的毕业论文题目，能够提前对文章作出基本的估计。这是因为，在确定题目之前，作者总是先大量地接触、收集、整理和研究资料，从对资料的分析、选择中确定自己的研究方向，直到定下题目。在这一研究过程中，客观事物或资料中所反映的对象与作者的思维运动不断发生冲撞，产生共鸣。正是在这种对立统一的矛盾运动中，使作者产生了认识上的思想火花和飞跃。这种飞跃必然包含着合理的成分，或者是自己的独到见解，或者是对已有结论的深化，或者是对不同观点的反驳，等等。总之，这种飞跃和思想火花对于将要着手写的毕业论文来讲，是重要的思想基础。

② 选题可以规划文章的方向、角度和规模，弥补知识储备的不足

我们在研究客观资料的过程中，随着资料的积累，思维的渐进深入，会有各种各样的想法纷至沓来，这期间所产生的思想火花和各种看法，对我们都是十分宝贵的。但它们尚处于分散的状态，还难以确定它们对论文主题是否有用和用处之大小。因此，对它们必须有一个选择、鉴别、集中的过程。从对个别事物的个别认识上升到对一般事物的共性认识，从对象的具体分析中寻找彼此间的差异和联系，从输入大脑的众多信息中提炼，形成属于自己的观点，并使其确定下来。正是通过从个别到一般，分析与综合，归纳与演绎相结合的逻辑思维过程，使写作方向在作者的头脑中产生并逐渐明晰起来，毕业论文的着眼点、论证的角度以及大体的规模也初步有了一个轮廓。

选题还有利于弥补知识储备不足的缺陷，有针对性地、高效率地获取知识，早出成果，快出成果。撰写毕业论文，是先打基础后搞科研，大学生在打基础阶段，学习知识需要广博一些，在搞研究阶段，钻研资料应当集中一些。而选题则是广博和集中的有机结合。在选题过程中，研究方向逐渐明确，研究目标越来越集中，最后要紧紧抓住论题开展研究工作。要做到这一点，必须具备较多的知识积累。对于初写论文的人来说，在知识不够齐备的情况下，对准研究目标，直接进入研究过程，就可以根据研究的需要来补充、收集有关的资料，有针对性地弥补知识储备的不足。这样一来，选题的过程，也成了学习新知识，拓宽知识面，加深对问题理解的好时机。

③ 合适的选题可以保证写作的顺利进行，提高研究能力

对于大学生来说，撰写毕业论文并不是一件轻松的事。如果毕业论文的题目过大或过难，就难以完成写作任务；反之，题目过于容易，又不能较好地锻炼科学研究的能力，达不到写作毕业论文的目的。因此，选择一个难易大小合适的题目，可以保证写作的顺利进行。

选题有利于提高研究能力。通过选题，能对所研究的问题由感性认识上升到理性认识，加以条理使其初步系统化；对这一问题的历史和现状研究，找出症结与关键，不仅可以对问题的认识比较清楚，而且对研究工作也更有信心。科学研究要以专业知识为基础，但专业知识的丰富并不一定表明研究能力很强。有的人书读得不少，可是忽视研究能力的培养，结果，仍然写不出一篇像样的论文来。可见，知识并不等于能力，研究能力不会自发产生，必须在使用知识的实践中，即科学研究的实践中，自觉地加以培养和锻炼才能获得和提高。选题是研究工作实践的第一步，选题需要积极思考，需要具备一定的研究能力，在开始选题到确定题目的过程中，从事学术研究的各种能力都可以得到初步的锻炼提高。选题前，需要对商务英语的专业知识下一番钻研的功夫，需要学会收集、整理、查阅资料等项研究工作的方法。选题中，要对已学的商务英语专业知识反复认真地思考，并从一个角度、一个侧面深化对问题的认识，从而使自己的归纳和演绎、分析和综合、判断和推理、联想和发挥等方面的思维能力和研究能力得到锻炼和提高。

毕业论文的选题是在教师的指导下进行的，有的学生自己不作独立思考，完全依赖教师给出题目；有的学生缺乏研究分析，不假思索，信手拈来，拿过题目就写。这些做法都是不正确的，因为它一方面不利于作者主观能动性的再调动，限制主观能动性的再发挥，不利于增长知识，提高能力。同时，撰写毕业论文不经过选题这一具有重要意义的研究过

程,文章的观点、论据、论证方法"胸中无数",材料的准备更显不足,这样勉强提笔来写,就会感到困难重重,有时甚至一筹莫展,可能推倒重来。

(2) 选题原则

选择课题是进行科学研究的起点,是写好毕业论文的重要环节。在一定意义上说,课题的选定,就决定了毕业论文研究工作的方向、范围、难度、成果的大小,学术价值的高低。对于高职学生来说,选择课题需把握以下几项基本原则,即内容的专业性原则、岗位的适用性原则、理论的创新性原则和写作的可行性原则。

① 内容专业性

毕业论文的选题应该尽可能限于本专业范围之内。商务英语专业的核心专业课程一般有《英语听说》、《外贸展会营销》、《外贸客户开发与维护》、《进出口业务结算》、《外贸单证操作》、《进出口业务谈判》、《商务函电写作》、《进出口业务操作》等,其他与专业相关和拓展课程有中英文语言表达、计算机应用、社会调查、商务跟单操作、职业道德等方面。这些课程中为我们提供了大量可以研究的课题,通过对专业课程中所涉及的问题的研究和阐述,可以直接反映出学生掌握知识的程度和分析问题、解决问题的能力;同时,在校期间的学习重点是专业课程,从知识体系到基本内容都比较熟悉,在这个范围里选题,可以充分利用所学知识和所了解的本专业理论的学术发展趋势,降低写作难度;选择与专业相关的课题,也有利于和指导教师的交流,得到更直接、更明确的指导。

② 岗位适用性

所谓岗位的适用性,即提倡所选论题是本专业所涉及职业岗位群的需要,能回答和解决本专业的职业岗位中的实际问题。

目前,我国多数高等职业教育中的商务英语专业,其人才培养的职业定位为外贸业务员、外贸跟单员和外贸单证员,即面向各沿海地区,服务中小型进出口企业,从事外贸展会营销、客户开发与维护、国际结算、外贸单证操作、商务谈判、商务函电写作、外贸跟单和进出口业务操作等工作任务。根据我国目前的外贸企业岗位设置的一般情况,商务英语专业的毕业生有以下一些不同类型的工作岗位:

a. 外贸业务员。外贸业务员是外贸企业中的业务人员。他们主要在进出口企业/公司从事进出口贸易的磋商谈判、签约等工作,有的还要牵涉到运输、保险、报关、报验等业务。外贸业务员的工作主要分为三个阶段:订单的促成和合同签署阶段;订单的跟进阶段;订单的后续处理阶段。在第一个阶段,外贸业务员要搜索联系客户,利用电话或者外贸函电和客户交流商谈相关事宜,接待来访客户,报价直至促成订单或签订合同。在第二个阶段,对订单项下商品的生产、质量、出运等环节实施监督和跟进,并与客户及时保持联系。在第三个阶段,征询客户的反馈信息,并处理客户的投诉和意见。

b. 外贸跟单员。外贸跟单员是指在进出口业务中,在贸易合同签订后,依据合同和相关单证对货物加工、装运、保险、报检、报关、结汇等部分或全部环节进行跟踪或操作,协助履行贸易合同的外贸业务人员。跟单员的工作内容主要有:外贸业务跟单,物料采购跟单,生产过程跟单,货物运输跟单及客户联络跟踪(客户接待)。

c. 外贸单证员。外贸单证员是指在对外贸易结算业务中,买卖双方凭借在进出口业务中应用的单据、证书来处理货物的交付、运输、保险、商检、结汇等工作的人员。其主要工作有收证、审证、制单、审单、交单和归档等一系列业务活动,它贯穿于进出口合同履行的全过程，具有工作量大、涉及面广、时间性强和要求高等特点。

外贸单证员需要熟悉进出口业务基本流程，了解相关知识，熟知有关的国际贸易惯例和法律法规要求，具备扎实的商务英语知识和较强的语言应用能力，掌握单证工作的各个环节、各项事务的处理步骤、方法及细节要求，并能根据有关信用证、合同、惯例和法律法规要求，运用办公自动化设备、软件和网络应用，制作符合要求的外贸单证。

d. 外贸经营基层管理人员。外贸经营基层管理人员在外贸企业中负责管理日常对外商务活动和相关人员；组织、策划常规的涉外商务活动；流畅地使用英语语言进行外事接待、洽谈；熟练国际贸易过程中银行结算、结汇业务，要求具有较强的组织、协调、领导能力和创新、团队精神；能熟练运用英语开展国际业务和良好的客户维护能力。

e. 涉外秘书。涉外秘书的工作对象是外资公司的高、中层管理者，除了为领导分担基础层次的事务工作，如英文稿写作、会议记录、接待采访、安排工作日程、收集—分析研究—存储—传递信息、保管和使用印信等，更重要的是做好领导的辅助决策、业务管理以及各部门间的协调工作。秘书的工作职责相当广泛，要协调上级与下级之间关系、办公室日常事务处理和信息处理等。

在上述外资企业从业人员的工作过程中，一定会遇到各种各样的实际问题，这些问题往往需要在专业理论的指导下，寻求最为合理的解释和最为适当的解决方法，这也就成为我们毕业论文最好的选题。与商务岗位工作本身相结合，可供我们选择的且有研究价值的选题很多，如商务英语词汇翻译的技巧、对外贸易交往中电话沟通的实践与反思、商务活动中电话沟通的技巧、外贸函电写作的实践与反思、外贸函电中的"礼貌原则"及其应用、商务谈判艺术性中的若干问题、浅谈现代商务谈判发展趋势中的若干问题、论国际商务谈判的环境影响因素、论商务谈判人员的素质问题等等。总之，有关外贸商务工作中，有大量的问题需要我们作进一步的探索与研究，我们应结合专业理论，在有限的课程实训和岗位实习时间中，注意观察和思考，发现有价值的选题。

③ 理论创新性

创新性是科学研究的灵魂，也是毕业论文价值之所在。没有创新的毕业论文，不能算是一篇优秀的毕业论文。创新性是选择课题的一个重要的原则。一般而言，判断毕业论文选题是否符合创新性原则，大致可以从以下几个层面予以考虑：

a. 所提出的问题在本专业领域有一定的理论意义与现实意义，并能够通过独立的研究提出自己一定的认识与看法。如《外贸企业跟单员兼任生产工艺员探析》一文，将企业外贸跟单员的职责及所需条件与企业生产工艺员的内容、工作范围、工作性质进行对比分析，对企业生产工艺员和企业外贸跟单员两者之间的共同之处、外贸跟单员兼任企业生产工艺员的优势所在，以及企业生产工艺员做好企业外贸跟单员的素质完善等方面作了较为充分的论述。这一命题完全符合专业性和适用性原则，其创新性十分明显。

b. 从专业和职业特征出发，在专业与专业交叉领域发掘课题，敏锐地发现还未被人们注意的冷门和死角。如《从社会心理学角度探索外贸跟单员职业能力》一文，从外贸跟单员工作的业务能力的综合性、复杂性不断强化出发，结合医学、心理学的相关理论，分析了外贸跟单员社会心理对业务能力的提升所起的作用，提出了良好的心理对外贸跟单员岗位的重要性，依据合同和相关单证对货物加工、装运、保险、报关、结汇等全部环节进行跟踪，掌握正确有效的接收、分析、处理外贸订单的方法，从而合理地调整和平衡职业心理。

c. 抓住热点政治问题作刨根究底的探讨，能够用现实的国际时事评论国际贸易中出现的问题，从而为现实问题的解决提供新的见解与思路。如对外贸易中的政治危机与政治成本，这是一个有争论的问题，有同学以伊拉克战争、利比亚危机中中国企业的项目受损，来谈论政治在商贸中作用、自由贸易与政治的关系，虽然该文的理论阐述缺乏深度，所列论据比较平泛，但其敢于创新、善于创新的勇气值得赞扬，也给他人对这一现实问题提供了思考的方向。

④ 写作的可行性

选择课题时，必须考虑课题预期完成的主、客观条件和自己实际已经具备及经过努力可以达到的能力。此外，选题必须要结合本专业的培养目标和专业的教学活动，充分利用学生在校学习的理论知识分析和解决问题的能力，所选课题与自己已有的知识积累、兴趣爱好、研究能力以及对该课题的理解与把握程度大体上相适应。

（3）选题方法

选题来自研究，选题的过程是一个相当复杂的过程，要想获得理想的论题，可以从以下几个方面进行。

① 从读书和讨论中选题

宋代著名学者朱熹曾指出："读书有疑，所有见，自不容不立论。其不立论者，只是读书不到疑处耳！"。在科学研究成果中，常常发现这类词语："在一定条件下"、"在相当程度上"、"在某种范围内"、"存在这样那样的联系"、"多种多样的形式"等等。那么，究竟在什么条件下？多大程度上？何种范围内？存在怎样的联系？有哪些不同形式？这些都可以构成进一步研究的子课题。对这些子课题锲而不舍地探讨，可能产生新的研究成果。在选题前，应先在自己熟悉或有兴趣的范围内广泛阅读有关文献信息，分析已有研究成果，开阔思路，扩大视野。张世英教授曾深有体会地说："选题过程中，要大量翻阅资料，东翻翻西翻翻，左想想右想想，题目中心也就酝酿得差不多了"。这是经验之谈，通过读书、了解信息、思考选题，是培养学生独立研究能力的良好途径。

② 突破专业"空白处"或"空缺处"及"交叉处"进行选题

毕业论文所选课题从专业本身的角度出发，寻找专业的"空白处"或"空缺处"及"交叉处"，这样的选题有一定难度，但这样的选题有利于挖掘学生的潜力，发扬创新精神，表达自己的新见解、新观点。

a. "空白处"。是本专业尚未涉猎的课题，如对外商务活动中遇见的各种新问题；新产品、新工艺的应用等。这类课题参考文献较少，甚至无所借鉴，研究空间广阔，创造性发挥余地较大，具有较高的研究价值。

学生可以在了解总体研究状况基础上，通过网络、电视、电影、书刊报纸等，运用联想、推理、演绎、判断等思维方式，达到对商务活动的了解和认识。当然，还可从现实生活中提出研究空白和忽略的薄弱环节加以研究，提出独到见解，使研究成果具有较强的应用性和实效性。如高职学生的毕业论文选题，大多是从公司对外贸易、管理和生产中提出来的问题，有些问题在书本上很难找到现成答案。有了新颖观点，论文就有了灵魂。

b. "空缺处"。是在本专业已有人研究但还有探讨余地的选题；或不同意既往观点，或对旧主题独辟蹊径，选择新角度阐述问题；或纠正研究方法的错误或缺陷的选题。可从下列几方面探讨：其成果有无不完备、不深入、不妥当之处？在对外商务活动中，哪些问题尚待解决？在已解决的问题中，哪些问题需要补充或修正？当前理论争议焦点是什么？争论焦点在哪里？代表性意见是什么？占上风的意见有何不足？相反意见有何可取之处？这类课题是对前人成果的发展性研究。例如《涉外商务活动组织与实施过程中应注意的若干问题》这种类型的论文很多，但新的研究可以把社会的热点（金融危机）、商务活动中新问题、不同国家的商务习惯等作为研究对象。在前人的基础上发展，就是对前人成果扬弃的成功范例。

c. 多专业"交叉处"。在知识经济和信息化社会，商务英语作为基础，和其他各专业呈现相互渗透、相互交叉、相互综合的趋势。在专业与专业交叉地带，不断涌现一些新的专业门类，如对外化工产品营销、对外物流、对外网络贸易等，必然带来新问题，要求学生探索专业交叉新领域选题，在专业综合和比较中发现新问题、产生新思想。

③ 综合比较与社会调查法选题

a. 综合法。大致分为"综述"和"述评"两类。"综述"要求归纳、总结学术界对某一问题的全部研究成果。所谓"全部"是相对而言的，可以是某一阶段的"全部"，也可以是某一次会议的"全部"。"述评"要求在此基础上加以评论。选择这类课题，首先要全面占有资料，实事求是地进行科学概括和分类。评价他人成果时，力求客观公正，不带感情色彩；发表自己意见时，要有独到见解，有理有据。

b. 比较法。首先要确认对象具有可比性，即属于同一种类或同一条件、同一关系。既有纵向比较，也有横向比较。纵比是历史比较，即比较同一事物在不同时间内的具体变化，例如儒家思想在不同历史时期的演变问题，横比是不同的具体事物在同一标准下的比较，确定其相同与相异之处，并探索原因何在。如研究美国和德国对高科技产品出口政策与限制比较，即是横向比较。

c. 社会调查法。高职毕业论文最终目的是为社会服务，选题的确定，应以社会需要为出发点，注重社会调查，从社会实践中搜集第一手资料，去粗取精，去伪存真，将感性认识上升为理性认识，最终确立选题。真正做到选题源于实践，服务于实践。

④ 材料提取、拟想验证和启发法选题

a. 材料提取法。阅读材料是多多益善，要勤于动脑、认真思考、归纳分类。要弄清哪些属于本专业目前亟待解决的问题，哪些属于本专业争论的焦点问题。经过反复琢磨和提炼升华，形成自己的选题。

b. 拟想验证法。是指先有拟想，而后通过阅读资料并验证来确定选题的方法。根据自己平素的观察和学习，初步确定选题范围，再阅读大量资料，了解经济界、学术界的探讨。如有一位学生以《我国外资企业资产并购分析与探讨》为题探讨我国外资企业在国内的资产收购与兼并，这个选题就是在搜集大量有关外资资产重组并购成败案例的资料基础上确定的。

c. 启发法。教师在讲授中，将课堂知识与课外阅读相结合，就某一问题论证的观点、依据、方法给学生以启发，开拓思路，使其找到合适的选题。如教师讲授市场营销理论时，学生深受启发，联想到某外资企业加强品牌管理的成功经验，由此确定《关于外资企业名牌战略再思考》的课题。

⑤ 移植与怀疑法选题

a. 移植法。指借鉴其他专业的方法研究本专业的问题，在正确理解其他专业基本原理和方法基础上，与本专业特点和规律有机地结合。随着现代科学发展，新兴专业和交叉专业不断涌现，打破传统的自然科学和社会科学的分界，专业之间相互渗透成为现代科学发展的重要特点，这是移植法的客观基础。他山之石，可以攻玉。将一门专业的方法和理论引入另一专业，往往会导致新的重大突破。学生要善于发现不同专业研究对象与思维方法之间的联系，从其他专业的研究中得到启发，找到发现问题的工具。如将英美文化领域研究的问题和成果，尝试用移植法引入英美经济领域、商务领域中等。

b. 怀疑法。学术无禁区，科学无止境。今日被认为的真理的某经济规律，明天也许就成为谬误，因此对任何理论观点和实践行为，学生都可以持怀疑态度，对已有结论、常规、习惯、行为方式等合理性作非绝对肯定，或作否定判断。怀疑必然会引起学生对事物的重新审视，从中发现新问题。怀疑的主要依据有二：一是大量的事实和经验；二是科学分析的逻辑结论。怀疑结果也有两种可能：一是部分或完全证实自己的怀疑；二是证伪了自己的怀疑。无论证实和证伪，都会使学生对这个问题的认识向前迈进一步。例如，对"英语水平在对外商务活动中起重要作用"这一观点，可以进行深入探讨。影响对外商务活动的因素多种多样，有环境、项目和人的主观能动性等，其中英语水平只是其中的一个重要因素。从理论上讲，英语只是一种沟通的桥梁，应该是双方的利益在商务活动中起主导作用，可事实上又并非完全如此，因为人与人之间的情感在商务活动中起着决定性的作用，而人与人之间的交流沟通又离不开英语。

⑥ 换位思考法选题

换位思考，旨在摆脱原有思维定势，从不同角度和层次认识研究对象，以形成关于对象的新认识。这就需要重新编排整理一组熟悉的资料，从不同角度看待它，并摆脱当时流行理论的影响。换位思考有同层换位、异层换位、时空换位三种。

a. 同层换位。是指从同一逻辑层面上，对研究对象进行不同角度和侧面的观察、分析和研究。如捷克教育家夸美纽斯研究教育理论问题，多从泛智论体系出发，建立自己的教学理论体系，首次把教育学研究从哲学认识论中分离出来。德国教育家赫尔巴特研究教育学，则从教师角度进行系统研究，构建以教师为中心的传统教育学理论体系。美国教育家杜威则从经验主义哲学背景出发，构建以儿童为中心的教育学体系。教育理论发展的这三个高峰，都是以换位思考为特征，在教育、教师、教学活动的三个要素层面上进行，属于同层换位。

b. 异层换位。当代教育理论发展不再单一地从教师、学生或教材层面展开，更多的是从师生关系（要素）之间的联系层面展开，从师生互动角度讨论教育、教学问题，即不同层次换位。

c. 时空换位。当我们讨论同一教育、教学问题时，从不同时间和空间角度研究。如办学地点选择问题，我们会问，为什么中国古代书院可以办在名山大川旁边而薪火不断，而当代中国大学却非得办在都市呢？为什么美国的许多著名大学可以办在偏僻的小镇上，而中国就不行呢？这就是时空换位思考。

（4）选题参考

以商务英语的应用工作岗位为背景，利用所学专业知识和操作技能，熟练运用英语和商务技能，完成国际贸易实务、国际商务管理及商务秘书等工作，根据商务英语专业核心课程群，毕业设计选题划分以下大类：

① 商务英语（English for Business Studies）

a. 经济（如国内外绿色国内生产总值评介、中国的经济发展对世界的影响、中国宏观经济调控的主要政策及理论依据）。

b. 管理（如中国管理科学的演化与变革、中国企业的国际标准化认证、知识管理、变革管理、应急管理、危机管理）。

c. 营销（如关系营销在中国的兴起与发展、对某公司客户关系管理的分析、第三方物流、营销组合从4Ps到4Cs的背景及意义、品牌创建及保护、广告与公关、广告与消费者心理、广告与经济的关系、广告与社会及文化的关系、广告对消费习惯的影响）。

d. 金融（货币供给、利率浮动、准备金要求对消费价格指数的影响，海外投资对中国证券市场的影响，对中国金融体制的分析，全球金融危机对中国银行业、实体经济、经济增长的影响）。

e. 外贸（如全球经济一体化对中国外贸的影响、世界贸易自由化对中国外贸的影响、对中国与其他国家贸易关系的分析、某国的关税及贸易壁垒对中国外贸的影响、金融危机对中国出口的影响）。

f. 商务（如创业精神的特征与培养、中国小企业的发展状况、中外小企业现状比较、自我创业探讨、某企业的经营模式）。

g. 信息技术与国际商务（如因特网或其他先进技术在商业中的发展与使用，世界主要自由贸易区的发展简况、运作模式、优缺点比较分析）。

h. 法律（如中西方商务领域法律的比较分析、自由贸易与贸易壁垒法律纠纷）。

② 语言学（Linguistics）

a. 有关语言特性的研究（如语言结构与功能的关系、结构主义语言学与行为主义心理学、形式语言学与唯理主义等）。

b. 有关语言结构的研究（如语音、词法、句法、语义学、语用学等方面的问题）。

c. 有关语言应用的研究（如心理语言学、社会语言学、认知语言学、词汇学、文体学方面的问题）。

d. 英汉两种语言的对比研究（如英汉道歉表达方式对比研究、英汉请求表达方式对比研究、英汉言语礼貌现象对比研究）。

e. 某一语言项目的研究（如英语语篇衔接手段、科技英语或商务英语研究等）。

③ 翻译理论与技巧（Translation：Theories & Techniques）

a. 对某作品两种翻译文本的对比研究（举例说明不同翻译方法的特点）。

b. 对某一翻译理论或流派的分析与讨论（需结合具体翻译实例）。

c. 对英汉两种语言中某种语言现象的翻译方法的对比分析。

d. 对某翻译作品翻译方法及技巧的分析、讨论与评价。

e. 具体语言项目的英汉互译研究（如表达身体动作的动词及其翻译）。

④ 英美文学（British & American Literature）

a. 对某英美文学作品（包括小说、诗歌、戏剧等）的分析。

b. 对某英美文学作品中主要人物、情节、主题的评论与分析。

c. 对英美文学某个流派的讨论与分析。

d. 对某英美作家及其作品的研究与评价。

e. 英美文学理论的研究。

⑤ 英美文化（British & American Culture）

a. 对英/美商务文化的研究和讨论。

b. 对英/美商务诚信的研究和讨论。

c. 英/美政府在商务活动中引导作用。

d. 英/美历史。

e. 英/美教育。

⑥ 语言与文化（Language & Culture）

a. 东西方文化在汉英两种语言中的反映。

b. 通过某种语言现象说明语言与文化的关系。

c. 不同文化对语言交际（language communication）的影响。

d. 不同文化对非言语交际（nonverbal communication）（如手势语、身势语等）的影响。

e. 影响跨文化语言交际的因素。

⑦ 其他自选课题

a. 企业企划书、案例分析、可行性报告和调研性报告等。

b. 浅谈出口结汇风险的防范。

c. 中外品牌形象与效益。

d. 网络对语言和行为的影响。

e. 浅谈×××（市/地区）出口产品结构的市场分布。

4.1.2 商务英语专业毕业论文案例

案例 ——浅谈如何运用阅读技巧提高英语阅读能力

一、确定课题题目

英语阅读是英语语言中最频繁的一种活动，大量的英语阅读能促进其他语言技能的提高，如要提高口语水平就必须有大量的输入才能说出地道的英语，英语听力、英语写作水平的提高也离不开大量的英语阅读，然而当前英语阅读中仍然存在着一些问题。事实上，在提高阅读速度和理解能力中，阅读技能的运用显示出举足轻重的作用。故此确定毕业论文课题的题目为：浅谈如何运用阅读技巧提高英语阅读能力，拟就如何掌握阅读技巧，提高阅读能力作一探讨。

二、布置篇章结构

文章主要由三个部分组成：分析阅读中存在的问题，诸如词汇量不足、基础语法知识不扎实、阅读技巧欠缺等等；阅读时我们要遵循的原则，即兴趣性原则、速度调节原则、总体设计原则；在遵循阅读原则的基础上，如何运用正确的阅读技巧提高阅读水平，增强阅读能力。本文从处理单词、句子、段落再到篇章入手浅谈了英语阅读过程中所采用的阅读技巧。

三、绪论

分析目前英语阅读中存在的主要问题，概述对问题的认识。

阅读理解即是读者通过识别书面文字，进行分析而得出结论的理解过程，也是思维与语言之间相互作用的积极过程。阅读是英语学习中的一个重要环节，也是参加英语考试者很难解决的问题之一。"在英语考试的试卷中英语阅读占有很大的比重，一般为35%"。对许多英语阅读者来说，阅读能力较薄弱，主要原因有：

1. 词汇量不足，阅读速度下降

学习者掌握的词汇量的多少一般与阅读速度成正比。词汇量大，阅读中遇到的生词少，阅读速度就快，否则就慢。有些学习者在阅读过程中喜欢边查单词边阅读，每个词汇都想弄清楚，其结果是影响阅读速度和效率。频繁的遇到生词会给阅读者造成心理挫折感，同时思维过程中断，影响思维的继续，所以词汇量不足是影响阅读的第一因素。

2. 基础语法知识不扎实，理解句子不正确

阅读者基础语法知识缺乏、基础不扎实。在阅读过程中，阅读者遇到长句、难句及句中伴有插入成分的句子时，则不会对其进行正确地识别和处理，因此造成理解上的失误，从而影响了阅读理解的正确性。

3. 阅读技巧欠缺，理解出现偏差

逐字逐句地阅读是不少英语阅读者的通病。有些阅读者往往会用手指着单词一字一字、一行一行地读，过分重视细节，忽略对文章的整体理解。这既减慢了阅读的速度，又不能准确地理解全文而只停留在某个单词、短语或句子上，所获得的信息支离破碎，有碍于阅读者对整个意群的理解，影响阅读的有效性，最终导致理解上的偏差。

四、本论

分析并解决问题。

问题分析：阅读理解是一种综合性的积极思维过程，在这一过程中，阅读者除了要具备一定的词汇量、掌握一定的语法知识外，更重要的是在阅读过程中逐步掌握阅读理解的方法，培养阅读理解的能力。

1. 阅读的目的

（1）提高学生对书面外语的阅读能力：即懂得按照不同的阅读目的，采用不同的阅读方法，进而提高阅读的速度。

（2）提高学生对书面外语的理解能力：即获取具体信息的能力，对阅读材料进行分析、推理与判断的能力以及对阅读内容进行评价的能力。

2. 英语阅读的特点

通常英语阅读有如下几个特点：

（1）文章内容丰富、题材广泛、体裁多样；

（2）阅读量大、篇幅较长、词汇量大；

（3）阅读时间短，且要求快速、准确、有效地获取信息。

（4）掌握正确的阅读技巧，养成良好的阅读习惯，提高英语阅读能力以有效地获取信息极为重要。

3. 英语阅读技巧

（1）采用正确的阅读速度和方法

① 阅读速度

要想加快阅读速度，首先要养成正确、良好的阅读习惯，扫除阅读过程中影响速度的各种障碍。这些障碍包括：

重复阅读。这是阅读者最易犯的毛病。复读的原因较多，或者因为对一个词、一个短语或一个句子没有理解，或是注意力不集中等。过多的重复阅读会减慢阅读速度。

边查边读。即平时那种遇生词必查词典的不良习惯。阅读时如果遇生词就查词典势必严重影响阅读的速度。

有声或无声朗读。这两种阅读习惯都会在很大程度上影响阅读速度。人们的视读速度肯定要比朗读快，往往眼睛看完了一行而嘴却没有读完。另外，朗读容易使人疲劳。

指读。有些阅读者阅读时喜欢用手指或笔指着读。这种习惯也同样影响阅读速度。要加快阅读速度，必须扩大视幅，也就是说一眼所看的词要尽量多，不要让视线逐词停留。读一句不长的句子，视线应该只是在一个主要词或关键词上停留一次，不要在每个词上平均使用注意力。因为句子中并不是每个词都同等重要，有的词只是一种结构信号词。而有的词则是句子意思最集中的地方，应该抓住重要的词而略过那些次要的词。同时，为了加快阅读速度，还应该扩大阅读单位，每一眼看的词应是有意义的和尽量长的词组，不是许多个别单词的堆砌，也就是说要以意群为单位进行阅读。

② 阅读方法

阅读方法包括略读（skimming）、查读（scanning）和研读（study reading）。阅读理解测验要求我们在较短的时间内快速阅读完并且理解文章，就需要我们掌握以上三种有效的阅读方法。

略读指的是快速浏览一篇文章，仅注意其主题思想或中心内容，而不必注意其细节。略读时首先要以较快的速度把文章第一、二段认真地速读一遍，力求弄清文章的思想及背景、作者的写作风格和基调等。一旦在开头的一两句或一两段里抓住了文章的主题，就要以最快的速度浏览文章其他段落的大意，着重读关键词的句子，略过那些不太重要的词句，以求掌握段落的大意。

查读就是带着目的去读。以最快的速度扫视所读材料，在找到所需信息时才仔细阅读该项内容。如查找一个人的姓名、地点、某一事件发生时间、某一观点等。进行查读时要注意：迅速阅读问题，确定所查寻的信息范围；注意所查信息特点；学会用扫视的方法寻找信息。眼睛要纵向移动而不要横向移动，运用扫视来扩大视觉范围，快而准确地捕捉到所要查找的信息。

研读就是仔细地阅读，对文章有透彻深刻的理解。根据文章后面的测试题，运用诸如根据上下文猜测词义、确定中心、进行判断和推论等的阅读技巧来细读、领会文章。当然，这些不同阅读方法和技巧并不是相互排斥的。尤其是在做阅读理解测试题时，应该先把文章尽快浏览一遍以便了解文章的题材、结构，分清主题和细节。然后阅读问题，利用查读方法先解答可在文章中直接找到答案的有关事实和细节问题及针对主题句的问题，然后再读文章，用研读的方法解答推论类和其他类的问题。

(2) 掌握所读材料的主旨和大意

任何一篇文章都有一个旨在说明的问题，这就是文章的主旨或中心。主旨提出后，作者会使用各种各样的论据，如列举事实、具体举例、说明理由等来支持文章的主旨。

这些论据可以分为不同的方面，每个方面又有一个主题，每个主题会得到不同程度的展开或阐述。抓住了文章的主旨和主题，并将文章或段落的其他句子在主旨和主题中考察，才能全面正确地理解文章的局部在上下文中的意义。如果只理解了单个句子的意思而抓不住文章的主旨和主题，那只是获取了一些杂乱无章的信息，就会造成"只见树木，不见森林"这样的阅读效果。因此，在阅读的过程中一定要一边阅读，一边把握文章的组织结构，抓住文章的段落主题和整篇文章的主旨。

一般说来，较长的文章都是由几个段落组成的。按照西方人的思维习惯，常常单刀直入，采用演绎（deduction）的方法，主旨句往往出现在文章的第一段（有时在最后一段或开头结尾同时出现），然后再从几个方面进行论证。而主题句往往出现在段首和（或）段尾，极少数情况下出现在段落中间；主旨句和主题句高度概括。相对于主旨句而言，其他段落起的是论据的作用。同样，相对于主题句而言，一个段落中的其他句子都起着支持、解释或说明主题句的作用，它们都是围绕主题句而展开的。

(3) 了解重要的事实和细节

抓住文章的主旨和主题是读懂文章和段落的关键。然而，主旨和主题不可能孤立存在，作者肯定会用各种不同的方法对其作进一步的阐述。因此，我们还需理解烘托或帮助发展主题的那些重要事实和细节。它们是对主题的说明，或是用来加强和支持主题的主要理由、证据等。有关重要事实和细节的专题也出现得很多，目的在于测验我们对组成文章主体部分的理解程度。这类阅读理解要求我们利用文章提供的具体信息回答问题。

一般来说，大部分细节题都能直接或间接地在文章中找到答案。我们注意的只是根据问题和文章的关键词或揭示词，迅速地找到包含所需信息的句子或短语。所以我们在回答有关事实和细节类的问题时最好采取查读的方法。同时还要注意，虽然大部分细节题都可直接在文中找到答案，但正确选择项不可能和文章中的原句完全一致，而是用不同词语表达出来的。

(4) 学会猜词，提高阅读的准确性

掌握词汇量的多少会直接影响阅读效果，而阅读量的大小也对掌握词汇起重要作用。大量的阅读是扩大词汇量的有效途径。在阅读过程中我们不可避免地会碰到一些生词而不能正确地理解文章的主要意思。有时我们通过查词典来解决问题，但这样往往会影响阅读速度。事实上，如果遇到的生词无关紧要，既不影响对整篇文章的理解也不影响答题，那就可以置之不理。如果某个生词直接影响到答题或对上下文的理解，我们就必须学会根据上下文来猜测它的意义或大概意义。这样，我们也就不会因为文章中有几个生词又不允许查词典而感到惊慌失措，就能大大提高阅读速度和理解能力。

(5) 进行合理的判断，领会作者的观点

① 合乎逻辑的推理

阅读理解中对一篇文章的正确理解首先取决于看懂文章的具体内容，但也并不是文章所涉及的每一方面都叙述得明确透彻、直截了当。由于篇幅或其他原因，作者常常对某些问题一带而过，有的只会给出一些暗示，有的叙述得非常含蓄。这就要求我们不仅懂原文，同时还要做到从文章的字里行间，体会阅读理解测试题中要求我们在理解原文直接陈述的观点或描写事实的基础上，领会作者的言外之意，进行合乎逻辑的推理，得出合理必然的结论。我们虽然不能直接在文章中找到答案，但往往可以从文章中寻找并且确定可供推论的依据，准确判明作者的观点并得出合乎逻辑的结论。

推理既然是从已知的部分推断出未知的部分，那我们就应当注意，一定要严格按照作者提供的信息进行推论，不能凭借自己的主观想法，推理的依据应该能在文章中找到。

② 把握作者的观点和态度

作者在文章中不仅客观地叙述或说明，他还往往持有某种态度或观点，如对某一观点或赞同或反对，或肯定或批评。作者的观点和态度除了直接表达外，还经常在文章中间接表达出来。有时通过全文的叙述，我们可从文章的主要内容去理解作者的观点；有时作者也会在文章中用特殊的词汇来表达自己的思想倾向和感情。

4. 其他处理技巧

从处理单词、句子、段落再到篇章具体论述英语阅读过程中所采用的阅读技巧。

(1) 处理单词的技巧

阅读的关键是要解决词汇量不足这个问题。大量的阅读需要大量的词汇，大量的词汇要靠日积月累，所以阅读者首先要学会记忆单词的方法。如运用所学的构词法的知识就可以不断扩大词汇量。下面介绍其中之一：词缀法。

"词缀法就是把构词词缀（前缀和后缀）附加在各种词类词根的前面或者后面而构成新词。"掌握一些出现频率较高的前缀、后缀能帮助学生扩大词汇量，达到举一反三的作用。

① 前缀法：mid-表示"中"，midnight（午夜），mid-autumn（中秋的）；re-表示"重复"，rewrite（重写），review（复习）。

② 后缀法：-ful, -less, -ly, -ness 分别是形容词、副词、名词的后缀，那么看到 use，就可以写出 useful, useless, usefully, uselessly, usefulness, uselessness。

(2) 处理句子的技巧

在阅读时，文章中的长句和结构比较复杂的句子很容易造成理解上的困难，文学作品中描述性的句子有时更是让人费解，但是学习者如果能够根据自己学过的语法知识来分析句子的结构，弄清句子各部分之间的关系，就会比较容易理解句子的意思了。

① 将句子分成意群

在碰到较长的句子而且有几层意思，语法结构比较复杂时，阅读者可以将句子分成意群。例如：She said she had heard the meeting with us planned for Friday would take place on Saturday. 当我们抽出了句子的主干后，就可以得知 She heard the meeting was on Saturday.

② 通过引导词分离句子

如果句子太长，可以试着找出一些支持主句的细节部分，读者可以通过 which, who 和 what 这些引导词将主句分离出来，这样全句的意思也就明白了。例如：These ideas, which left their mark on the development of European literature, warfare, sanitation, commerce, medicine and papacy, greatly changed western culture. 按照上述方法，我们很容易找出主句 These ideas greatly changed western culture.

③ 分清指代关系

"所谓指代关系是指作者为了行文简练，往往在文中使用一些替代词语来表示文中某处提到的人或物，以避免重复，在这类句子中，代词用得比较频繁，这种情况往往造成读者理解上的困难。"例如：Ida was determined to know about Fred's death. If a woman had made Fred unhappy, she'd tell her what she thought. If Fred had killed himself, she'd find it out. 这句话中人称代词出现的次数较多，可以看出第一个"she"指的是"Ida"，第二个"her"指的是"a woman"。弄清前面代词后，其他的问题就解决了。

(3) 处理段落的技巧

① 句段预测

在阅读过程中，阅读者要注意精读，从而预测句段的含义。"精读就是熟知短文中的每个单词，理解每句的语法结构，掌握短文的全部意思，为以后的大量阅读打下扎实的基础。"阅读理解能力达到一定的水准后就要训练阅读速度。阅读时，跳过不影响理解的生词等，注意问题的关键词句，了解全文的主要内容，找出与文章主旨有关的语句，加快阅读速度。对于以段或篇的文章，学习者需要掌握的就是领会文章的主旨，对于由几个段落组成的文章，学习者可以从段落中的转折词语来判断作者的意图。下面的这些词可以帮助学生进行预测。表示增加：also, then, furthermore；表示时间：now, immediately, previously；表示空间：near, in front of, behind, beside；说明原因和结果 because, since, consequently, as a result；表示目的：for this reason；表示强调：indeed, without any doubt；举例：for example, such as；总结：in summary, in a word；等等。

② 识别主题句

段落是关于同一主题的一组句子。主题句表示段落的主要思想，是文章中用来概括段落大意的句子。主题句往往是每个段落的第一个句子，有时也可能是最后一个句子，但也不能排除在段落当中的可能性。通过识别主题句，可以快速准确地抓住文章中的各个段落的主要意思。主题句是为了陈述段落主题、重点或作者自己的观点。以"Telephones"一文为例：第一段第一句，How a telephone works is a question which not everyone can answer. 第二段第一句，The earliest telephones were not popular. 第三段第一句，The first telephone directory was printed in a town in the USA in 1878. 第四段第一句，There have been great advances in telephone equipment in the last quarter of the 20th century. 通过以上四个主题句阅读者很快就可以了解文章的中心内容了。

(4) 处理篇章的技巧

① 篇章预测

篇章预测就是能正确估计所要阅读的文章的内容，阅读者可以根据文章的标题和副标题来进行推测。因为标题往往是对文章主要意思的概括。除了标题外，读者还须注意文章中的黑体字或斜体字，文章开头的第一段和最后一段，等等。如果读者有意识地以这种方式训练自己，就能取得事半功倍的效果。如：文章标题为 Children? You've Got To Be Kidding (要孩子？你一定是在开玩笑吧)，看到这样的标题一定会让阅读者猜到文章的中心内容一定是在讨论一种新型的生活方式——丁克 (DINKs) 家庭的生活方式。

② 浏览与查读

不同的阅读者有不同的阅读目的。浏览与查读就是比较好的方法之一。查读又称寻读或索读，是一种通过快速阅读查找事实或细节的方法。它也可以用来查阅某个单词、短语或句子在一定上下文中的意思。运用这一技巧时，要注意扫视那些与问题相关的重点词、数据等，尽量把查阅的范围缩到最小，从而提高阅读效果。如参加 CET-4 十五分钟的快速阅读考试时就可以运用查读法。有时阅读者要了解一本书的内容是否值得通读下去，或者从中查找一个资料，也可以采用浏览和查读法。如《希望英语》教材中"Happiness"一文，在文章第一段中看到了 Happiness 的定义，Happiness is the art of living, the aim and object of our existence. 下面的四段中分别看到了 Why do people lose…? How can people increase…? People can pursue happiness by… . 阅读者很快就明白了问题目标所在，并从原文中找到了信息，对相应问题做出了选择。

③ 文章的组织结构

阅读者阅读的文章多种多样，既有论说文、记叙文，也有科普说明等等。细心的读者不仅要弄清文章中作者想要说明的观点、陈述的问题，而且还要有意识地分析作者是如何将文章组织起来的。一般说来，作者是根据下面几种模式将一篇文章组织成文的：

时间顺序：这类文章经常出现在有关历史小说和通讯文章中，作者按照事件发生的顺序进行描述，但也有时是倒叙。

空间顺序：作者用来描写人物、地点和事物，这类文章往往从顶到底、从前面到后面对事物进行描述。

比较顺序：读这类文章只需将两者要比较的部分以及比较的结果弄清就可以了解全篇意思。

重要性顺序：用于描写，给人印象和劝说，作者往往从次要细节开始，直到最重要给人最深印象的细节。

因果关系顺序：这类文章中，作者主要阐述某事发生的原因，或某事产生的结果。

5. 结论

阅读是人们进行语言交际所必需的基本技能，阅读理解能力的培养应贯穿英语学习的始终。阅读作为一种语言活动，是通过书面语言来获取信息的过程，其本身是一种理解行为，更是一种领悟能力，是阅读技能、理解能力、提取信息能力的综合反映。英语阅读者除了要具备足够的词汇、语法知识和较宽的知识面外，还必须在实践中不断探索一些良好的阅读技巧。只有通过大量的实践练习和专门的训练才能提高英语阅读速度和理解能力，收到事半功倍的效果。

4.2 文秘专业毕业论文指导

4.2.1 文秘专业毕业论文的选题

文秘专业主要针对工商企业和社会团体以及一些涉外部门，培养具有较高的职业素质、人文素养、市场意识和创业精神，并能掌握办公室事务管理、常用事务文体写作、会务与商务事务办理等方面专业知识与技能的高端技能型专门人才。

　　学生在掌握专业基本理论和基本知识，并接受比较充分的专业及岗位实践训练的基础上，应具备较强的口头表达能力和人际沟通及上传下达的能力、具备较强的书面表达能力和文书写作技能、具备熟练运用现代办公自动化设施与软件的技能、具备应用计算机对文书和档案进行信息化处理的能力、进行网页设计制作与网络维护的能力、具备办公室综合管理能力、具备较强的信息整理、公务商务材料处理和档案管理技能、具备以会务为核心的活动组织技能、以商务为重心的社会公关技能、具备良好的英语口语表达能力、具备借助工具书处理一般涉外商务文书的技能等。

　　文秘专业毕业论文教学环节，是学生完成基础课程、专业课程、拓展课程之后，必须完成的最后一道综合性教学环节，是检验学生掌握基础理论专门知识和技能的程度、分析问题和解决问题的基本能力的综合考卷，是学生全部学习成果的检验与总结。进入毕业论文阶段，学生通过选题、开题、实施、中期检查、论文、评阅、答辩、完善等步骤，完成该环节的学习任务。

　　有关毕业论文教学环节的流程与组织管理，本书前两章已作较详尽阐述，这里不再赘述，仅就文秘专业毕业论文的选题作一些普遍性的描述，以供学习者参考。

　　(1) 选题的意义

　　毕业论文的选题就是指作者经过思考有待解决与问答的客观存在的问题，它与毕业论文本身的主题——中心论点有较明显的区别。选题处于基础与前提地位，起先导作用，而主题是选题的进一步展开及深化，是毕业论文的作者所要回答与解决的问题的基本观点与个人见解。选题合理与否直接关系到毕业论文的成败，因为只有选题科学合理，才能够形成有理论价值与实际意义的成果，否则任何完善的语言表达也毫无价值而言。

　　① 选题能够明确论文的方向与目标。毕业论文的撰写是一项目的性很强的活动，只有明确了论文的方向和目标，才能全力以赴，集中精力，提高效率。一旦论题确定，就完成了从分散到集中、从分析到综合的认识发展过程，就有了明确的写作意图，据此，可以确定论文论证的方向、角度和规模。

　　② 选题直接影响并制约着论文的效果与价值。选题是毕业论文写作的起点，对整个毕业论文的写作发挥着龙头性、支配性的作用。只有选准了题，随之而来的资料的搜集整理、观点的论证阐述、成果的文字处理，才是有价值、有意义的。如果选择了一个既无实际意义，又不能推动理论认识深化的课题，即使花费再多的精力，也是徒劳，毫无价值可言。因此，在选题过程中能否创造性地发现一个对现实生活有重要影响、具有一定科学价值的课题，是毕业论文能否达到科学性、创造性和现实性的先决条件。

　　③ 选题的适度与否决定着论文写作能否顺利进行。毕业论文的难易，在很大程度上取决于论文选题。如果毕业论文的选题过大、过难，往往会力不从心，难以在规定的时间内完成撰写任务；反之，如果选题过小、过易，也不利于自己的潜力、创造性思维能力的发挥，论文也会显得取材狭隘，缺乏应有的深度和分量。因此，选择一个难易、大小适度的论题，对于写好毕业论文是非常重要的。

　　总之，选题在毕业论文的写作过程中起着重要作用，它是一切科学研究中的一个具有决定意义的步骤，是衡量一个人创造才能的高低与科研素质的优劣的重要依据。所以，作为学生，一定要在认真研究与分析资料，并与指导教师深入探讨的基础上，依据自己的能力与条件，选择与确定毕业论文所要研究和解决的问题。

（2）选题原则

为了使选题的目的性更明确，选题活动更为自觉，以减少选题活动中的盲目性和随意性，必须确立在毕业论文选题活动中需要认真遵循的根本性的规则与方针。

① 内容专业性

毕业论文的选题应该尽可能限于本专业范围之内。文秘专业的核心专业课程一般有《秘书学》、《秘书实务》、《档案与文书管理》、《办公自动化》、《秘书写作》等，其他与专业相关的拓展课程有语言表达、社会调查、公共关系、会展策划、人力资源管理、职业心理学等。这些课程为我们提供了大量可以研究的课题，通过对专业课程中所涉及的问题的研究和阐述，可以直接反映出学生掌握知识的程度和分析问题、解决问题的能力；同时，我们在校期间的学习重点是专业课程，从知识体系到基本内容都比较熟悉，在这个范围里选题，可以充分利用所学知识和所了解的本专业理论的学术发展趋势，降低写作难度；选择与专业相关的课题，也有利于和指导教师的交流，得到更直接、更明确的指导；参与毕业论文答辩和评分的专家和老师，一般都由专业人员担当，以专业内容为选题的毕业论文，可以引起他们的共鸣，从而更能得到公正合理的评价。

当然，结合专业选题，并非说不能越专业雷池一步，忽视专业之间的渗透和联系，而是强调选择论题时，要充分考虑自己的专业特长，扬长避短，为整个毕业论文写作打下良好基础。而要真正做到专业性原则，必须充分了解与把握本专业的研究历史与现状，着力解决一些基本的理论难题，同时，还必须充分了解与把握本专业的理论前沿与学术动态，从学术研究的前沿地带选择课题。

② 岗位适用性

所谓岗位的适用性，即提倡所选论题本着专业所涉及职业岗位群的需要，能回答和解决本专业的职业岗位中的实际问题。

目前，我国多数高等职业教育中的文秘专业，其人才培养的职业定位为企业秘书，即在从事生产经营、流通或者服务等经济活动，实行自主经营、独立核算、自负盈亏，并具有法人资格的社会经济组织中担任秘书工作，或在日常经营活动中，直接协助企业领导综合处理各种事务的工作人员。根据我国目前的企业秘书岗位设置的一般情况，有以下一些不同类型的秘书人员。

a. 秘书。秘书的工作对象是企业的高、中层管理者，除了为领导分担基础层次的事务工作，如文稿写作、会议记录、接待采访、安排工作日程、收集—分析研究—存储—传递信息、保管和使用印信外，更重要的是做好领导的辅助决策、业务管理以及各部门间的协调工作。有时，企业秘书还要协助秘书部门其他人员的工作，或兼任其他办公室的行政工作。秘书的工作职责相当广泛，但最主要的，也是最根本的职责是为领导者服务。

b. 助理。各类助理的工作主要是帮助企业或企业的高层管理者处理一些行政事务，他们是名副其实的"与领导一同工作的人"，他们通常不执行具体的职能，只是服务于高层领导，接受领导指派的各项工作，并被赋予涉及此项工作的相应的职权，有时还可能充当领导的私人代理人。因此，助理所承担的工作职责要比其他秘书人员更重要，其地位也比一般秘书更高一些。助理经常要做的工作有，起草文件和常规性报告；为领导准备各种资料；负责企业的内外联络；为某项决策进行基础研究；为领导协调各种关系；做好领导分管的下级机构的管理和人员监督、培训工作等等。

c. 办公室管理人员。不同的企业中,办公室管理人员的职务称谓不尽相同,如办公室主任、行政经理、行政总监、行政主管、行政科长等,主要负责行政办公室或整个秘书部门的管理工作。在人员管理上,主要是根据工作内容安排工作岗位,并提出合适的任职条件;制定科学的工作流程并分配和协调、指导下属的工作;安排必要的培训,提高员工的工作能力;制定纪律和规章,规范员工的行为;对下属员工的工作表现进行评估和激励等。在工作管理上,透彻了解企业的目标,制定切实可行的办公室或秘书部门的工作目标;及时了解企业的动向及各时期的工作重点,调整本部门的工作重心;了解企业机构设置、职能分工及重要岗位安排,理顺工作关系;对高层领导的工作有全面的了解,以便提供全力支持;与管理机构及高层领导保持良好的沟通,及时了解企业内的各种事务需求并提供优质服务。

d. 文员。文员是秘书部门中没有管理职务或其他专门职务名称的一般员工,主要承担着秘书部门的具体事务性和操作性工作,最常见的工作主要有打字、速记、复印、接待、接听电话、文件存档、数据录入、各种办公设备操作、传递信息、装订文件等。同时他们可能还要根据需要承担起更多的临时性的事务工作。文员最明显的工作特性是,在接受工作指令后,按照规定的工作程序完成工作,因此,其工作要求主要集中在完成工作的技能方面,要具有较熟练的操作技能。

e. 专员。专员是那些具有专业特长而专职从事秘书部门某一方面工作的人员,需要某一专门领域的专业知识作为支撑,因此,这类人员往往要有相应的专业知识和工作能力,并在工作中表现出足够的专业性。如保证组织内外部的各个沟通渠道的畅通,具有良好的沟通技巧,并能够熟练使用各种有线、无线、可视通信设备的沟通专员;管理企业中大量增长的信息,促进各种信息在组织内外部的流动的信息专员;能够处理办公自动化系统软硬件一般故障,维护计算机网络和设计企业网页的计算机专员等。

在上述企业秘书人员的工作过程中,一定会遇到各种各样的实际问题,这些问题往往需要在专业理论的指导下,寻求最为合理的解释和最为适当的解决方法,这也就成为毕业论文最好的选题。有一名文秘专业的学生,在顶岗实习时,担任某企业办公设备管理员。工作中发现企业的办公设备很齐全,也很先进,但只是用于打印文稿、收发传真、复印资料等日常事务,并不能充分发挥其应有的作用。工作之余,又调查了数家同类企业,从中发现了带有普遍性的问题。于是,选择了企业办公现代化的现状与问题研究为毕业论文选题,以《浅谈妨碍中小企业实现办公自动化的因素》为题,从观念、认识、技术和资金等多方面分析了阻碍真正意义上的办公自动化实施的因素,并就如何在我国现代企业中推行办公自动化提出了一些实用性的建议。这类选题的岗位针对性和职业特征非常明确,很容易引起行业内专业人员的重视。

与秘书工作本身相结合,可供我们选择的且有研究价值的论题很多,如:企业秘书工作的基本规律问题、秘书工作的主动性和被动性及其关系问题、企业秘书如何参与企业管理问题、改进和优化公文处理程序问题、大中型会议组织的效果预测方法和检验评价问题等。总之,有关企业秘书岗位中,有大量的问题需要我们作进一步的探索与研究,我们应结合专业理论,在有限的课程实训和岗位实习时间中,注意观察和思考,发现有价值的选题。

③ 理论的创新性

创新是指创新主体在一定创新意识的支配下对现有的事物进行变革，以实现其由旧质态（局部或全部）、旧的发展阶段向新质态、新的发展阶段过渡、转变的实践进程。创新性是毕业论文选题应当遵循的一条根本原则。创新性原则要求作者的选题具有新颖性，学术水平能比现有水平有所提高，能够在一定程度上推动本专业和本行业领域研究的发展，在理论上提出新观点、新见解，在实践上则能够对职业岗位的工作活动提供有意义的指导。

一般而言，判断毕业论文选题是否符合创新性原则，大致可以从以下几个层面予以考虑：

a. 所提出的问题在本专业领域有一定的理论意义与现实意义，并能够通过独立的研究提出自己一定的认识与看法。如《大中型企业秘书兼任新闻发言人探析》一文，将企业新闻发言人的职责及所需条件与企业秘书工作的内容、工作范围、工作性质进行对比分析，对企业秘书和企业新闻发言人两者之间的共同之处、企业秘书兼任新闻发言人的优势所在，以及企业秘书做好企业新闻发言人的素质完善等方面作了较为充分的论述。这一命题可以说既符合专业性和适用性原则，又填补了企业秘书工作中的理论空白，其创新性十分明显。

b. 虽然别人已经研究过，但作者采用了新的视角，所提出的问题与得出的结论在一定程度上能给人以新的启迪与思考。如秘书的辅助决策作用、公关意识、协调艺术、会议组织管理等方面的选题，可谓文秘专业论文中的老生常谈，要写出新意，难度较大。但是，我们可以向深处发掘，向细处思考，开辟一片新的天地。如《论秘书与领导者的沟通艺术》一文，原本是一个老命题，但作者从不同类型的领导者的性格、作风、心理等方面的分析入手，揭示秘书与不同类型的领导者沟通的细节要素，令人耳目一新。

c. 从专业和职业特征出发，在边缘学科和学科交叉领域发掘课题，敏锐地发现还未被人们注意的冷门和死角。如《论秘书工作与信息焦虑症之关系及应对方略》一文，从秘书工作的辅助决策功能的不断强化，使得秘书成为"知识爆炸"、"信息繁荣"新时期的"信息焦虑症"的高危人群的现实出发，结合医学、心理学的相关理论，分析了"信息焦虑"对职业秘书带来的身心损害，提出了理性地对待"信息潮流"带来的巨大冲击，掌握正确和有效的接收、分析、综合、处理信息的方法，合理地调整和平衡职业心理等主张。这一选题以其新颖独特的创新性，被《秘书之友》收录，并获得教育部文秘专业"十一五"优秀科研成果二等奖。

d. 能够以自己系统而周密的分析，澄清对某些问题的混乱看法，尽管没有更新的见解，但却也能为别人进一步研究这些问题提供一些必要的条件与方法。上文中提到的《浅谈妨碍中小企业实现办公自动化的因素》一文即属此类。

e. 抓住争鸣的主要问题作刨根究底的探讨，能够用较新的理论与方法提出并在一定程度上有利于解决专业或职业发展中的现实问题，或者为现实问题的解决提供新的见解与思路。如秘书写作中，网络词语能否进入公文表达，是一个有争论的问题，有同学以人民日报将网络词语"给力"写入社论这一现象，提交了《公文的语言表达特征与网络语言的运用》的论文，虽然该文的理论阐述缺乏深度，所列论据比较平泛，但其敢于创新、善于创新的勇气值得赞扬，也给他人对这一现实问题提供了思考的方向。

当然，对于毕业论文的创新性，应作广义的理解，即在前人没有探索过的新领域、前人没有做过的创新题目上做出了成果；或是在专业交叉领域做出了成绩；或是在老命题的基础上选择新角度阐述问题；或者是在前人成果的基础上作进一步深入的研究，有了新的发现或新的看法，形成一家之言，总之，不能把创新性绝对化，否则，毕业论文的写作根本无法进行下去。

④ 写作的可行性

可行性原则是指在毕业论文选题时，必须充分考虑自身的研究条件与研究能力能否胜任自己所选论题的研究，仔细分析有无客观条件来完成该选题。在进行毕业论文选题时，必须充分考虑自己的主观条件，客观公正地评价与估计自己的研究能力，从而使自己所选课题与自己已有的知识积累、兴趣爱好、研究能力以及对该课题的理解与把握程度大体上相适应，切忌不顾自身条件去选择"偏门"或"难题"。如《公文的语言表达特征与网络语言的运用》一文的失败就是如此。

因此，在进行毕业论文选题时，需要分析主观条件和客观条件。

a. 主观条件

ⅰ. 知识条件，即专业知识、相关专业知识与一般写作知识；

ⅱ. 能力条件，收集资料的能力、分析概括的能力、文字表达的能力、修改定稿的能力等。

b. 客观条件

ⅰ. 资料条件，即能否比较方便地收集到完成毕业论文所必需的相关资料或者经过自己的努力能够占有必要的文献资料；

ⅱ. 时间条件，即在规定的时间内，选择大小与难易程度适中的课题，掌握好课题的分量，同时要合理安排时间，要舍得在思考上多花时间，只有充分地调动起自己的思维力量，才能使单纯的"写"变得容易、顺利和有意义。当然，也要留下足够的时间与指导教师交流以及文稿的修改、打印的时间。

（3）选题的方法

选题来自研究，选题的过程是一个相当复杂的过程，要想获得理想的论题，就必须讲究以下的方法。

① 平时积极思索，注意做有心人

思索能力就是独立思考并做出独立判断的能力，这是智力的核心。思索的目的在于探求独到的深刻的思想。有问题才会思索，不善思索，就不会找问题，想问题，久而久之，就会只有记忆，没有思维。所谓"观点"、"看法"，就是对于问题、矛盾经过思索后的一种判断，一种回答。问题装得多，思索、钻研得深，逐渐形成自己的独到见解，论文的论题自然就产生了。有一同学学习时，发现不同的专业课程的教材对秘书的职业定义不同，因而产生疑问：职业秘书应该如何定义？规范秘书定义有无必要？会对秘书素质和工作要求产生什么影响？于是查阅了教育部、人力资源和社会保障部以及学术界的大量文件资料，对比了中外古今对秘书职业的文献描述，最终产生了《论我国现代职业秘书定义》的论题。

② 关注专业和行业发展动向，从现实中找问题

社会是不断发展进步的，任何一个专业、行业或职业都必然为适应社会的发展进步需

要而产生变化。这种适应性的变化过程中，也必然会出现各种各样的需要我们进行研究并作出理论解释或提出实用性解决办法的新问题。这些新问题就是我们毕业论文最好的选题。如《网络化、数字化时代的企业秘书工作》、《秘书工作中的档案管理对人文 GDP 的作用》、《秘书工作职能在信息化社会的转变》、《公务秘书私人化倾向》等，都是需要我们在实践中摸索解决的问题。

③ 先确定研究范围，再通过查阅文献资料确定选题

选题工作也可以分两步走。第一步是根据自己的专业特长和兴趣，确定毕业论文的研究方向和范围，第二步是按照研究方向和范围去查找和阅读文献资料，最终确定选题。

查阅文献资料可以了解本专业和本专题的研究历史与现状，明确现阶段的研究达到什么程度，以及哪些问题尚未得到解决。在查阅文献资料中，对有用的文献资料，即与自己的专题研究有关的资料，要及时做资料卡，或写读书笔记、编制资料索引等。只有占有了相当数量的文献资料，才能发现前人没有解决或不曾提出的问题。在研读文献资料中，应当充分运用自己的思考力，对资料进行分析综合，这样才能探索出新的论题。

查阅文献资料时，可以通过图书馆或网络提供的索引工具，以"秘书工作"等相关的关键词查找有关的书籍、期刊，从中获取所需的资料。

④ 其他辅助方法

除了上述三种选题方法外，还可以通过向专家请教、向有关部门咨询、与同学们互相交流启发、与指导教师商讨等。

(4) 选题参考

以秘书工作岗位为背景，利用所学专业知识和操作技能，熟练运用现代办公自动化设施与软件、完成文书写作、信息收集整理、公务商务材料处理和档案管理等。根据秘书专业核心课程群，毕业论文选题划分以下几类：

① 文秘类

a. 浅谈秘书的办公职能。

b. 试论秘书办公职能的特点。

c. 试论秘书为领导操办事务的职能。

d. 浅谈秘书的参谋职能。

e. 浅谈秘书的管理（或协调）职能。

f. 浅谈秘书与职能环境的关系。

g. 试论秘书的职能环境资源。

h. 试论秘书清除环境障碍与优化职能。

i. 试论领导活动与秘书。

j. 试论秘书与领导的关系。

k. 试论秘书工作的一般规律。

l. 试论秘书工作的特殊规律。

m. 试论对立统一规律在秘书工作中的运用。

n. 浅谈秘书工作的原则。

o. 浅谈秘书素质的优化。

p. 试论秘书工作的一般思维方法。

q. 浅谈秘书的特殊思维。
r. 试论秘书工作成果的认定与管理。

② 秘书写作类

a. 浅谈经济合同写作中容易出现的问题及对策。
b. 浅谈调查问卷的设计技巧。
c. 浅谈就职演讲稿的写作。
d. 浅谈述职报告的写作。
e. 浅谈领导讲话稿的写作。
f. 如何正确选用公文文种之我见。
g. 公文写作思路初探。
h. 浅谈公文主题词的制作。
i. 公文与记叙文特点之比较。
j. 浅谈广告写作中的创意与表达。

③ 公共关系类

a. 试论企业文化建设在企业发展中的作用。
b. 试论公共关系的技巧。
c. 试论公共关系理论在日常生活中的应用。
d. 试论危机处理对企业发展的影响。

④ 秘书口才

a. 秘书口语表达的艺术特点。
b. 秘书口语表达的技巧。
c. 秘书口语表达的重要性及功用。
d. 浅谈商务秘书谈吐适度的技巧。
e. 试谈非语言行为在秘书语言表达中的作用。
f. 试述商务秘书增强口语表达魅力的途径。
g. 秘书日常事务性语言的艺术特点（电话、调查研究、保密、挡驾、拒绝）。
h. 秘书接待性语言艺术特点（处理来访、接待宾客、陪客参观）。
i. 秘书公关语言艺术特点（公关工作、会议发言、商务谈判、工作洽谈、社交应酬）。
j. 浅谈商务秘书在与领导交往中的语言智慧。

⑤ 交际、礼仪类

a. 商务秘书的着装技巧。
b. 浅谈秘书的电话礼仪。
c. 浅谈跨文化交际中秘书应注意的问题。
d. 异常情况下秘书处理与领导关系的礼仪手段。
e. 秘书与上级的沟通技巧。
f. 浅谈办公室人际关系的处理。

⑥ 文学类

a. 李白与杜甫诗歌之比较。
b. 苏轼与李清照之婉约词比较。

c. 曹雪芹与高鹗笔下贾宝玉形象之比较。
  d. 略论鲁迅小说的创作特色。
  e. 略论巴金作品的思乡情结。
  f. 试论阿来《格萨尔王》的艺术特色。
⑦ 新闻类
  a. 现代秘书如何做好网络宣传。
  b. 秘书宣传工作技能刍议。
  c. 现代秘书如何做好媒体公关工作。
  d. 浅谈政务秘书的媒介素养。
  e. 论企业秘书工作与新闻信息获取之关系。

4.2.2 文秘专业毕业论文案例

案例一　松散型连锁企业办公室协调艺术初探

（说明：该论文约5000～6000字，由篇幅所限，仅摘录部分段落和关键语句，文中删减部分以省略号表示。案例二亦同，不再说明）

社会、团体构成于各个成员的组合，并赖以提供有效的运转合力。但它必须是合理的组合，才能目标一致，行动有序。有组合，则必有协调。从管理学理论角度讲，所谓协调，就是通过调节、疏导，消除社会各组织、成员之间不合理的组合和不和谐的现象，从而加强相互配合能力，协同一致地行动，和谐融洽地工作，以实现共同目标的各项行为过程。

在各类企业的日常经营管理活动中，协调工作尤为重要。……

松散型连锁企业是现代经济社会发展中出现的新型企业经营模式，其经营活动有地域广、设点多、结构松散、层次复杂、管理多样化等明显特征，……在实际工作中，内外之间，上下之间，部门之间出现这样和那样的矛盾、摩擦是在所难免的。所以，必须依照高层领导的意图、有关的规定和规章加以调节，疏通关系，使之思想一致，行动统一，把各种能量凝聚成为推动企业发展的合力，在共同目标下使企业做大做强。由于分散型连锁企业开放性、系统性、多层次性和广地域性的特点，决定了此类企业协调工作的复杂性和艰巨性，应当把它看成是一项复杂的系统工程，而其中心枢纽则在于企业的行政办公部门。所以，协调工作是此类企业行政办公部门的一项重要职能。

然而，协调工作不是轻而易举的事，它属于管理科学的范畴，包含管理科学的方法和艺术，协调工作的质量和效果，均取决于协调的方法和艺术。

一、优选信息交换方式

松散型连锁企业的协调工作内容庞杂、事项繁多。按协调对象，可列分为对上工作协调，对下工作协调，同级工作协调，同属部门工作协调，异属部门工作协调五种；按工作内容，可分为关系协调和业务协调两大类；按业务范围，又可划分会议协调、事项协调、公文协调等项。不同种类、不同对象、不同协调事项其协调的内容、目标、方法也有所不同。

首先应根据协调的内容和对象，选择适当的信息交换方式，……

协调信息交换方式主要有：会议协商、个别交谈、文书往来、现代通信联系等四类。……人际关系的协调，尤其是领导之间关系的协调，更要注意方式和方法。

二、遴选协调主体对象

协调是在主体与客体之间发生作用时施加于客体的行为过程。无疑，起主导作用的是协调的主体，因此，协调主体对象（协调人员）的选择是十分关键的。确定协调人选是一项政策性、艺术性很强的工作。人选确定得当，难的协调事项会化险为夷，变难为易，协调工作就能顺利进行。反之，如选择失误，非但达不到协调的目的，而且将会造成更加难以解决的矛盾，给下次协调投下阴影。我们应根据协调的内容和协调对象的不同层次来确定参与协调工作人员，……

三、创造和谐的感情空间

在协调活动中，由人际交往而形成的感情环境称之为感情空间，也称为心理环境。开会、座谈、协商、谈判诸多协调活动中，使参与人员保持正常的心理状态和良好的感情环境，彼此之间心情愉快、宽松、和谐、友好，就能缩短人际距离，从而增强协作愿望，共同努力完成任务。

缩短感情距离有各种方法：……

四、把握客观有利时机

时机，就是具有时间性客观（有利）条件，也就是机会。这里所讲的协调时机就是选择最大限度地发挥协调工作效益的机会。无疑，时机把握得恰当，紧紧抓住进取的机会，协调工作就会节节扩大战果，马到成功，反之，错过有利时机，就会失去可进取的机会，收效甚微，事后尽管捶胸拍脑，也挽回不了损失。所以，善于捕捉有利时机，往往是协调者顺利的诀窍。

捕捉战机不是每个人都容易做到的事，它必须有一定的前提条件。……

捕捉战机要靠熟练的技巧。……

五、及时撷取协调成果

协调的过程就是主客体之间对事项进行调查研究、分析论证、沟通思想并取得共识的过程。这个过程始终围绕着协调的目标和领导的意图进行。通过有效的协调，消除分歧，化解矛盾，获得比较一致的认识和主张，达到协调的目的。协调者应善于审时度势，及时地提出结论性的意见，撷取协调的成果。该断不断，议而不决，必将削弱协调的效果，甚至出现返生现象，使辛苦一朝的协调努力化为乌有，这就是失职，应该尽量避免。

在撷取协调成果时，要注意三个问题：第一，协调结论的主要问题必须符合领导的意图和共同的愿望，在谈判当中这些问题态度要鲜明，观点要明确。第二，权宜通达，做到民主决策。……第三，立文记载。……

综上所述，协调是公共关系和领导艺术相结合的具有独立特点的综合性学问，也是各类企业秘书重要的、经常性的工作，有许多问题有待于我们进一步探索、研究。

简评：

首先，这篇论文的选题新颖、精当而又实在。

说它"新"，因为协调工作是办公室的重要职能之一，而至今论述松散型连锁企业办公室协调艺术的论文，还没见过。该文作者却能抓住它进行探索，发人之未发，这无疑是有科学价值的。

说它"精"，因为题目不大不小宽窄适合。题目中所指明的研究对象，只限于"松散型连锁企业办公室的协调艺术"，此可谓题目不大，但从另一方面看，松散型连锁企业开放性、系统性、多层次性和广地域性的特点，使得此类企业协调工作具有特别的复杂性和艰巨性，探索这样一个类型的协调艺术，此可谓题目也不小。

说它"实"，因为它现实针对性强。随着经济体制和政治体制改革的不断深入，社会组织及其运作机制处于瞬息万变的趋势，协调工作更显得重要了，松散型连锁企业正是如此。松散型连锁企业的行政办公部门起着承上启下、沟通左右的枢纽作用，协调工作是其重要职能。本文紧扣这一论题，旨在提高松散型连锁企业行政办公部门的工作效率，以促进此类企业的发展，所以说选题实在。

其次，这篇论文的论证步骤清晰，逻辑严密，说理富于力度。

本文在论述协调工作的五个方面时，始终沿着读者认识问题的必然轨道来分析问题的因果关系，揭示问题的内在联系。比如，在"把握客观有利时机"这部分，先解释何谓时机，接着解释何谓协调时机，然后，从正反两个方面论证把握客观有利时机的重要性。论证步骤有条不紊，分析矛盾，说明道理，能在一正一反中求得相辅相成。再如，在论述"遴选协调主体对象"时，紧紧抓住选择协调人选方面的矛盾作分析，从正反对照中显示事物的内在联系和规律性的认识，由此得出明快而有力的正确的结论。

案例二　论秘书工作与信息焦虑症之关系及应对方略

……然而，信息的过分泛滥，人们总会不自觉地搜索、更新知识，却越发觉得知识不够用，生怕错过了一些有价值的新闻和事件，因而无止境地关注各种纷至沓来的信息，从而忽视了独立的思考，不知如何筛选、分析、综合、评价如海潮般席卷而至的信息流，更不知如何驾驭和利用信息来解决工作和生活中的实际问题。长期以往，我们开始觉得心里焦躁、恐慌，甚至身体出现头晕、胸闷等症状。这种现象在心理学界已经有了一个专有名词：信息焦虑症。

现代经济社会中，秘书工作的一个基本的、重要的职能，就是及时为领导提供可靠的、高质量的信息。随着我国的改革开放和经济全球化的进一步发展，秘书的工作内容、运作方式等都发生了新的变化，辅助决策功能被进一步放大，这就要求秘书成为信息处理中心的主角和核心。因此，来自信息潮本身的、决策领导层的、工作条件和环境的、工作成效的主客观评价方面的等压力，使得秘书成为"信息焦虑症"的高危人群。

一、信息焦虑症的症状

没有信息与拥有无限多的信息，结果也可能是一样的——无法获得真正有用的东西！所以我们应该学会利用自身的有限知识，驾驭无限的知识，以达到更好地解决问题的目的，而不是不停地接收信息却不能很好地理解和消化信息。这样带来的后果，必然会导致如心情浮躁等各种各样的焦虑反应的产生。因为忙于吸收信息，注意力会随着信息潮流的涌动而左右摇摆，反而没有时间去作更多的、更深入的思考，也就很难深入于其中，踏踏实实地完成每一项工作。从这个意义上说，信息匮乏与信息饱和都可能成为一种灾难。如果说前者尚能激发人们探索欲求的话，后者的负面效应则可能给我们带来情绪紧张、厌倦，导致思维断电，好奇心枯竭而陷于迷惘。

"信息焦虑症"是一种形象化的说法，指的是在源源不断、纷至沓来的信息面前，精神过度紧张，生怕遗漏什么重要东西，搓手顿足，坐立不安，总是担心自己信息处理能力和存储能力太差，工作中只能被动应付，甚至只能成为"信息轰炸"的牺牲品。从生理学角度分析，这是由于人们在短时间内，一次吸收了过多的信息，给大脑造成了过荷负担所形成的。人如果在短时间内接受过多繁杂的信息后，大脑中枢来不及分解消化，进而造成一系列的紧张和自我强迫的症状。

信息焦虑症的临床基本表现为：

……

信息焦虑症是一种身心障碍。……秘书的职业特征使得从事秘书工作的人必须全天候处于高度紧张与精神亢奋状态中，除了处理办公室的日常事务、大量的往来文稿、组织安排会议、随时完成领导交办的各项工作外，还要利用一切空余时间，通过各种有效的方式，尽可能多的收集和整理有关信息。在过度的工作压力下，一旦出现信息流通的障碍，就会感到极其不适应，变得极其焦虑不安、心情浮躁。久之，不自觉地形成心理负担，总是害怕丢掉一些重要的信息，害怕给工作带来不良的影响，因此引发生理上的反应，出现信息焦虑症的临床基本表现。

由此可见，秘书信息焦虑症的形成原因主要是由于工作的快节奏、高压力和对信息资源的强烈掌控欲望。

二、信息焦虑症的形成的原因

从某种意义上说，秘书是领导的左右手，他必须协助领导处理政务及日常事务，并为领导决策及其实施提供有效的服务。秘书身处管理系统的中枢，也是本单位信息流的"中央处理器"，地位特殊，事务繁重，责任重大。

因此，大量的、形形色色的信息整天围绕着秘书转，而秘书又生怕错过任何有用的信息，只要是信息都记下来，却无暇作整理和分析，只是想方设法向领导汇报。其实，这中间的信息有很多可能不是必需的，甚至要当机立断地提出处理意见或办法。……

……

面对各种各样的信息，网络上的狂轰滥炸，报纸杂志的铺天盖地，短信电话充斥于耳，书籍文章到处都是，该如何化复杂为简单，理纷繁为清晰，是秘书的信息处理能力的基本体现。……

……

自信力不断下降，被动地面对工作，身心疲惫，无法缓解。这种久积的心理压力从工作方面慢慢向生理健康方面渗透，出现上文所说的"信息焦虑症"的典型症状，对身体产生严重损害。

三、如何避免产生信息焦虑症

所以，在"信息爆炸"的时代，秘书不能只成为一个信息的接受者，更重要的是应该学会如何处理信息。只有做到"运用脑髓，放出眼光，自己来拿"，才能灵活自由地在浩瀚纷繁的信息海洋中，搏击风浪，胜似闲庭信步，操控自如，而不至于处处被动，心力交瘁，陷于所谓"信息焦虑症"的泥潭之中不可自拔。

1. 面对信息潮流，做一个学习型的秘书

......

2. 秘书要学会克制对信息的贪婪

......

3. 秘书要懂得抓兴趣点和关键点

......

4. 秘书要追求信息的质量

......

5. 秘书要正确掌握获取信息的方法

......

6. 秘书必须具备良好的心理素质

......

综上所述，信息社会的发展，对秘书提出了新的要求，传统意义上的日常办公事务处理型、单位内部的沟通协调型的秘书已不能完全适应现代经济社会发展的需要，秘书参与管理，做好辅助决策工作的功能日益突显。作为身处新时代的秘书，如果在工作中只会收集、整理信息，却不会有计划、有规律地充分理解和合理处置所获信息，并且有节制地消化新的知识和信息，继之以分析与归纳的话，那么在短时间内接受大量繁杂信息后，则会造成超出机体的承受范围的压力，而由此会产生一系列的自我强迫和情绪紧张，诱发信息焦虑症的形成。因此，信息焦虑症给秘书的工作及身心健康带来的危害，值得我们关注。避免和防治这个具有新时代特性的信息焦虑症，需要从事秘书工作的人员在工作实践中，学会自我心理的调节和平衡，从工作实际出发，勇敢地面对信息，主动自觉地理解消化信息，让新知识、新信息更好地服务于我们的工作，服务于整个社会。

简评：

这篇论文虽不是学生所作的毕业论文，但其产生的过程对于我们完成毕业论文的写作有一定的启示作用。

有一位文秘专业的学生，提交了题为《论秘书工作中的信息管理》的毕业论文初稿，指导教师认为题目太大而且空泛，很容易写成教科书式的说教，光信息管理工作本身，如性质、意义、分类等，以数万字的篇幅也难以作比较深入的分析和阐述，而在如何做信息管理工作上，就只能照抄教材，列举先做什么再做什么了。这种把毕业论文写成教科书的情况是许多毕业论文的通病。毕业论文是一种科研活动，不是简单地说明有哪些工作可做，而是重在论证这些工作为什么要做；不是机械地教别人这些工作应如何去做，而是重在阐述为什么必须这样来做。指导教师在阅读论文初稿时，发现有一处提到了"信息焦虑"这一概念，询问学生来源，回答是从某本小册子上看到的。于是，指导老师要求学生把选题定在秘书在信息工作过程中是否产生"信息焦虑"的范围内，通过文献资料查阅，思考以下几个问题：

什么是"信息焦虑"？其产生根源是什么？其表现、性质怎样？

"信息焦虑"对于经常从事信息工作的秘书职业者有何危害？

秘书从业者应如何避免和克服"信息焦虑"？

此后，由于学生本身的主客观条件限制，能够查阅到的文献资料摘录不足 500 字，对上述问题的思考也没能给出明确回答。不得以放弃了这个选题，经指导教师指点，重新选定了论文课题。

关于秘书工作与"信息焦虑"的课题，虽然只触及秘书的信息工作方面的一个点，题目很小，但对于秘书在信息工作中的态度与方法，以及秘书从业素质等方面都会有所涉及，这其中一定大有文章可做。而且，文献资料难以查询，说明了这一论题之前的研究还比较少，属于新课题，对于秘书专业应该有指导价值和学术意义，弃之实在可惜。于是，指导教师利用自己的条件优势，结合《秘书学》、《信息学》、《心理学》以及《医学》等专业知识的查证，对这一课题作了一番精心研究，完成了《论秘书工作与信息焦虑症之关系及应对方略》的写作。

团队毕业设计（论文）指导

为改变传统教师与学生一对一的毕业设计（论文）指导模式，促进同一专业不同层次学生的扬长补短、不同专业学生之间的相互交流与合作、加强学生的实际工作配合能力、实现优质教育资源共享等，采用团队协作开展毕业设计（论文）课题的各项工作尤为重要。以团队为单位开展的高职学生毕业设计（论文）工作是一种全新的形式和方法，是一种有效的措施，它是以常规毕业设计（论文）工作为基础的创新和发展，既要遵守学校毕业设计（论文）的各项规定和要求，同时又对选题、指导、答辩等环节提出了更高的要求。

基于团队协作的毕业设计（论文）模式在毕业设计（论文）过程中具有浓厚的研讨氛围，能使团队成员之间相互学习、补充、启发，使团队成员自身素质得到发展，达到共同进步的目的，为提高毕业设计教学质量奠定基础；有利于激发学生的责任感，团队毕业设计（论文）由于分工明确、责任清晰，学生都非常明确自己在毕业设计（论文）中的角色、需要完成的任务，因而能主动承担自己的责任，使其统筹能力得到锻炼，责任心和主人翁意识得到增强，在与他人分工合作、分享成果、互帮互惠的过程中，潜移默化地体会它的重要性，增强自己的责任感；有利于培养、增强学生团结协作的意识和能力，在相互协作过程中，逐渐产生凝聚力、创造力和敬业精神。

5.1 团队毕业设计（论文）要求

团队毕业设计（论文）的模式是多名指导教师指导下的、多个学生相互合作的一种模式，是根据专业培养目标和毕业设计（论文）的教学要求，从科研、工程实际和社会生产生活出发，由多位学生合作完成较大的毕业设计选题（总题和分题），组建毕业设计（论文）团队，学生之间团结协作、才能互补、目标一致，在拥有各自专业知识修养的基础上，还必须拥有高度的团队合作素质，开展团队毕业设计工作有以下要求。

① 团队毕业设计（论文）题目是综合性的课题，能满足培养学生综合能力、创新能力的要求，符合专业人才培养方案。团队课题任务可以分解，子课题的工作量、难易度基本平衡，但内容、要求不能相同，且子课题间有很紧密的切合点，全部子课题可以组合为完整的团队课题。

② 团队毕业设计（论文）选题来源多样化。既可以结合指导教师教学科研课题、横向科研课题、大学生实践创新、大学生科技创新、顶岗实习企业技改课题、技能竞赛等选题，也可结合学生的想法、思路进行科学选题。

③ 学生人数必须满足三人以上，构成真正的"团队毕业设计模式"，可以通过先选题后学生，也可以通过先学生后选题的方式灵活组团，但学生人数必须和子课题的数目一致，保证团队成员每人都拥有单独的子课题，具有自己独立的毕业设计任务，并与其他学

生之间保持一定的协作关系，同时指定团队毕业设计总负责学生，协调处理各子课题之间的沟通和交流。

④ 团队指导教师队伍的组成必须由团队总负责指导教师和子课题指导教师构成，每个子课题都有专门的指导教师，而总负责指导教师负责各子课题教师工作安排、学生工作的协调、分配，保障团队课题完成的进度与质量。

综合以上内容，以团队为单位开展的毕业设计工作要求，总课题和子课题设计合理，系统性强，分工明确，工作量适当；学生团队由三名以上创新精神和实践能力强的学生自由组合而成，鼓励跨院（系）、跨专业组建团队；指导教师小组由具有丰富教学科研经验的教师组成，由总体指导教师担任团队负责人，每个学生的子课题都有各自的指导老师。

5.2 团队毕业设计（论文）选题

合适的选题是毕业设计（论文）的前提，而且对毕业设计质量有直接的影响。团队毕业设计选题是做好毕业设计的团队总课题和子课题的设计工作，使每个子课题在符合各高职院校毕业设计选题要求的同时，又是团队总课题下有机联系的一部分。

5.2.1 团队毕业设计（论文）选题原则

毕业设计（论文）的选题工作是实现毕业设计教学环节、教学目标的第一步。团队毕业设计（论文）与传统的个人毕业（论文）设计不同，选题不仅要涵盖多专业领域，具有较强的综合性，还必须与工程实际相结合，具有较强的实践性，还应该与本专业的发展趋势与前沿科技紧密联系，具有一定的前瞻性和创新性，同时多人协作的模式又提出了选题的系统性要求。团队毕业设计（论文）选题原则主要有：

(1) 与学生的专业知识背景相关原则

选题与学生的专业知识背景相关，可以培养学生综合运用所学知识分析、解决问题的能力，这是团队毕业设计（论文）的基本要求。

毕业设计（论文）内容必须符合高职学生的培养目标，尽量覆盖本专业的主干课程或专业研究方向，并在一定程度上符合专业的发展趋势。如生产过程控制技术专业，团队毕业设计（论文）选题内容将涉及专业技术基础课程如"传感器与检测技术"、"过程控制与自动化仪表"、"生产过程控制系统的设计与运行维护"、"先进组态控制技术"等主干课程所学知识与技术的具体应用，这样的选题符合当前的技术发展趋势。在充分考虑所选课题的综合性、典型性和先进性的基础上，选题难易程度要适中，既要对学生进行全面的基础训练，巩固和应用在基础课中所学到的知识，培养综合分析和解决问题的能力，又促使学生查阅文献资料，拓宽知识面，培养学生独立解决实际问题的能力。

(2) 与生产实践和科研相结合原则

团队毕业设计（论文）课题遵循与生产实践项目、科研课题等相结合原则。团队毕业设计（论文）需要充分发挥团队教师的集体智慧，在对高职学生毕业设计（论文）的具体指导过程中，将学生毕业设计（论文）内容与教师科研项目、企业技术改革课题、生产实践项目案例、横向课题、创新课题等紧密结合起来，将项目、课题、案例等的部分或全部作为团队毕业设计选题，让学生在教师团队的指导下直接参加项目的方案设计、初步设计和生产设计等，通过学生完成各自的工作任务，提升学生的职业能力，培养团队协作能力和综合素质。

（3）选题要遵循系统性原则

选题具有一定的系统性，这也是团队毕业设计（论文）选题的基本要求。系统性强的课题有利于充分发挥培养团队毕业设计成员之间的协作能力。将一个系统问题划分为若干个子课题，每个成员单独负责1个子课题，通过各个成员之间互相合作来完成团队总课题。

5.2.2　团队毕业设计选题类型

（1）基于研发团队的毕业设计（论文）选题

依托教师团队的专业工作室、企业工作站、重点实验室、工程中心等平台的各类研发项目，包括纵向课题和横向课题。结合各类科研项目，组建毕业设计团队，确定研发团队的选题，在项目平台上完成毕业设计。

选题一般以真实项目为基础，以各级专业实验室、工程技术中心、企业工作站、专业工作室等为平台，以解决某一类科研课题、开发项目或联合攻关项目为主要任务或目标，结合各类科研项目吸收有兴趣和特长的学生尽早参加到相关项目研发团队中，并尽可能在此平台上完成团队毕业设计。

（2）基于技能竞赛团队的毕业设计（论文）选题

大学生"挑战杯"大赛、分析工技能大赛、总控工技能大赛、仪表自动化技能大赛、电子设计大赛、软件大赛、机器人大赛等技能竞赛是培养学生创新精神、创新能力、团队合作精神和动手能力的有效载体，通过组建竞赛团队将技能大赛和团队毕业设计合二为一，以各类技能竞赛的比赛项目、赛题等为团队毕业设计选题，可根据比赛的分项目、分内容等进行子课题划分，在技能竞赛的平台上完成团队毕业设计。

（3）基于校企联合团队的毕业设计（论文）选题

以校外实习基地、学生顶岗实习企业为平台，依托企业真实的生产线研发项目、系统改造项目、生产中的技术难题、产品开发项目等确定毕业设计团队选题，采用校企联合团队形式指导学生完成毕业设计，不仅为学生今后从事应用性技术工作奠定了良好基础，更提高了学生在人才市场的竞争力。

5.2.3　团队毕业设计（论文）团队组建

组建学生团队根据选题需要，考虑学生兴趣和能力水平及专业分布，在学生自选的基础上由指导教师综合考核决定。指导教师小组由总课题负责人根据课题，选择责任心强、教学科研丰富的教师组成，每个分课题的每位学生配备一名指导教师，构建年龄搭配得当、知识结构互补、研究方向相近多位教师共同组成指导团队。根据选型的类型采取不同的组建方式，如科研项目产生的课题，指导教师原则上在科研项目课题组成员中选择，竞赛项目的选题则可直接由竞赛教练组成指导教师小组。

5.3　团队毕业设计（论文）案例

团队毕业设计由团队毕业设计总报告和子课题毕业设计构成。

团队毕业设计总报告一般由四个基本部分和多个扩展部分构成（具体选题而定），主要包括前沿部分，介绍选题研究的背景与意义，指出课题开展的必要性、可行性等；总体设计方案/思路部分，主要根据项目实现功能，提出总体设计思路，并构建系统总体设计框架，给出设计要求及各类性能指标要求；任务分工部分，基于总体设计思路/方案，进行任务分工，并明确分工内容及要求，同时指出子课题之间的有机联系；扩展部分，对团队的每个子课题展开阐述，分别从子课题的设计方案、实施过程及实施效果进行说明；课题总结部分，最后给出该子课题进行综合形成团队项目的过程，团队毕业设计取得的成果及应用分析等。

子课题毕业设计一般包括了：前沿部分，从课题研究意义等出发，在总课题完成功能的基础上，指出子课题完成的主要任务，拟达到的预期效果，与其他子课题之间的前后关联关系，在整个课题中的位置和作用等；设计思路/方案部分，从工艺、方法、硬件、软件等方面进行总体方案设计，给出子课题开展的设计框架；系统设计/实施过程，从算法设计与实现、或从硬件到软件设计与实现、或从工艺设计与实现、或从设备到装置、或从元件到产品等，给出子课题实施的详细过程、调试过程与阶段性成果；总结部分，对子课题完成的过程、取得的成果进行分析，从与其他子课题之间的联系以及对整个团队课题的贡献等方面进行系统总结。

5.3.1　跨专业团队毕业设计（论文）案例

> 选题类型：基于研发团队的选题，项目平台——"5000亩盱眙龙虾规模化养殖与信息化管理技术开发应用"项目
>
> 团队组建：计算机专业、应用电子、电子信息、电气自动化技术专业学生
>
> 团队选题：龙虾养殖远程监控系统的设计与实现
>
> 一、团队毕业设计总报告（部分）
>
> 1. 课题研究意义
>
> 实施"5000亩盱眙龙虾规模化养殖与信息化管理技术开发应用"项目目的是为了促进盱眙龙虾成虾养殖和繁殖工作向集约化方向发展，将盱眙龙虾养殖技术与基于计算机技术的信息化管理技术相结合，实现龙虾养殖稳产、高产、保产、保收、保增长、保效益的目的。本项目主要是将计算机和多种信息采集设备及应用技术结合到龙虾养殖业工作中，完成两种现有技术的集成。
>
> 大莲湖龙虾养殖基地位于江苏省淮安市盱眙县河桥镇大莲湖村境内，连片龙虾养殖面积6000多亩，精养水面3000余亩，是目前江苏省规模最大的专业化淡水龙虾养殖基地，5000亩盱眙龙虾规模化养殖与信息化管理技术开发应用，有利于建设规模更大、养殖水平更高的盱眙龙虾精细化养殖示范基地；有利于推动数字农业技术进步，增强盱眙龙虾品牌的高科技含量；有利于加快建设盱眙龙虾现代综合性专业化养殖体系，有利于推动中国小龙虾养殖乃至于推动世界小龙虾养殖产业发展。
>
> 本项目旨在建设盱眙龙虾规模化养殖与信息化管理技术相结合的数字监控系统，它是把现代成熟的计算机控制技术和多种信息采集技术，系统地应用到大规模龙虾养殖产业工作中，其实质是把龙虾养殖这个新兴产业与计算机现代高科技手段相结合，利用现代测控技术为养殖业服务，形成技术集成创新，引领龙虾养殖管理技术的发展趋势。

2. 课题设计架构

基于CAN总线的龙虾养殖远程监控系统主要分为三大功能：现场环境因子的数据采集、养殖现场的电气设备控制、养殖区域的视频监控（系统采用CAN总线实现对各种采集数据和控制数据的传输）。系统中心设立上位机与Web服务器，上位机中运行系统监控程序，负责数据采集与控制指令的发出。Web服务器负责协调系统的远程访问与控制，同时兼顾视频监控系统的图像处理。系统功能示意图如图5.1所示，系统总体框架图如图5.2所示。

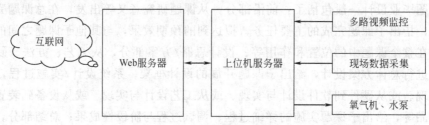

图5.1 系统功能示意图

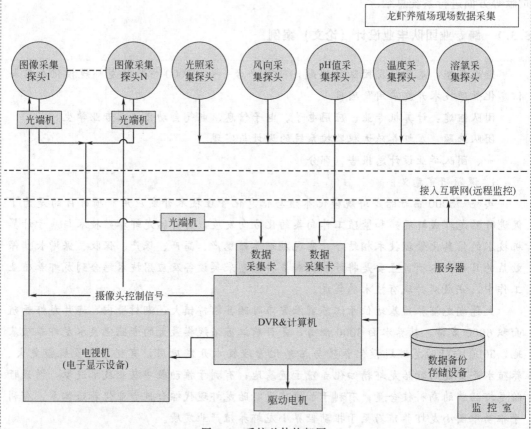

图5.2 系统总体构架图

在项目设计和实施中，将系统分为前端数据采集和上位机数据处理、Web服务器三层框架结构。前端主要对龙虾养殖环境因子进行数据采集，主要包括池塘的水温、水中溶解氧指标、pH值、空气温度、大气压力、空气湿度、光照度等环境数据。同时，配合闭路监控系统实时图像采集,直观观察养殖现场的情况。在上位机的控制端,根据采集到的环境因子结合专家系统进行分析,并通过系统自动控制养殖场的增氧机、注水水泵和排水水泵进行相应的调节。在上位机和远端传感器间通过 CAN 总线进行信号传递。第三层为 Web 远程表示层,可以通过互联网在远程实时监控养殖现场的生产情况,包括视频情况。系统总体设计构建如图 5.2 所示。

3. 任务分工

任务分工见表 5.1。

表 5.1 课题任务分解表

课题名称	龙虾养殖远程监控系统的设计与实现			
课题负责人			指导教师负责人	
任务分工				
子课题名称	主要任务		完成人	指导教师
数据采集硬件模块设计与实现 (子课题 1)	CAN 总线拓扑结构设计			
	CAN 总线相关技术规范研究			
	数据采集模块设备选型与调试			
	CAN 远程控制模块选型与调试			
	现场控制箱电路设计与实现			
	传感器设备选型与调试			
数据采集上位机软件模块设计与实现 (子课题 2)	C/S 程序架构设计			
	数据库结构设计			
	CAN 总线数据采集卡初始化编程			
	数据采集功能实现			
	现场设备控制功能实现			
	历史记录查询功能实现			
	环境数据显示			
视频监控模块设计与实现 (子课题 3)	视频监控方案设计			
	视频监控相关设备选型			
	监控设备测试			
	视频监控软件的使用与扩展			
	视频监控现场安装规划			
互联网远程监控软件模块设计与实现 (子课题 4)	Web 服务器配置			
	基于 J2EE 的应用框架搭建			
	环境数据远程实现			
	远程控制实现			
	数据库访问技术			
	远程视频调用			

二、子课题毕业设计（部分）——子课题1（数据采集硬件模块设计与实现）

1. 子课题介绍（给出主要部分）

数据采集硬件模块设计与实现是团队课题的第一步，也是其他子课题完成的基础和关键。通过该课题的实施，与子课题2结合，可以实现龙虾养殖场现场数据采集与控制；与子课题3结合，可以实现龙虾养殖场现场的视频监控；与子课题4结合，可实现龙虾养殖场现场数据的远程监测与控制。

2. 子课题设计方案

基于CAN总线的龙虾养殖远程监控系统的硬件系统由数据采集（CAN）模块和视频监控模块组成，数据采集硬件模块由KPCI-8110 CAN总线适配卡、K85系列测控模块、传感器及其传感器接口电路、驱动电路等构成。总体设计方案如图5.3所示。

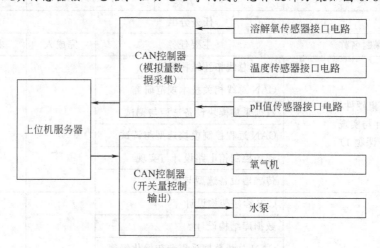

图5.3　子课题1总体设计方案

3. 子课题成果

（1）数据采集部分

大莲湖龙虾养殖数据采集设备电气连接图如图5.4所示。溶解氧传感器、pH值传感器和温度传感器的接口电路都已经做入传感器中，220V AC经过空气开关分两路电源，分别给CAN控制器K8512模拟量数据采集模块的电源与传感器电源供电。

数据采集信号，包括溶解氧、pH值和环境温度信号，经过接口电路处理成CAN总线标准信号，然后由CAN总线控制接送入CAN总线PCI控制卡，所有数据由PC上的软件系统读出、备份和计算等。该硬件模块独立安装在防雨不锈钢箱内，所有硬件安装在绝缘板上，传感器等与箱子隔离，箱子顶部经过专业处理，防晒防雨。图5.5和图5.6为龙虾养殖数据采集设备安装位置图和实物图。

（2）总线驱动部分

龙虾养殖数据采集软件分析由龙虾养殖数据采集设备上传的数据后，与系统中专家模块中的经验数据相比对，如果过高或者过低就要执行相应的动作，改善龙虾生长环境。比如溶氧量传感器检测到虾塘中的氧气与专家系统中给出的氧的含量不同，分析后发现偏少，就要打开增氧机。大莲湖龙虾养殖驱动设备电气连接图如图5.7所示。

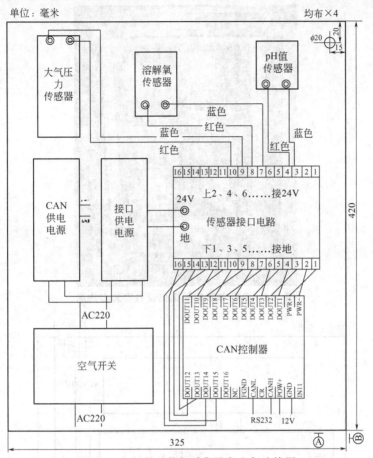

图 5.4 龙虾养殖数据采集设备电气连接图

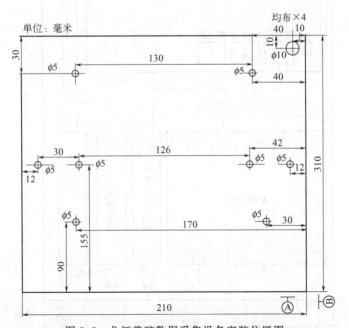

图 5.5 龙虾养殖数据采集设备安装位置图

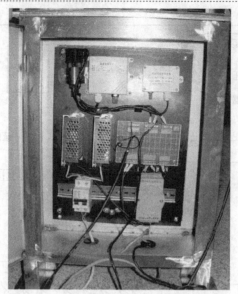

图 5.6 龙虾养殖数据采集设备安装实物图

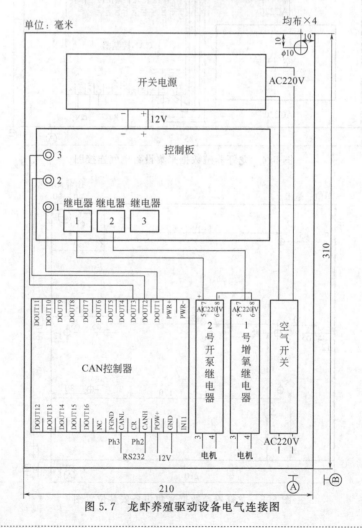

图 5.7 龙虾养殖驱动设备电气连接图

220V AC 经过空气开关分两路电源，分别给 CAN 控制器的电源与控制板供电，系统将要执行的动作信号经 RS23 接口送 CAN 控制器 K8520 开关量输出模块，通过 K8520CAN 控制器，控制板上的相应小功率继电器接通，随之大功率开泵继电器或增氧继电器开通，对虾塘进行环境改善。完成虾塘环境的监控过程。图 5.8 和图 5.9 分别是龙虾养殖驱动设备安装位置图和驱动设备安装实物图。

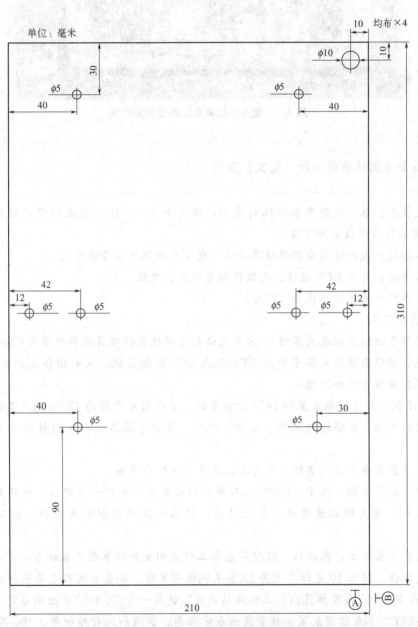

图 5.8　龙虾养殖驱动设备安装位置图

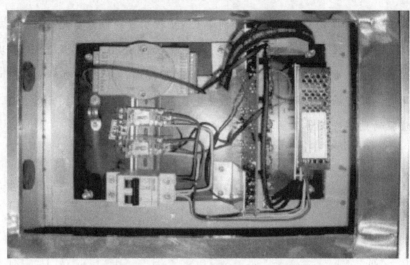

图 5.9 龙虾养殖驱动设备安装实物图

5.3.2 同专业团队毕业设计（论文）案例

选题类型：基于技能竞赛团队的选题，项目平台——化工仪表维修工技能大赛的 DCS 系统运行与调试实操项目。

团队组建：生产过程自动化技术专业、电气自动化技术专业学生

团队选题：基于 DCS 液位、温度控制系统改造升级

一、团队毕业设计总报告（部分）

1. 项目背景

化工仪表维修工技能大赛的 DCS 系统运行与调试实操项目参赛平台为 CS2000 DCS 控制系统，但现有技能大赛平台为 AE2000A DCS 控制系统，同时结合生产实际要求，对系统进行整体升级和改造。

以 AE2000A 为过程装置的 DCS 控制系统，是以浙大中控的 JX-300XP 集散控制系统作为设计平台，能够进行液位、温度、流量、压力等基本工程量的控制方案的模拟实现。

基于技能比赛平台及实际应用要求，在系统运行中发现：

在温度测量方面，由于 AE2000A 锅炉内胆温度测点采用一点测温，使锅炉内胆温度测量值与介质实际温度值存在较大偏差，使系统温度控制精度较低，控制效果不理想。

在系统构成方面，在液位、温度等基本工程量测量控制准确的基础上，考虑整个系统控制灵活性。图 5.10 是现有五套 DCS 系统的布置图，每套系统都是采用一套操作站（多台工业 PC 机，由操作员站和工程师站构成）通过一台 JX-300XP 控制站完成对一套生产设备 AE2000A 过程装置工程量实施系统组态、监测和运行维护等工作，即单对单 DCS 控制系统，存在着灵活性不足、资源投入较大等问题。

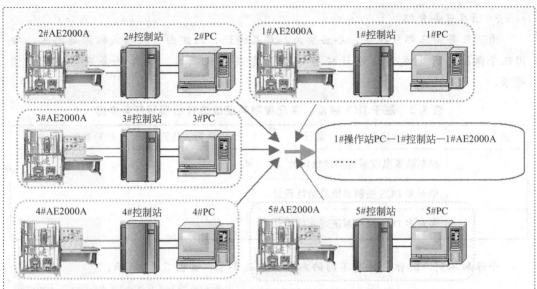

图 5.10　五套 DCS 控制系统布置图（传统 DCS 控制方式）

在系统构成方面，考虑生产装置控制的可靠性、稳定性要求，如果可以利用多套操作站对几套生产装置都可以实施控制，不仅可以提高系统的精确性，也可以提高系统的稳定性，同时对系统以及现场设备的安全性提供了一定保障，如果某套装置的操作站发生故障，其他装置的操作站立即投入运行，保证整个系统运行的可靠性。

2. 总体设计架构

温度测量准确性较差、装置控制灵活性低、装置控制可靠性差的问题，构成团队项目"基于 DCS 液位、温度控制系统改造升级"课题。针对这三个问题，团队成员以浙大中控的 JX-300XP 集散控制系统作为设计平台，通过 AE2000A 过程装置模拟工业控制现场，完成系统硬件组态；以 AdvanTrol-Pro 作为软件设计平台，完成软件组态；结合软硬件系统完成系统测试。图 5.11 为团队项目设计架构图。

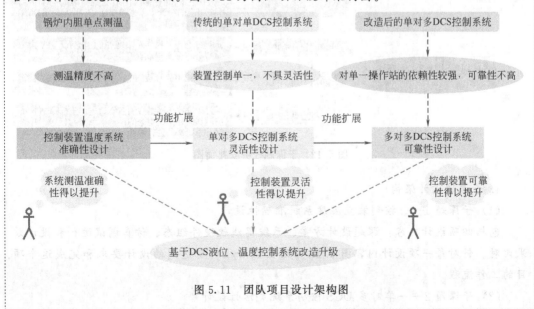

图 5.11　团队项目设计架构图

3. 项目任务分配

团队任务由三部分组成，层层紧扣，层层递进，组建由3人组成的课题团队，按团队子课题分别完成毕业设计任务，共同完成团队项目，具体任务安排如表5.2所示。

表 5.2　基于 DCS 液位、温度控制系统改造升级项目任务安排

成员姓名	团队任务-子课题	团队第一负责人	指导教师总负责人
	控制装置温度系统准确性设计		
	单对多 DCS 控制系统灵活性设计		
	多对多 DCS 控制系统可靠性设计		

子课题不同，具体任务有不同的内容安排及要求，如图 5.12 所示。

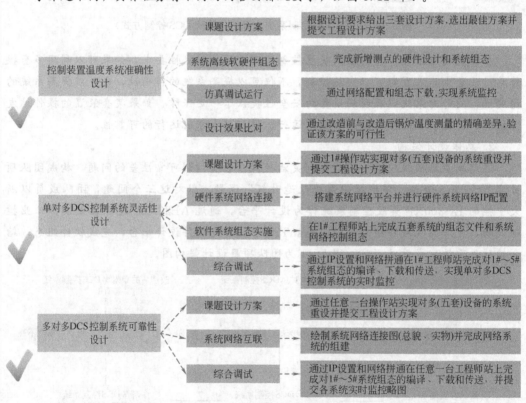

图 5.12　子课题任务安排简图

4. 子课题设计架构

(1) 子课题 1——控制装置温度系统准确性设计

包括四项设计内容：课题设计方案、系统离线软硬件组态、仿真调试运行和设计效果比对。针对每一项设计内容图 5.13 中给出该阶段所需达到的设计要求和完成这个项目的工作流程。

(2) 子课题 2——单对多 DCS 控制系统灵活性设计

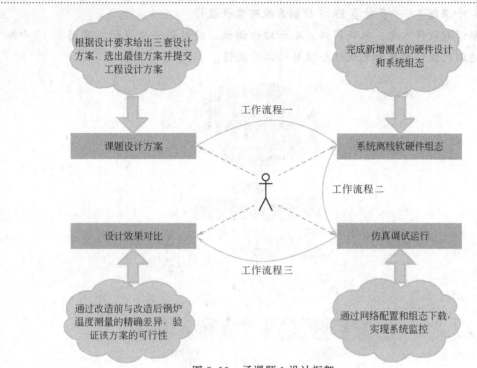

图 5.13 子课题 1 设计框架

包括课题设计方案、硬件系统网络连接、软件系统组态实施和综合调试。针对每一项设计内容图 5.14 给出该阶段需达到的设计要求和完成这个项目的工作流程。

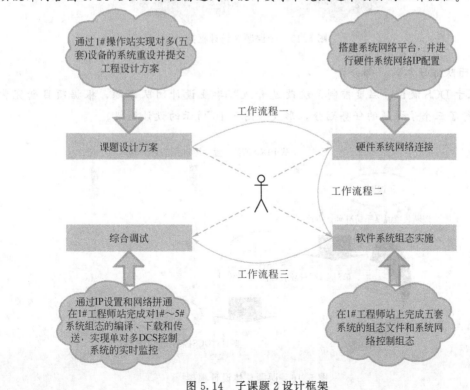

图 5.14 子课题 2 设计框架

(3) 子课题 3——多对多 DCS 控制系统可靠性设计

包括课题设计方案、系统网络互联和综合调试。针对每一项设计内容图 5.15 中给出了需达到的设计要求和完成这个项目的工作流程。

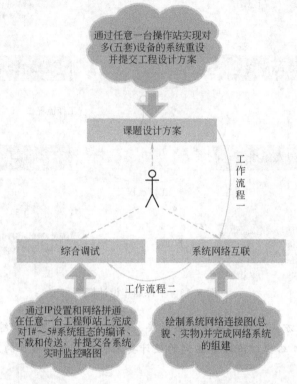

图 5.15　子课题 3 设计框架

5. 团队课题总结（部分）

"基于 DCS 液位、温度控制系统改造升级"毕业设计团队课题，根据项目研究背景，进行了三个子课题的任务划分，形成如图 5.16 所示的设计框架。

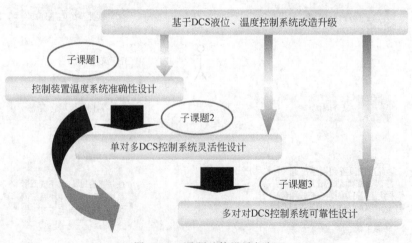

图 5.16　课题总体设计框架

团队课题已取得了阶段性研究成果，达到了预期设计目标，完成了过程装置 AE2000A 的 DCS 系统的改造升级，实现了该控制系统锅炉内胆温度测温较高准确性、提高了控制灵活性、加强了控制可靠性，形成了一个测量控制准确、灵活、可靠的网络型 DCS 控制系统，为工业实践应用提供了一定的技术参考，设计成果总体如图 5.17 所示。

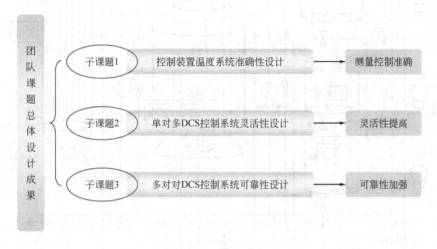

图 5.17　团队设计成果概图

二、子课题毕业设计（部分）——子课题 1（控制装置温度系统准确性设计）

1. 子课题介绍

"控制装置温度系统准确性设计"是整个系统改造的前提和基础，温度是企业生产过程控制中常见的工艺参数，其控制的精度、可靠性和稳定性直接影响到生产过程的各个环节，许多工艺过程都是在一定的温度下进行的。现有 AE2000A 过程装置锅炉内胆温度由于对同一介质温度测点设置较少，温度准确性依赖性过强、可比性不足。

针对这一问题提出课题设计主要任务——新增锅炉内胆温度测点，不仅可以提升锅炉测温精度，而且减少单一的依赖性，从而实现系统双重测控效果，并为子课题 2、子课题 3 开展奠定设计与实施基础。

2. 设计方案

通过查阅多种类型工业生产过程装置对温度的控制要求，比较温度传感器的参数与特点，选择了 Pt100 铂电阻作为新增测点的温度传感器，利用 Pt100 电阻阻值与温度之间的良好线性关系，从而达到提升精度、减少测量误差的目的。

同时以垂直接近方式，靠近原锅炉内胆温度新增加炉顶温度测点一个，此方式减少了受感温体相互之间的影响，确保了温度测量的准确性。

将 Pt100 铂电阻安装在锅炉的炉盖上，通过炉盖上的新增测点和原锅炉内胆温度测点实现锅炉内胆的的双重测控，改造方案如图 5.18 和图 5.19 所示。

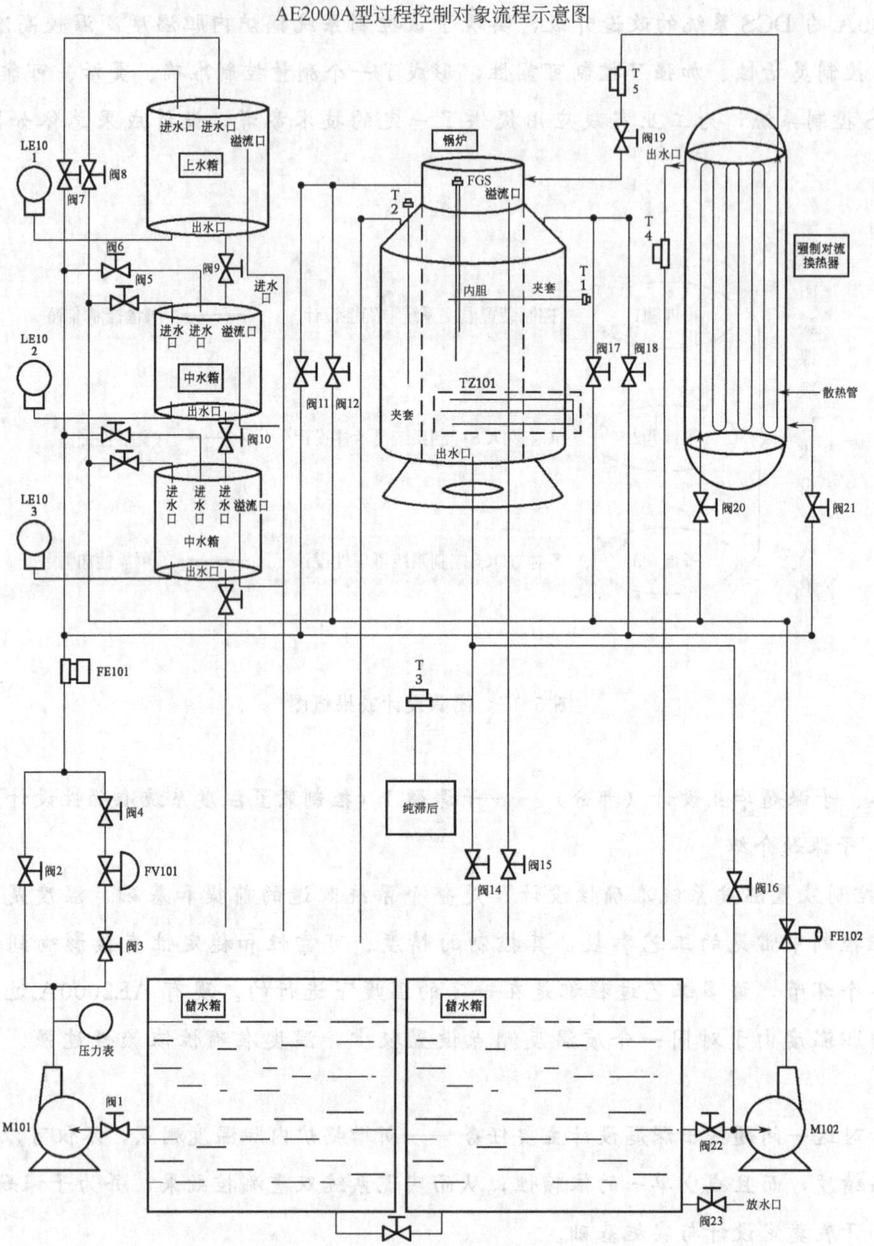

AE2000A型过程控制对象流程示意图

图 5.18　基于 DCS 的 AE2000A 改造前系统

3. 子课题成果

（1）硬件装置

将 Pt100 铂电阻安装在炉盖上，对锅炉内胆温度新增测温点，图 5.20、图 5.21 所示为改造前与改造后的对比效果图。图 5.22 为改造升级后对锅炉内胆温度的双重测控实物图。

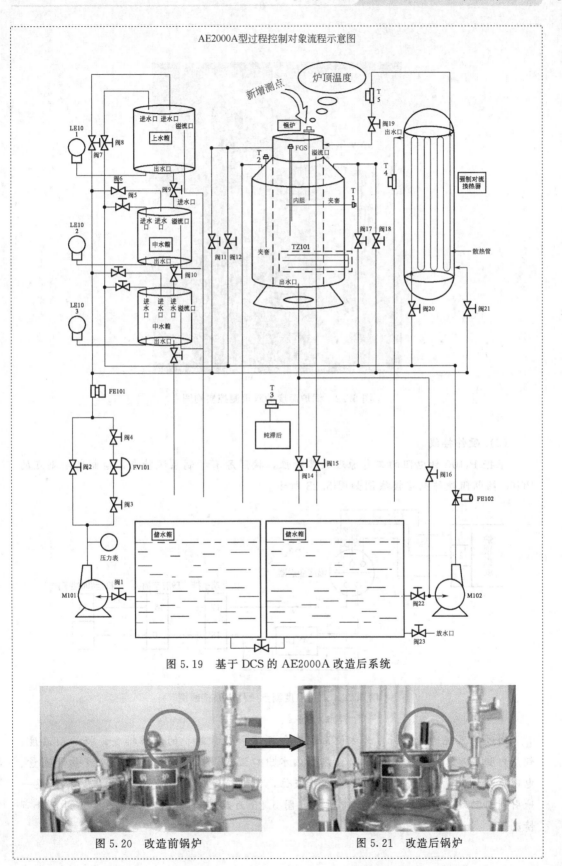

图 5.19 基于 DCS 的 AE2000A 改造后系统

图 5.20 改造前锅炉   图 5.21 改造后锅炉

图 5.22 锅炉温度的双重测控实物图

(2) 硬件接线

根据 Pt100 铂电阻的工作原理及其特性，按照原有控制系统特点，绘制新增测点的 Pt100 铂电阻硬件电路接线图如图 5.23 所示。

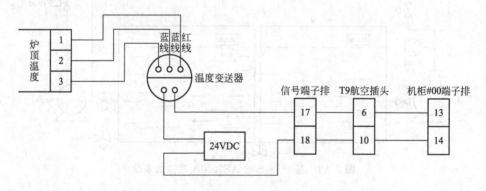

图 5.23 炉顶温度测点硬件电路接线图

通过对系统进行分析，为方便系统综合调试和日常维护的故障排查，将炉顶温度、锅炉内胆温度、锅炉夹套温度、换热器热水出口温度、纯滞后温度、涡轮流量计流量、电磁流量计流量、上水箱液位、中水箱液位、下水箱液位等 10 个 I/O 测点的接线逐一地引到新的端子排上，如图 5.24 所示。图 5.25 为改造前信号端子排上各个测点分布情况。

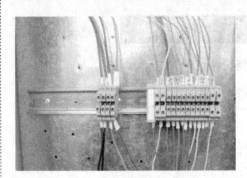

图 5.24　新接端子排上各测点的分布情况

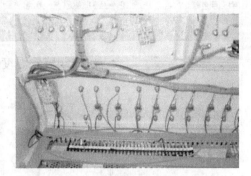

图 5.25　改造前信号端子排上各测点的分布情况

（3）系统分析

根据软硬件综合调试结果，对改造前与改造后锅炉内胆温度测量的精确性进行测温效果比较、分析。所处的环境温度、所选的 AE2000A 系统、卡件型号、IP 设置和组态过程完全一致，并将改造前与改造后锅炉温度分别加热到 30℃、40℃和 50℃。

从监控画面中观察锅炉温度的变化情况，当锅炉内胆温度控制温度设定为 30℃时，锅炉内胆温度测点测量的温度值为 27.3℃，将其数据记录下来。根据以上的操作步骤，分别将锅炉温度加热到 40℃和 50℃，观察锅炉内胆的温度值，并将数据记录汇总到表 5.3 中。

表 5.3　改造前锅炉温度的变化情况

设定温度/℃	测量温度/℃	偏差/℃
30	27.3	2.7
40	37.6	2.4
50	48	2.0

通过新增锅炉内胆温度测点——炉顶温度，与原有的 AE2000A 装置锅炉内胆温度测点——内胆温度，来实现对锅炉温度的双重测控。

当锅炉内胆温度上升至 30℃时，从流程图监控画面中，分别记录炉顶温度与内胆温度的数据参数。此时，锅炉内胆测量温度是通过对炉顶温度与内胆温度进行计算得到的平均值，如图 5.26 所示。

分别将锅炉温度加热值设定为 40℃和 50℃，观察流程图监控画面中炉顶温度与内胆温度的数据参数，并将其数据记录到表 5.4 中。

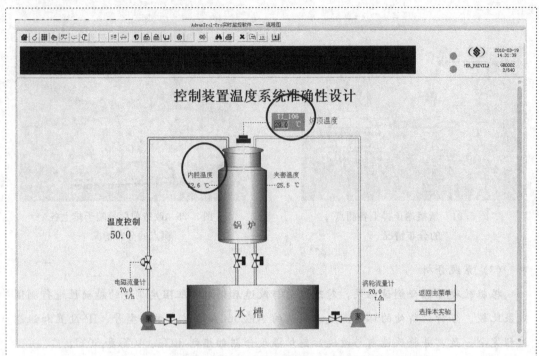

图 5.26 流程图监控画面中炉顶温度与内胆温度的显示情况

表 5.4 改造后锅炉温度的变化情况

设定温度/℃	炉顶温度/℃	内胆温度/℃	锅炉温度的平均值/℃	偏差/℃
30	29	32.6	30.8	0.8
40	38.4	43.7	41.05	1.05
50	48.7	53.9	51.3	1.3

通过表 5.3 和表 5.4 温度偏差进行分析,表明通过新增锅炉内胆温度测点——炉顶温度的装置改造后,使用两点测温,使锅炉内胆温度的测量与控制准确性和精度较之前系统得到了明显的提升。

附　　录

附录1　××××职业技术学院毕业设计（论文）工作条例

毕业设计（论文）对于培养大学生的创新精神、实践能力和综合素质起着重要作用，是实现人才培养目标的重要环节。为了切实做好我校毕业设计（论文）工作，确保毕业设计（论文）质量，特制定本条例。

一、毕业设计（论文）的基本教学要求

（一）培养学生综合运用所学知识，独立分析问题和解决实际问题的能力，培养学生的创新意识和创新能力；

（二）培养学生理论联系实际的工作作风，严谨务实的科学态度，团结协作的良好习惯；

（三）进一步训练、提高和检验学生的综合分析（设计）能力，实验和科学研究能力，经济分析能力，信息搜集与处理能力，外文阅读及计算机运用能力，以及文字表达能力。

二、毕业设计（论文）的组织管理

毕业设计（论文）工作实行校、系和专业教研室三级管理模式，注重过程管理与目标管理相结合。教务处代表学校对毕业设计（论文）工作进行宏观协调与组织管理，系、专业教研室完成毕业设计（论文）的具体组织实施工作。

（一）教务处职责

1. 研究、制定学校毕业设计（论文）工作的有关条例及管理规定；

2. 组织毕业设计（论文）部分工作项目的抽查及毕业设计（论文）的总结评估工作；

3. 汇总"毕业设计（论文）课题申报表"、学生毕业设计（论文）成绩等有关信息，并进行统计分析；及时通报毕业环节工作进展状况，对有关问题提出改进意见；

4. 组织毕业设计（论文）学校公开答辩；

5. 编辑优秀毕业设计（论文）集。

（二）教学系（部）职责

1. 成立以主管教学系主任、教研室主任和专家为主的毕业设计（论文）指导小组，布置毕业设计（论文）工作任务；

2. 审核、批准各类毕业设计（论文）题目、指导教师名单等，下达任务书；

3. 配合教务处对系毕业设计（论文）工作的抽查；组织系内毕业设计（论文）工作的检查（一般不少于三次），及时处理检查中出现的问题；

4. 组织系毕业设计（论文）公开答辩，指导小组答辩；

5. 对系毕业设计（论文）工作进行总结，并做好相关资料的归档。

（三）专业教研室职责

1. 制定毕业设计（论文）教学大纲；

2. 落实毕业设计（论文）任务，包括选聘指导教师，审定毕业设计（论文）题目，组织学生选题，审定任务书等；

3. 进行毕业设计（论文）工作动员；

4. 对指导教师的日常指导工作进行检查与管理；

5. 组织学生小组答辩，确定答辩小组人选及具体考核要求；

6. 对本专业毕业设计（论文）工作进行总结，并做好毕业设计（论文）资料的整理与归档工作。

三、毕业设计（论文）的选题与指导教师

（一）毕业设计（论文）的选题

1. 选题要体现本专业培养目标，符合学生对已学知识的综合训练要求；

2. 选题要体现科学性、工程性、实践性、难度、分量适当，并注意及时更新；各专业的课题应尽可能与教师的科研相结合，工科专业具有工程应用背景的课题不得低于90%。

（二）指导教师

1. 指导教师原则上应由具有讲师以上（含讲师）职称或具有相当水平的教师担任；特殊情况下可由助教和高级职称教师共同指导，受聘的校外指导教师必须具有工程师以上的技术职称；

2. 首次独立承担设计（论文）指导工作的教师，设计（论文）中所涉及的主要内容应由教研室讨论审核，系部应指定具有丰富经验的教师协助；

3. 每位指导教师指导的学生人数一般不得超过：工科毕业设计20人，毕业论文18人；文科毕业论文20人。

具体要求见附件1。

四、毕业设计（论文）期间对学生的基本要求

（一）努力学习，刻苦钻研，勤于实践，勇于创新；

（二）根据任务书拟订的进度开展工作，虚心接受教师的指导；

（三）独立按时完成规定的工作任务，不得弄虚作假，严禁抄袭行为；

（四）严格遵守学习纪律和毕业环节管理的有关规章制度

1. 平时缺勤达毕业设计（论文）总时间三分之一以上的学生，取消其参加答辩的资格，毕业设计（论文）成绩以不及格计；缺勤达五分之一的学生，其毕业设计（论文）的成绩比原实际成绩降一等级；

2. 对设计（论文）中存在抄袭或有重大错误、或基本没有完成任务、或设计（论文）进行过程中造成严重事故者，毕业设计（论文）成绩按不及格处理。未参加校、系历次抽查或抽查均不合格者，取消答辩资格，毕业设计（论文）成绩按不及格处理。

五、学生毕业设计（论文）规范要求

毕业设计（论文）进行过程中，应对学生的工作目标和提交的材料提出规范明确的要求，以培养学生严谨规范的工作作风，确保毕业设计（论文）工作质量。

具体要求见附件2。

六、毕业设计（论文）答辩及考核

毕业设计（论文）完成后必须进行答辩，答辩前要安排有关专家对毕业设计（论文）

材料进行评审。如因课题需要，必须聘请校外人员参加时，应报请教务处批准备案。

在校外单位完成毕业设计（论文）的可由校外单位教师指导，由校外技术管理人员和我校教师共同组成答辩小组进行答辩。答辩后写出评语并提出评分参考意见（不向学生公布），成绩的最后评定待回校后统一进行。

答辩及具体考核实施办法见附件3。

七、毕业设计（论文）归档和工作总结

毕业设计（论文）工作结束后，所有的毕业设计（论文）资料由各系负责收回归档，并妥善保存。电子文档由系教学秘书整理后，报送教务处存入学校档案室。

毕业设计（论文）工作结束后，各系要对毕业设计（论文）工作进行总结。内容包括：毕业设计（论文）选题质量，学生基本技能与方法训练情况，指导教师工作情况，答辩情况，毕业设计（论文）质量的总体分析以及改进意见等，同时推荐优秀毕业设计（论文）入选"学校学生优秀毕业设计（论文）集"。

本条例自发布之日起执行，由教务处负责解释。学校以前发布的毕业设计（论文）工作有关规定与本条例不相符的，以本条例为准。

附件：1.《××××职业技术学院毕业设计（论文）指导教师工作条例》
2.《××××职业技术学院学生毕业设计（论文）规范要求》
3.《××××职业技术学院学生毕业设计（论文）答辩及考核工作条例》
4.××××职业技术学院学生毕业设计（论文）各类附表

附件1：

××××职业技术学院毕业设计（论文）指导教师工作条例

为了更好地执行《××××职业技术学院毕业设计（论文）工作条例》，进一步提高毕业设计（论文）质量，加强指导教师在毕业环节中的指导作用，特制定本条例。

一、选定课题

毕业设计（论文）的选题，既要体现一定的科学性与实用性，注意及时更新（相同课题一般不得超过两届），同时要兼顾课题难度与学生的实际工作能力；工科各专业的课题应尽可能与教师的科研相结合，具有工程应用背景，以利于培养学生的工程实践能力。

毕业设计（论文）的题目和内容审定后不得随意改变，若有特殊情况需变更的，必须报经所在系审批，并报教务处备案。

二、拟订毕业设计（论文）任务书

任务书中应明确学生独立完成的内容与进度。对于上届学生已完成部分工作的课题，要明确本届学生的工作起点与最终目标；对于多人共同完成一个题目的课题，应明确每个学生的工作任务。同时，应提供设计（实验）参数、查阅文献种类及范围、课题预期目标及检查方式等。

三、毕业设计（论文）的指导

（一）教师对学生的指导重点应在培养学生独立工作能力和创新能力方面。在毕业环节前期，教师应指导学生做好确定设计（实验）方案，文献检索和开题报告的撰写，以便学生尽早进入工作状态。毕业环节期间还应注重培养学生规范操作、严谨务实的科学态度与工作作风；

（二）指导教师每周用于学生的指导时间不得少于 20 小时，每周指导次数不得少于 5 次，以督促学生按进度开展工作，及时发现并阻止可能发生的抄袭和缺勤行为。

四、认真做好毕业环节各阶段工作材料的审阅并给出评语，参与院、系组织的毕业设计（论文）阶段考核。评阅内容应包括：

（一）设计（论文）是否符合大纲要求，主要优、缺点及有无独立见解和重大错误；

（二）通过毕业环节的训练，学生是否已具备综合运用本学科的基础理论和基本技能解决工程问题的能力，以及运用计算机、外语和收集、处理信息的能力。

五、经过批准在校外完成毕业环节的学生，必须明确学生的校外、校内指导教师及相关工作职责，学生与教师的联系方式和具体指导办法，以保证毕业设计（论文）的质量。

六、认真联系和组织好毕业实习调研，保质保量地完成毕业实习调研任务。

七、加强对学生安全和各项规章制度的教育，提高他们的安全意识，保持工作环境安全、文明、整洁。

八、负责学生的考勤。学生请假在一天以内者，由指导教师批准；请假两至三天者，先经指导教师同意后报系批准；请假三天以上者，必须指导教师、系领导同意后，报学工处批准。请假手续均以书面形式办理。因联系就业需要请假的，原则上只能一次。

附件 2：

××××职业技术学院学生毕业设计（论文）规范要求

为使我校学生毕业设计（论文）工作进一步规范化和标准化，在多年实践的基础上，现对学生毕业设计（论文）提出如下规范要求。

一、毕业设计（论文）整体要求

（一）工科专业论文的文章篇幅为 1.5 万字左右，设计说明书为 30～40 页（A4 纸，不包括附件）；文科专业论文 5000～8000 字左右。

（二）写作格式、文献著录、图表描述、数学、物理和化学式的表达以及关键词的选用都应符合国家标准：

GB 7713—87 科学技术报告、学位论文和学术论文的编写格式；

GB 7714—87 文后参考文件著录规则；

中国科学技术信息研究情报检索语言研究室《汉语主题词典》科技文献出版社。

（三）要求阐述清楚，条理性强，文字简练。

二、英语应用基本要求

学生应将毕业设计说明书（论文）中中文摘要、关键词译成英文。

三、计算机应用基本要求与图纸要求

毕业论文和设计说明全部用计算机打印；部分或全部实验数据采用计算机处理；工艺类专业设计必须有 CAD 绘图，其他专业学生毕业设计必须全部 CAD 绘图；学生毕业设计（论文）结束后，应将经计算机处理过的资料整理成电子文档。

四、开题报告（或文献综述）参考格式

（一）理工科类《毕业论文》开题报告格式

1. 课题名称、专业班级、学生、指导教师。

2. 课题内容及要求。

3. 前言：通过国内外文献检索（包括期刊、专著、手册、专利等）综合分析课题所属领域及相关领域，在研究路线、实验方法（测定方法）、质量指标方面已经取得的成果及发展前景，目前存在的问题，本课题欲解决哪些问题，预期的工作效果，本工艺或产品的市场前景等。

4．研究路线的比较及评价：

（1）选择研究路线的依据（方案的原理、特点）与设想；

（2）拟使用的主要仪器、药品；

（3）工艺路线的拟定；

5．预期的效果及指标：

（1）预计目标；

（2）质量指标。

6．阶段性工作计划。

7．参考文献。

（二）工科类《毕业设计》开题报告格式

1．课题名称、专业班级、学生、指导教师。

2．课题内容及要求。

3．前言：通过国内外文件检索（包括期刊、专著、手册、专利等）综合分析课题所属领域及相关领域，在设计方法、设计方案、检测手段、质量指标方面已经取得的成果及发展前景，目前存在的问题，本课题欲解决哪些问题，预期的工作效果，本设计的市场前景等。

4．设计方案比较及评价：

（1）各种设计方案（方案的原理、特点）的比较；

（2）选择的设计方案的依据与设想。

5．预期的效果及指标：

（1）预计目标；

（2）质量指标。

6．阶段性工作计划。

7．参考文献。

（三）文科类《毕业论文》开题报告格式

1．论题名称、专业班级、学生、指导教师。

2．前言：

（1）论题的目的、意义；

（2）该论题的研究现状；

（3）本论题欲解决的问题。

3．论题研究方案的确定：论题研究的思路、角度与方法。

4．作者已进行的准备、前期研究状况及资料搜集情况。

5．阶段性工作计划。

6．参考文献。

说明：1．文中引用的文献内容应进行标记；

2．文献的标记顺序与文中标记顺序一致；

五、毕业设计（论文）参考格式

（一）毕业论文（理工科类）

封面（可按学院要求自行打印）；

任务书；

中文摘要（300字左右）、关键词：3～5个；英文摘要、关键词；

目录；

正文：

（1）前言（现状、存在问题、研究意义、工艺路线）；

（2）实验部分：包括实验流程、方案依据及原理说明；实验方法及手段；实验数据处理（包括数据、曲线及图片等）；

（3）结果与讨论（对创新点进行重点讨论）；

（4）结论；

（5）参考文献；

（6）致谢。

附件：外文原文及译文；开题报告（含文献综述）；实习或调研报告、实验原始记录本；毕业论文软盘。

（二）毕业设计（工科类）

1. 封面（可按学院要求自行打印）；

2. 任务书；

3. 中文摘要（300字左右）、关键词：3～5；英文摘要、关键词；

4. 目录；

5. 文献综述或开题报告（含方案论证）；

6. 设计说明书（正文）：前言、设计与计算内容、有关讨论与说明、结论、参考文献、致谢等；

7. 图纸；

8. 附件：包括外文原文及译文；毕业实习或调研报告。

（三）毕业论文（文科类）

1. 封面（可按学院要求自行打印）；

2. 任务书；

3. 中文摘要（200～400字）、关键词：3～5个；英文摘要、关键词；

4. 目录；

5. 正文：

（1）导言；

（2）本论；

（3）结论；

（4）参考文献；

（5）致谢。

6. 附件：包括开题报告（含文献综述）；论文写作提纲；外文原文及译文；实习成绩

考核表、实习总结、实习日记等。

说明：本规范未涉及内容，请参照各专业毕业设计（论文）教学大纲要求执行。

附件3：

<h3 style="text-align:center">××××职业技术学院学生毕业设计（论文）答辩及考核工作条例</h3>

毕业设计（论文）答辩及考核工作包括材料评审，校、系答辩采用主、副审制，小组答辩指导教师之间应交叉评审。

一、毕业设计（论文）的评审

各答辩组聘请同行专家（或教师）对毕业设计（论文）进行评审，校、系答辩采用主、副审制，小组答辩指导教师之间应交叉评审。

评审重点是：

1. 审查学生掌握基础理论、基本技能、专业知识及综合训练的情况。
2. 审查学生文字表达、计算方法以及实验结果分析等方面的能力和图纸质量；
3. 考查学生完成课题过程的创新能力及工作质量。
4. 毕业设计（论文）资料的规范性、完整性。

评审后写出评阅及评分意见，并在答辩前返回各组。

二、答辩及成绩评定

毕业设计（论文）完成后要在规定时间内组织答辩，以检查学生是否达到毕业设计（论文）的要求和目的，答辩由校、系答辩委员会负责。

1. 对答辩学生的要求：

学生在答辩前必须按《××××职业技术学院学生毕业设计（论文）规范要求》提交全套材料，经检查合格后方能参加答辩。

各系应组织专业教研室对同课题学生的材料进行检查，凡弄虚作假，有抄袭行为者，应进行严肃核查，及时送系部处理。

在校外进行设计（论文）的学生，应回校参加答辩；因特殊原因安排在校外答辩的，必须报经教务处批准。各系认定不能参加毕业答辩的学生名单应报教务处备案。

答辩时学生应在10分钟内简要汇报以下内容：

（1）课题的任务、要求和意义；
（2）国内外发展状况及前景；
（3）研究路线和设计方案的确定依据及原则；
（4）设计（论文）的基本内容和主要研究方法；
（5）结论及存在问题等。

2. 对答辩教师的要求：

提问和回答时间应控制在20分钟内。

（1）与课题有关的基本理论和基本技能；
（2）设计（论文）和现场报告存在的疑点与错误；
（3）考察鉴别学生的独立工作能力、基本概念、设计规范和计算方法；
（4）设计（论文）中不足之处及应改进的方面。

3. 成绩评定：

（1）毕业设计（论文）成绩采用结构分制，即指导教师评分，审阅教师评分和答辩评分，三部分比例为 4∶3∶3，最终成绩采用优、良、中、及格、不及格五级；

(2) 成绩优良率应控制在 70% 以内。其中，优秀率不得超过 25%。各系在评分时应兼顾好、中、差比例，做到既要实事求是，又要严格要求。

(3) 毕业环节成绩由各系向学生公布。

三、参加学校答辩学生的选送

1. 原则：(1) 每个学科组答辩人数安排在 5~10 人，每个专业至少选送 1 人；(2) 学生自愿报名、教师推荐与系随机抽选相结合；(3) 毕业设计与论文兼顾；(4) 平时成绩好、中、差搭配。

2. 方法：各系（部）提出初步名单，报教务处。教务处也可会同在系（部）上报名单之外，随机抽选不超过学科答辩组总数三分之一的学生参加学校答辩。

四、学校答辩及成绩评定工作原则

1. 学校答辩名单确定后，教务处和各系将对参加学校答辩的学生名单、专业班级、题目、日程和地点张榜公布，以方便其他教师和学生旁听。

2. 各系应按照《××××职业技术学院毕业设计（论文）规范要求》，对学生提交答辩材料认真检查。材料不全的，应通知学生补齐。逾期未补者，取消其答辩资格。

3. 答辩组将材料分送专家审阅时，每份材料应由主审、副审分别进行审阅，最后由主审教师填写评审意见。评审意见和评审表由秘书带到答辩会场，其余材料返还学生。

4. 答辩前，各组召集人宣布纪律和要求，介绍评委及答辩程序。参加答辩的学生应提前到场，有特殊情况应事先向秘书请假，以便协调解决。

5. 答辩结束后，答辩组综合指导教师意见、审阅意见和答辩情况进行评分。答辩成绩采用无记名投票方式进行，学校答辩组审定成绩为学生最终成绩。答辩成绩应报教务处备案。原始成绩和成绩表由秘书集中保存。

附件 4：

××××职业技术学院毕业设计任务书

系 部		指导老师		职称	
学生姓名		班级		学号	
设计题目					
设计内容 目标和要求	设计内容目标： 1. 2. 设计要求： 1. 2.				
教研室 审核			系部 审核		

×××× 职业技术学院　　　系　　　届
毕业设计（论文）开题报告书（表1）

学生姓名		专业		班级		学号	
题　目							
指导教师		职称		学　位			
题目类别	□ 工程设计		□ 基础研究		□ 应用研究		□ 其他

【课题的内容与要求】

【前言】

【方案的比较与评价】

续表

【预期的效果及指标】

【进度安排】20 年　　月 - 20 年　　月　　选题、调研、收集资料
20 年　月　日 - 20 年　月　日　论证、开题
20 年　月　日 - 20 年　月　日　设计(写作初稿)
20 年　月　日 - 20 年　月　日　修改、定稿、打印

【参考文献】

【指导教师意见】(有针对性地说明选题意义及工作安排是否恰当等)
□同意提交开题论证　　□修改后提交　　□不同意提交(请说明理由)
指导教师签章：　　　　　　　　　　　　　　　年　月　日
【系部意见】
□同意指导教师意见　　□不同意指导教师意见(请说明理由)　　□其他(请说明)
系(部)主任签章：　　　　　　　　　　　　　　年　月　日

×××× 职业技术学院　　　系　××届
毕业设计（论文）中期检查及指导记录表（表2）
（指导教师填写）

学生姓名		专业		班级		学号	
题　　目							
指导教师姓名		职称			学位		
是否按计划完成工作任务			□是	□基本按计划要求		□否	
是否有能力独立按期完成毕业论文(设计)			□是	□基本按计划要求		□否	

【目前进展情况】（学生工作进展、资料搜集和利用情况、教师指导情况等）

　

【对此后设计（论文）工作的建议，包括应注意的问题及采取的措施】

　

　　　　　　　　　　指导教师签章：　　　　　　　　　　年　　月　　日

【学院意见】
□同意指导教师意见　　□不同意指导教师意见(请说明理由)　　□其他(请说明)

　　　　　　　　　　系(部主任)签章：　　　　　　　　　　年　　月　　日

××××职业技术学院　　　　　　系　　　×××届
毕业设计（论文）指导教师评分表（表3）

学生姓名_____　专业_____　班级_____　学号_____

评分内容	具体要求	分值	分项评分标准				
			A	B	C	D	E
学习态度	努力学习，遵守纪律，作风严谨务实，按期圆满完成规定的任务。	10	10	8	7	6	4
创　　新	论文（设计）有新观点、新方法、新材料、新发现。	10	10	8	7	6	4
调研论证	能独立查阅文献资料及从事其他形式的调研，能较好地理解课题任务并提出实施方案，有分析整理各类信息并从中获取新知识的能力。	10	10	8	7	6	4
综合能力	能综合运用所学知识和技能，发现及解决实际问题。	20	20	17	15	12	8
表　　述	论证、分析、设计、计算、结构、建模、实验正确合理，绘图（表）符合要求。	20	20	17	15	12	8
文献阅读	查阅文献有一定广泛性；有综合归纳资料的能力和自己的见解。	10	10	8	7	6	4
撰写质量	结构严谨、文字通顺、用语符合技术规范，图表清楚，格式规范，符合规定字数要求。	20	20	17	15	12	8

【指导教师评语：毕业设计（论文）的价值；反映学生掌握知识、能力情况；设计（论文）的内容、结构、结论以及整体水平等】

是否同意提交答辩	□是	□修改后提交	□否（请说明理由）

评定成绩(百分制)：	指导教师签章：	年　月　日

××××职业技术学院　　　　系　　　　届
毕业设计（论文）评阅人评分表（表4）

学生姓名_____　专业_____　班级_____　学号_____

评分内容	具体要求	分值	分项评分标准				
			A	B	C	D	E
任务量	毕业设计（论文）任务量饱满，难度较大。	20	20	17	15	12	8
创　新	设计（论文）有新观点、新方法、新材料、新发现。	10	10	8	7	6	4
表　述	论证、分析、设计、计算、结构、建模、实验正确合理，绘图（表）符合要求。	40	40	35	30	25	20
文献阅读	查阅文献有一定广泛性；有综合归纳资料的能力和自己的见解。	10	10	8	7	6	4
撰写质量	结构严谨、文字通顺、用语符合技术规范，图表清楚，字迹工整、书写格式规范，符合规定字数要求。	20	20	17	15	12	8
是否同意提交答辩	□是　　　□修改后提交　　　□否（请说明理由）							
评定成绩（百分制）：　　　　评阅人签章：　　　　年　月　日							

×××× 职业技术学院　　　　　系　×　　届
毕业设计（论文）答辩评分表（表5）

学生姓名 _____　专业 _____　班级 _____　学号 _____

评分内容	具体要求	分值	分项评分标准				
			A	B	C	D	E
自述总结	思路清晰，语言表达准确，概念清楚，观点正确，分析归纳合理。		30	25	21	18	15
创　　新	设计（论文）有新观点、新方法、新材料、新发现。		10	8	7	6	4
答　　辩	能够正确回答所提出的问题，基本概念清楚，有理有据。		50	45	38	30	20
资　　料	资料齐全，符合《××××职业技术学院毕业论文（设计）工作条例》规定。		10	8	7	6	4
是否通过答辩	□通过　　　□不通过　　　□其他（请说明）						

答辩小组评定成绩（百分制）：

　　　　　　　　　　　答辩小组组长签章：　　　　　　年　　月　　日

【系（部）意见】

是否同意答辩小组意见：　□同意　　　□不同意（请附件说明理由）

是否评定为院级优秀论文：　□是　　　□否

　　　　　　　　　　　系（部）主任签章：　　　　　　年　　月　　日

××××职业技术学院　　　系　　　届
毕业设计（论文）答辩记录表（表6）

学生姓名		专业		班级		学号	
题　　目							
答辩时间			年　　　月　　　日				

答辩小组组长：
答辩小组成员：

【问题及回答要点】[以问答形式记录]

　　　　　　　　　　　　　　　　　　　　记录人签字：　　　　　年　　月　　日

附录2　江苏省普通高等学校本专科毕业设计（论文）评优与抽检工作办法

一、评优范围与数量

参评毕业设计（论文）必须是应届本、专科生的毕业设计（论文）。鼓励推荐申报由团队合作完成的优秀毕业设计作品。

每年在学校申报基础上评出江苏省普通高等学校本专科优秀毕业设计（论文）300篇（含优秀毕业设计团队）左右。

二、评优推荐条件

以单篇形式推荐的毕业设计（论文）须具备以下条件：

1. 必须为当年的校级本专科优秀毕业设计（论文），必须为学生本人完成；
2. 选题科学，符合本专业教学要求；
3. 能够较好地体现本专业基本知识、基本技能的综合应用；
4. 具有一定的创新性，或具有一定的学术水平和独到见解，或具有一定的实用（参考）价值。

以团队形式推荐的毕业设计作品须具备以下条件：

1. 每个团队不少于3位学生共同设计完成，且主要为同一专业的学生，允许跨学科、跨专业组建毕业设计团队；
2. 团队有总的指导教师，每个学生有各自的指导教师；
3. 选题科学，符合本专业教学要求，各子课题设计合理，分工明确；
4. 注重相互之间的实质性协作与配合，具有较强的合作意识和团队精神；
5. 设计作品整体质量较高。

三、评优推荐要求与数量

学校推荐的毕业设计（论文）和毕业设计团队须经校内公示之后方能上报，并保证为学生本人独立完成。

本科院校推荐本科学生的毕业设计（论文），推荐数量不超过学校当年本科毕业生总数的千分之三，教育部批准设立的独立学院随母体学校一并上报。专科院校推荐专科学生的毕业设计（论文），推荐数量不超过当年专科毕业生总数的千分之一。请勿超报。

优秀毕业设计团队评选重在对团队成员之间的实质性协作和整体质量的评价，不作推荐数量要求。请学校根据实际情况从严掌握，切勿搞形式主义。

四、抽检工作

为提高我省普通高等学校本专科毕业设计（论文）的整体质量，在组织优秀毕业设计（论文）评选同时，省教育厅将随机抽取部分高校毕业设计（论文）进行检查，并将抽检结果予以通报。

五、组织形式与职责

1. 成立江苏省普通高等学校本专科优秀毕业设计（论文）评选组织工作委员会，下设评审委员会和办公室，具体负责评优和抽检工作有关事宜。评选工作由江苏省高等学校教学管理研究会协办。

2. 江苏省普通高等学校本专科优秀毕业设计（论文）评审采取专家评审、省教育厅审核公示后予以公布的方法进行。

3. 江苏省普通高等学校本专科优秀毕业设计（论文）评选组织工作委员会通过网络展示、现场经验交流会、编制获奖项目光盘等途径，加强校际间毕业设计（论文）工作交流，推动全省高校毕业设计（论文）工作整体水平的提高。

六、材料申报

1. 评优材料申报

学校推荐参评的毕业设计（论文），请按照推荐要求报送如下材料：

（1）《江苏省普通高等学校本专科优秀毕业设计（论文）推荐表》（附件三）；

（2）《江苏省普通高等学校本专科优秀毕业设计（论文）推荐排序表》（附件四）；

（3）毕业设计（论文）；

（4）毕业设计（论文）指导教师评阅意见；

（5）毕业设计（论文）评阅教师评语；

（6）毕业设计（论文）答辩小组意见；

（7）学校制定的毕业设计（论文）工作规范要求（含团队设计工作规范要求）。

学校推荐参评的毕业设计团队，请认真填写《江苏省普通高等学校本专科优秀毕业设计团队推荐表》（附件五），并参照附件三格式将团队中每篇毕业设计（论文）的情况附后一并上报。

2. 抽检材料申报

请高校填报《江苏省普通高等学校应届本专科毕业设计（论文）情况表》（附件六），省教育厅从中随机确定抽检名单。2006年学校仅需填报《江苏省普通高等学校2006年本专科毕业生情况汇总表》（附件七），被抽检学校的相关专业需填报附件六。从2007年起，所有学校均需按附件六格式填报。

被抽检学校需在10天内提供被抽检毕业设计（论文）如下材料：

（1）毕业设计（论文）（复印件）；

（2）毕业设计（论文）指导教师评阅意见（复印件）；

（3）毕业设计（论文）评阅教师评语（复印件）；

（4）毕业设计（论文）答辩小组意见（复印件）；

（5）学校制定的毕业设计（论文）工作规范要求。

3. 申报时间与地点

学校评优申报与抽检有关材料请于每年9月初报至江苏省高等学校教学管理研究会实践教学工作委员会秘书处（设在南京航空航天大学教务处）。评优与抽检具体要求由江苏省普通高等学校本专科优秀毕业设计（论文）评选组织工作委员会另行通知。

附件三：

江苏省普通高等学校本专科优秀毕业设计（论文）推荐表

学校名称：　　　　　　　　　　　　　　　　填表日期：　　年　月　日

学生姓名		性别		类别	
入学年级		专业名称		专业所属一级门类		专业所属二级类	

指导教师				毕业设计（论文）总周数
姓名	专业技术职务	年龄	所在单位	

毕业设计（论文）题目	
毕业设计（论文）主要涉及研究方向	
毕业设计（论文）选题依据及背景	
学校中期检查情况	
毕业设计（论文）的水平与特色	
毕业设计（论文）有何实验、实践或实习基础	

续表

学生毕业设计（论文）期间的研读书目	
指导教师评语及推荐意见[包括学生的工作态度、知识与能力、成果与水平、设计（论文）质量等几方面]	指导教师签字： 年　月　日
指导教师对申报材料真实性的意见	指导教师签字： 年　月　日
毕业设计（论文）获奖后，指导教师是否同意公开交流？ 　　　　　　　　同意请指导教师签名：_____	
学校推荐意见	（学校公章） 年　月　日

注：1. "类别"栏请填写"本科毕业设计"、"本科毕业论文"、"专科毕业设计"或"专科毕业论文"。

2. 专业名称和所属门类请按教育部公布的专业目录填写。

3. "指导教师"栏，毕业设计团队请填写实际指导教师情况。

附件四：

江苏省普通高等学校本专科优秀毕业设计（论文）
推荐排序表

学校公章：

学校名称	应届毕业生总数		推荐总数	推荐排序编号	推荐毕业设计（论文）名称	学生姓名	指导教师姓名
	本科数	专科数					

注："应届毕业生总数"栏本科院校只须填写"本科数"一栏，专科院校只须填写"专科数"一栏。

附件五：

江苏省普通高等学校本专科优秀毕业设计团队推荐表

学校名称： 　　　　　　　　　　　　　填表日期：　　年　月　日

团队名称		专业名称	
专业所属 一级门类		专业所属 二级类	
团队内 学生数		团队指导教师总数 （含第一指导教师）	
第一指导教师情况				
姓名	部门	行政职务	专业技术职务	备注
毕业设计 总题目				
序号	团队内学生 姓名	性别	设计 题目	在团队中承担 的任务	年级/班级	指导教 师姓名
毕业设计的选题 依据、主要涉及 研究方向	
小组中各成员的 协作互助情况	
毕业设计的整体 水平与特色	
指导教师评语及 推荐意见	第一指导教师签字： 　　　　　　　　　　　　　　　　　　　　年　月　日
指导教师对申报 材料真实性 的意见	第一指导教师签字： 　　　　　　　　　　　　　　　　　　　　年　月　日
毕业设计团队获奖后，指导教师是否同意公开交流？ 　　　　　　　　　　　　同意请指导教师签名：_____
学校推荐意见	（学校公章） 　　　　　　　　　　　　　　　　　　　　年　月　日

附件六：

江苏省普通高等学校应届本专科毕业设计（论文）情况表

学校名称	专业名称	学生姓名	学号	毕业设计(论文)题目	毕业设计/毕业论文

注：本科院校只须填写本科毕业设计（论文）情况，专科院校只须填写专科毕业设计（论文）情况。

附件七：

江苏省普通高等学校_____年本专科毕业生情况汇总表

学校名称		
		（公章）
专业名称	毕业生数(人)	毕业生学号范围

注："毕业生学号"一栏，请填写学号范围，不需填写每一位学生学号。本科院校只须填写本科毕业生情况，专科院校只须填写专科毕业生情况。

附录3　江苏省普通高等学校本专科优秀毕业设计（论文）评选标准

评价项目		评价要素	评价内涵(优秀级)	评价等级			
				A	B	C	D
选题质量(15分)	01	选题方向和范围(6分)	符合本专业的培养目标，能够达到科学研究和实践能力培养和锻炼的目的。				
	02	难易度(4分)	满足专业教学计划中对素质、能力和知识结构的要求，难易适中，工作量适当。				
	03	理论意义和实际应用价值(5分)	选题符合本学科专业的发展，符合科技、经济和社会发展的需要，能够理论联系实际，具有一定的科技、应用的参考价值。				
能力水平(40分)	04	查阅和应用文献资料能力(10分)	能独立检索中外文献资料，对资料进行分析、综合、归纳等整理，并能对所研究问题的现状进行综述，提出存在的问题或进一步发展的方向。				
	05	综合运用知识能力(10分)	能够综合应用所学知识，对课题所研究问题进行分析、论述，研究目标明确，内容具体，且具有一定的深度。				
	06	研究方法与手段(8分)	熟练运用本专业的方法、手段和工具开展课题的设计和实施工作。				
	07	实验技能和实践能力(10分)	论文或设计反映出已掌握了较强的专业技能和研究设计方法，实践能力较强。				
	08	计算机应用能力(2分)	能独立操作使用软件或根据课题需要编程、录入和排版。				
撰写和规范(30分)	09	内容与写作(16分)	能够完整地反映实际完成的工作，概念清楚，内容正确，数据可靠，结果可信。				
	10	结构与水平(7分)	结构严谨，语言通顺，立论正确，论据充分，论证严密，分析深入，结论正确。				
	11	要求与规范化程度(7分)	符合本校的毕设工作的规范要求，论文中的术语、格式、图表、数据、公式、引用、标注及参考文献均符合规范。				
创新与成果(15分)	12	创新意识(7分)	能够在前人工作的基础上，进行科学的分析与综合，提出新问题，探索解决问题的方法、手段有一定的特色或新意，结论有新见解。				
	13	成果与成效(8分)	论文有一定的学术价值；有实物作品、实际运行的系统或具有高复杂度的原型系统；已经得到应用或具有应用前景的成果。				

续表

评价项目	评价要素	评价内涵（优秀级）	评价等级			
			A	B	C	D
团队请增加填写此栏（20分）	协作性（6分）	整个课题能够覆盖本学科专业的重要概念、特有研究方法和手段，易于拆解为有机联系的若干子课题，各个子课题工作量饱满、联系紧密，但又有一定的区分度。课题实施过程中团队成员相互之间有实质性协作与配合，能共同设计、研究、实验、交流及共同学习等，能反映较强的合作意识和团队精神。				
	组织性（4分）	教师形成指导小组，有分工，并有一定的指导计划和实施团队课题的方案，能保证学生间的相互交流、协作和帮助。				
	成效（10分）	各子课题的实验、研究内容、结论等在总体报告中有具体体现或运用，整个课题的总成果是一个自然、有机的整体，整体质量高，成效明显。				
专家推荐等级	一等奖（　）二等奖（　）三等奖（　）淘汰（　）					
备注						

注：1. 评价等级权重：A（100％）、B（85％）、C（75％）、D（65％）；

2. 对于推荐为一等奖或决定淘汰的毕业设计（论文）请结合该标准的参考点在备注栏内给出较为详细的说明（100字以内）。

附录4　江苏省普通高等学校本（专）科生毕业设计（论文）抽检评审标准

评价项目		评价要素	评价内涵	成绩评定		
				合格	基本合格	不合格
毕业设计（论文）工作规范情况	01	学校规范性文件	根据学校定位、培养规格和目标制定了相应的指导毕业设计（论文）工作的规范性文件。			
	02	毕业设计（论文）规范性要求	出题、任务书、开题报告、中期检查、论文撰写、图纸、外文翻译、评语、答辩意见和成绩评定符合学校规范性要求。			
毕业设计（论文）质量						
选题质量	03	选题方向和范围	符合本专业的培养目标，基本达到科学研究和实践能力培养和锻炼的目的。			
	04	难易度	满足专业教学计划中对素质、能力和知识结构的要求，有一定难度，工作量适当。			
	05	理论意义和实际应用价值	选题符合本学科专业的发展，符合科技、经济和社会发展的需要，解决理论或实际工作中的问题，并能理论联系实际，具有一定的科技、应用的参考价值。			
能力水平	06	查阅和应用文献资料能力	基本掌握检索中外文献资料的方法，对资料进行初步分析、综合、归纳等整理，并能适当应用。			
	07	综合运用知识能力	能够综合应用所学知识，对课题所研究问题进行分析，研究目标明确，内容具体，且具有一定的深度。			
	08	研究方法与手段	较熟练运用本专业的方法、手段和工具开展课题的分析、设计和实施工作。			
	09	实验技能和实践能力	已基本掌握了专业技能和研究设计方法，实践能力较强。			
	10	计算机应用能力	能独立操作使用软件或根据课题需要编程、录入和排版。			
	11	创新意识	能够在前人工作的基础上，进行科学的分析与综合，提出问题，探索解决问题的方法、手段有一定的特色或新意，结论有新见解。			

续表

评价项目		评价要素	评价内涵	成绩评定		
				合格	基本合格	不合格
论文（设计）质量	12	内容与写作	较完整地反映实际完成的工作，概念清楚，内容基本正确，数据可靠，结果可信。			
	13	结构与水平	结构较严谨，语言通顺，立论正确，论据充分，分析较深入，结论基本正确。			
	14	要求与规范化程度	符合本校的毕设工作的规范要求，论文中的术语、格式、图表、数据、公式、引用、标注及参考文献均符合规范。			
	15	成果与成效	论文有一定的学术价值；有实物作品、实际运行的原型系统；初步得到应用或具有应用前景的成果。			
总体评价			□ 合　格　　　　□ 基本合格　　　　□ 不合格			
对不合格的请说明原因						

注：请在"成绩评定"、"总体评价"栏中"合格"、"基本合格"、"不合格"相应位置打"√"。

参 考 文 献

[1] 施新. 毕业设计（论文）写作指导. 重庆：重庆大学出版社，2011.
[2] 徐世仁. 化工类毕业设计（论文）写作指导. 北京：化学工业出版社，2011.
[3] 张俊茹，姜闽虹. 高职高专毕业设计与论文写作案例式教程. 北京：北京航空航天大学出版社，2007.
[4] 金清苗. 毕业论文（设计）写作. 西安：西北农林科技大学出版社，2007.
[5] 夏燕靖. 艺术设计专业毕业论文写作与答辩教程. 上海：上海人民美术出版社，2007.
[6] 周志高. 大学毕业设计（论文）写作指南. 北京：化学工业出版社，2007.
[7] 孙洁. 毕业论文写作与规范. 北京：高等教育出版社，2007.
[8] 李兴仁，王荣党. 毕业论文写作指导. 北京：科学出版社，2008.
[9] 王丹. 高职高专经济管理类毕业论文撰写指南. 北京：清华大学出版社，2009.
[10] 田贵森，段晓英. 英语专业毕业论文写作教程. 北京：北京理工大学出版社，2008.